茅山碑刻

陈世华 著

南京出版传媒集团
南京出版社

图书在版编目（CIP）数据

茅山碑刻 / 陈世华著. -- 南京：南京出版社，2025. 6

ISBN 978-7-5533-4800-1

Ⅰ. ①茅… Ⅱ. ①陈… Ⅲ. ①茅山 - 碑刻 - 汇编 Ⅳ. ①K877.42

中国国家版本馆CIP数据核字（2024）第099044号

书　　名	茅山碑刻
作　　者	陈世华
出版发行	南京出版传媒集团 南 京 出 版 社
社　　址	南京市玄武区太平门街53号
邮　　编	210016
联系电话	025-83283873、83283864（营销）　025-83112257（编务）
策划统筹	杨传兵
责任编辑	严行健
装帧设计	赵海玥
责任印制	杨福彬
排　　版	南京新华丰制版有限公司
印　　刷	南京爱德印刷有限公司
开　　本	890 毫米 × 1240 毫米　1/32
印　　张	13
字　　数	269千
版　　次	2025年 6 月第 1 版
印　　次	2025年 6 月第 1 次印刷
书　　号	ISBN 978-7-5533-4800-1
定　　价	90.00元

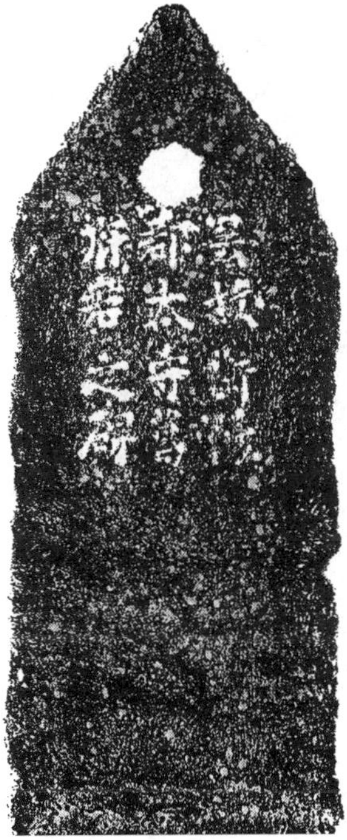

三国·吴《葛府君碑》整体拓本　　　　三国·吴　葛府君碑额

《瘗鹤铭》（局部）故宫博物院藏宋拓仰石整纸本

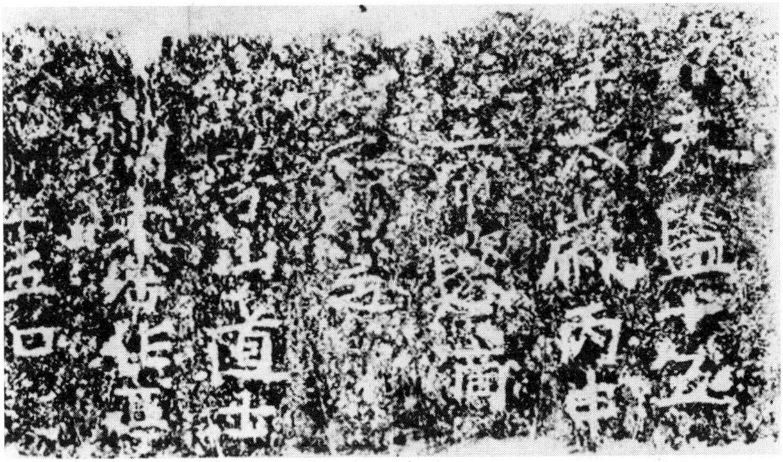

梁天监十五年井栏题字

梁天监十六年井栏整体图

梁天监十六年井栏题字

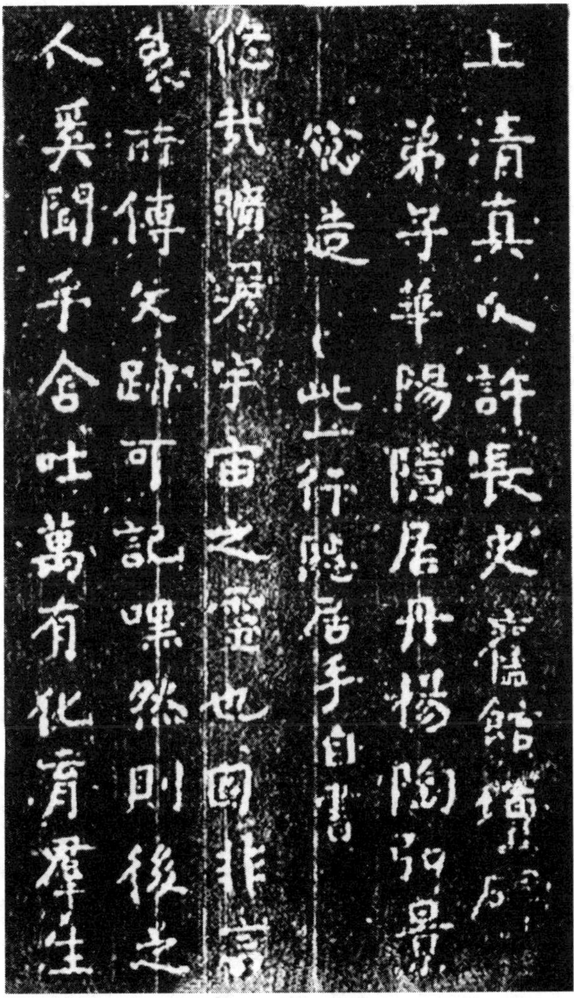

上清真人许长史旧馆坛碑（局部）

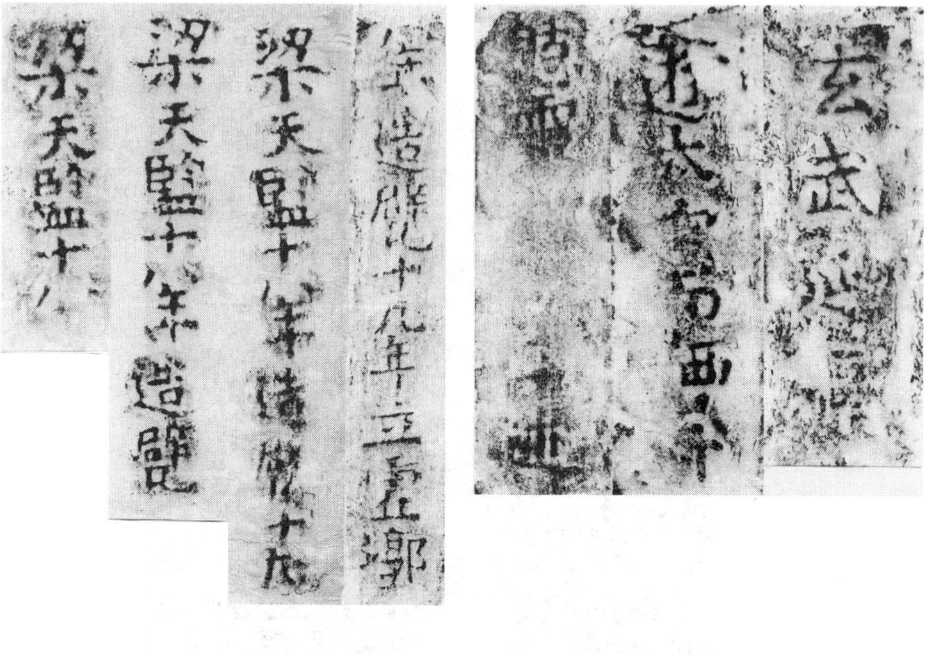

陶弘景墓砖铭文（13条）

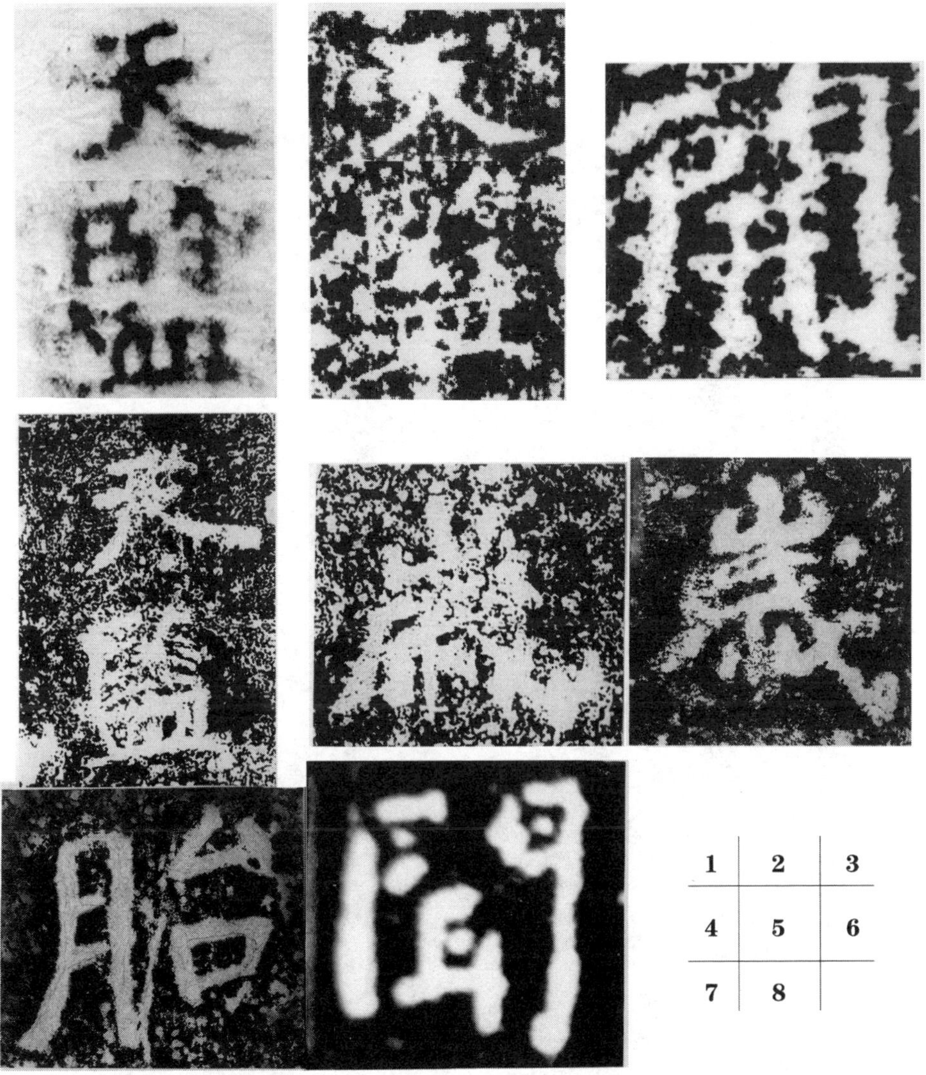

1	2	3
4	5	6
7	8	

1.陶弘景墓砖铭文　2–3.天监十六年井栏　4–5.天监十五年井栏

6–7.《瘗鹤铭》　8.《许长史旧馆坛碑》的正文（孙文韬书）

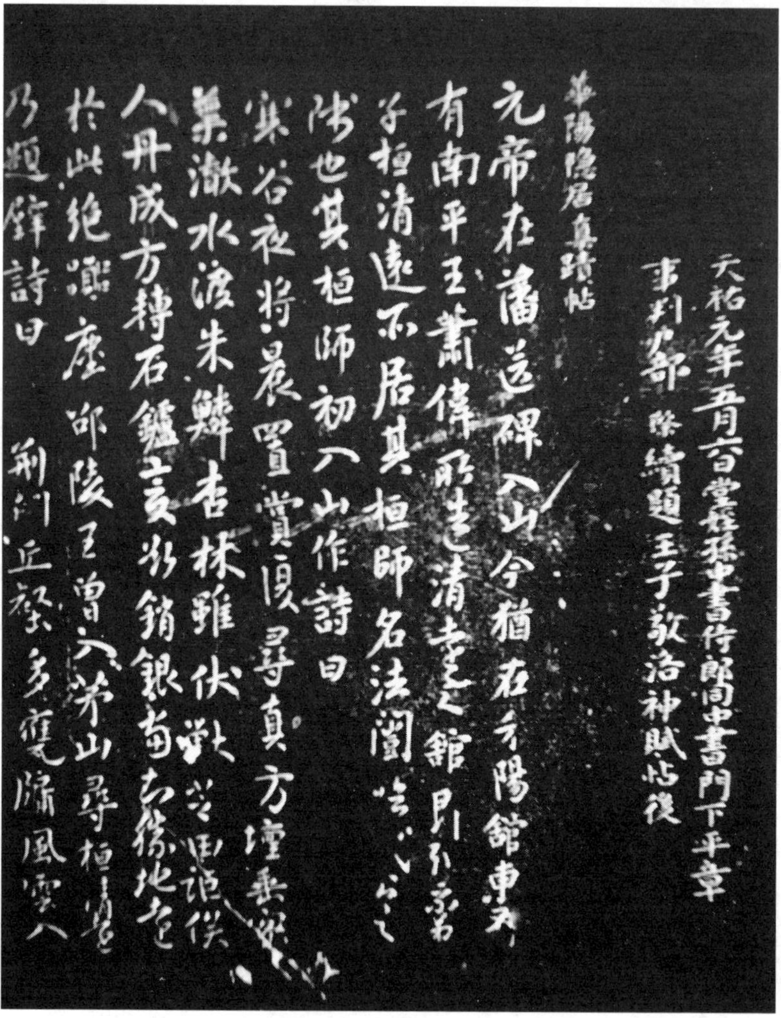

华阳隐居真迹帖（局部）

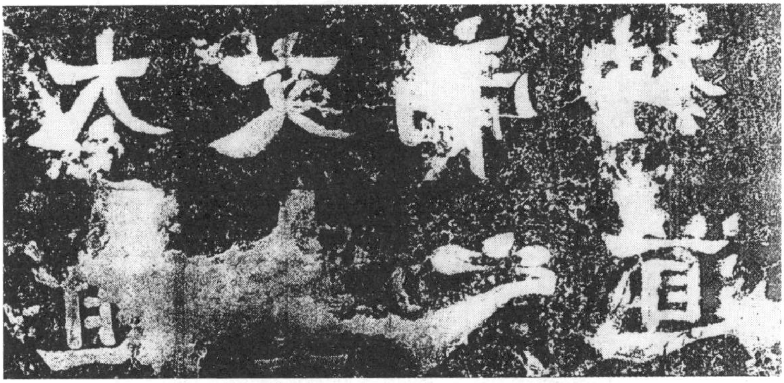

茅山附近梁神道柱　梁文帝建陵神道柱额　南柱

茅山附近梁神道柱　梁文帝建陵神道柱额　北柱

茅山附近梁神道柱　梁南康简王萧绩墓神道柱额　东柱

茅山附近梁神道柱　梁南康简王萧绩墓神道柱额　西柱

梁解真中散大夫贞白先生陶隐居碑铭（局部）

唐·张从申书《李玄静碑》（局部）

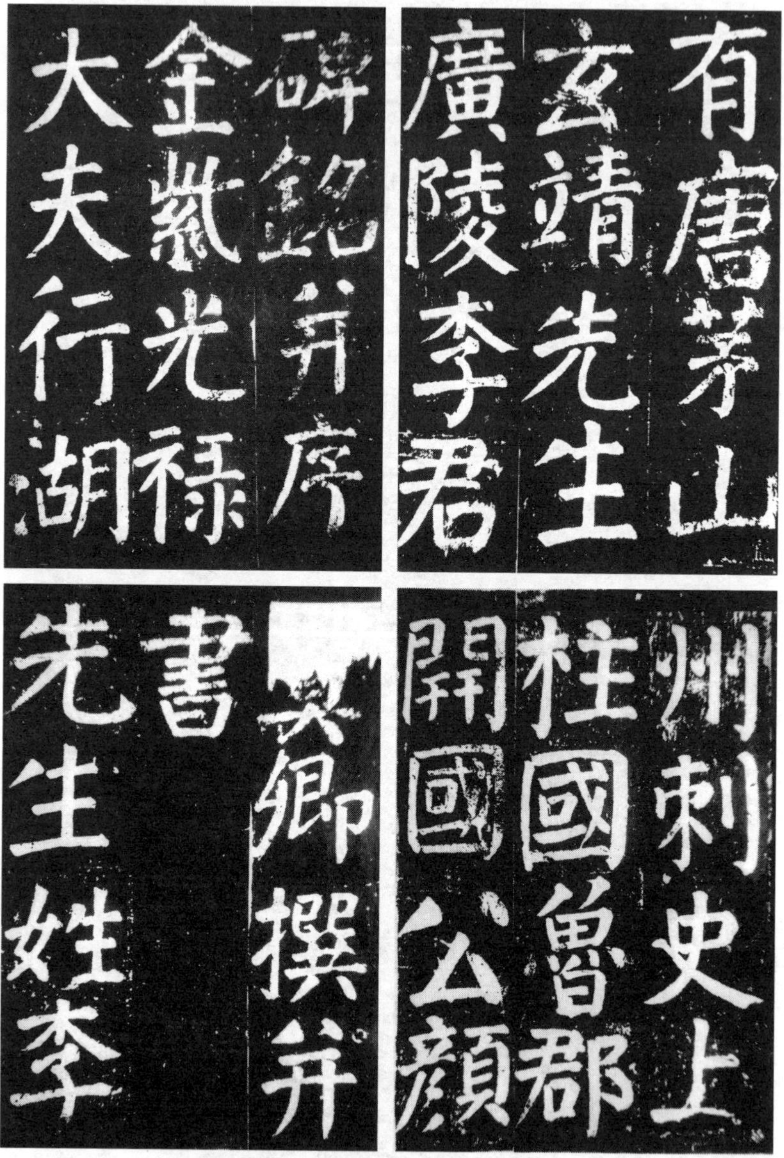

唐·颜真卿撰书《李玄静碑》（局部）

唐·窦泉书《华阳三洞景昭大法师碑》（局部）

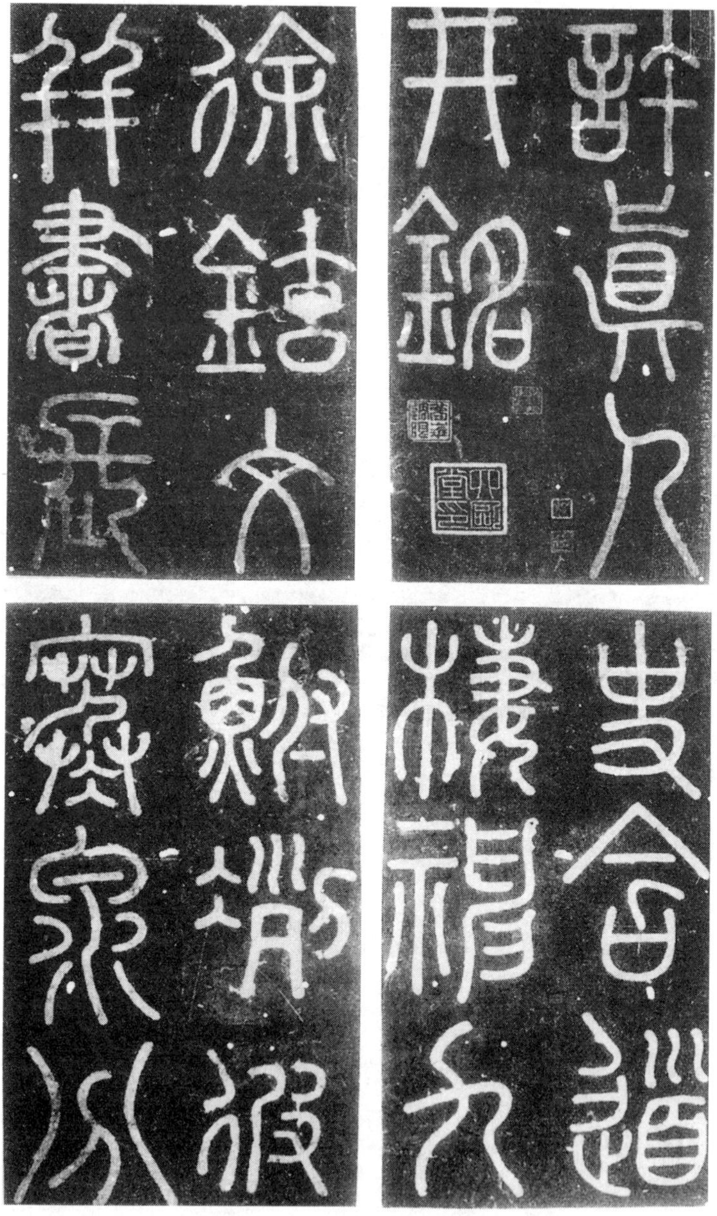

南唐·徐铉撰书《许真人井铭》（局部）

宋真宗制《观龙歌碑》（局部）

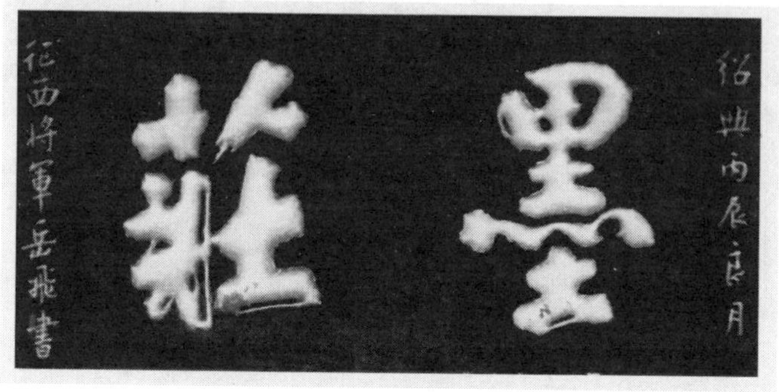

宋 · 岳飞书法　岳飞楷书“墨庄”二大字

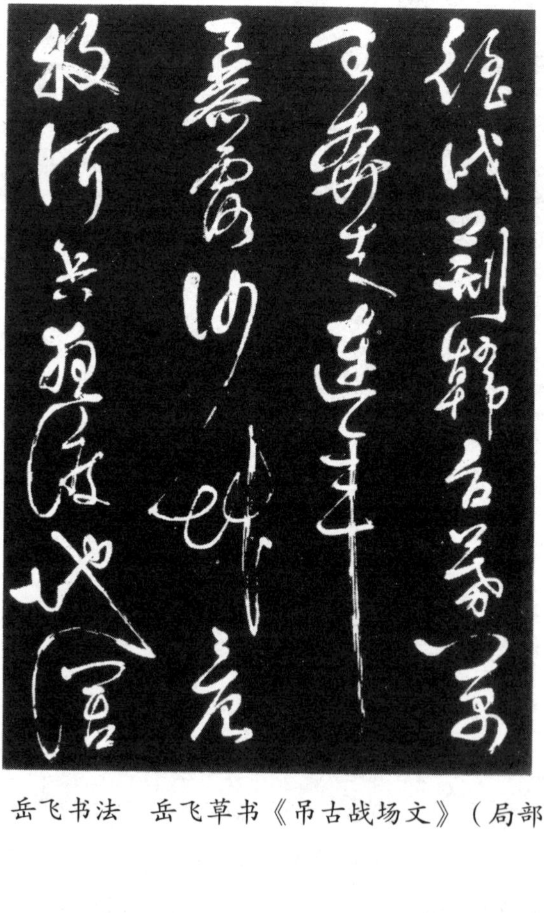

宋 · 岳飞书法　岳飞草书《吊古战场文》（局部）

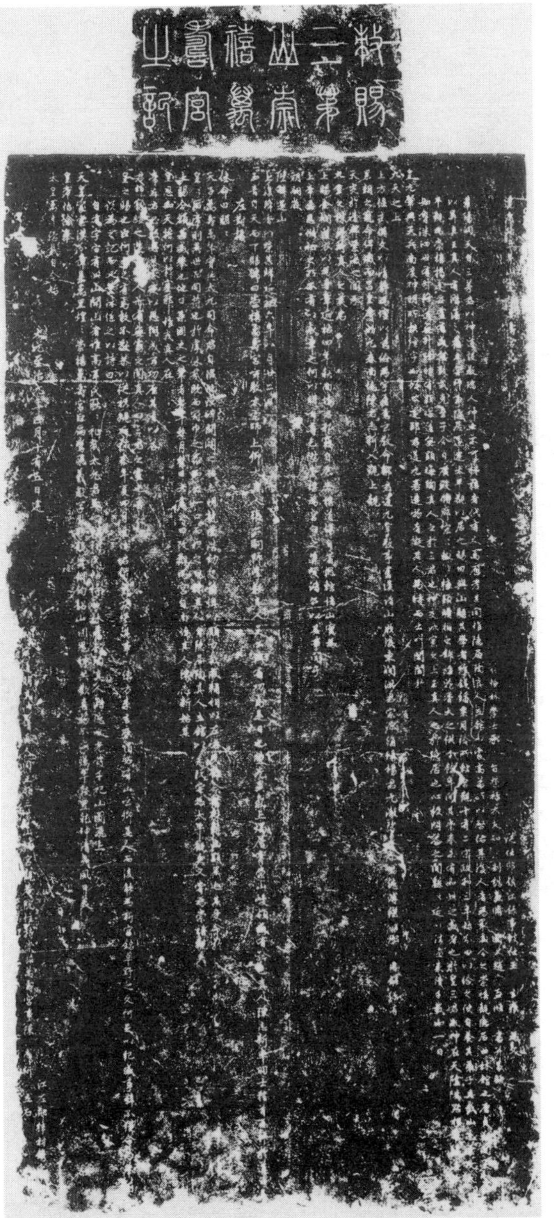

元·赵孟頫书法　赵孟頫书《茅山崇禧万寿宫记》整体拓本

元·赵孟頫书法　赵孟頫书《茅山崇禧万寿宫记》（局部）

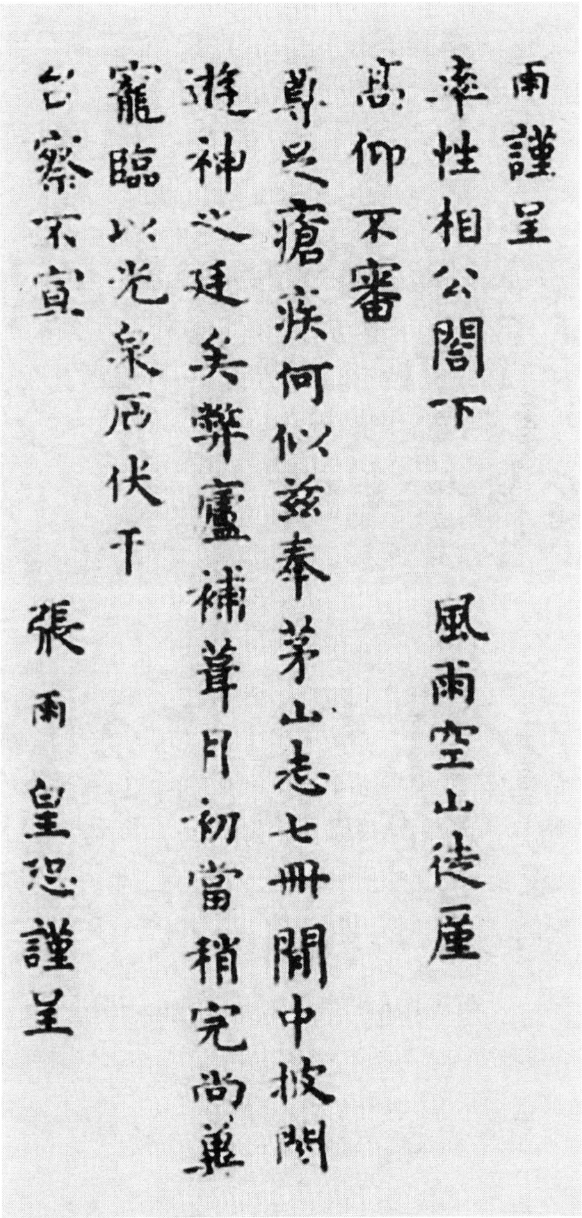
雨謹呈
幸性相公閤下
風雨空山徒屋
高仰不審
尊足瘡疾何似茲奉茅山志七冊閒中披閱
遊神之廷矣弊廬補葺月初當稍完尚冀
寵臨以光泉石伏下
台察不宣
張雨皇恐謹呈

元·张雨书法小楷尺牍

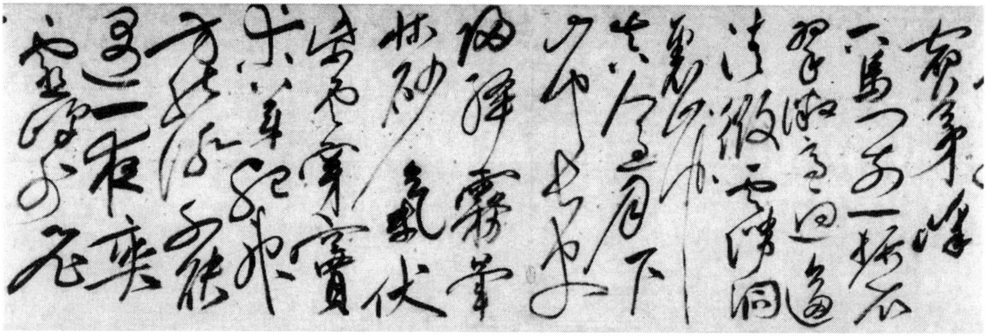

明・祝允明草书　《宿茅峰》

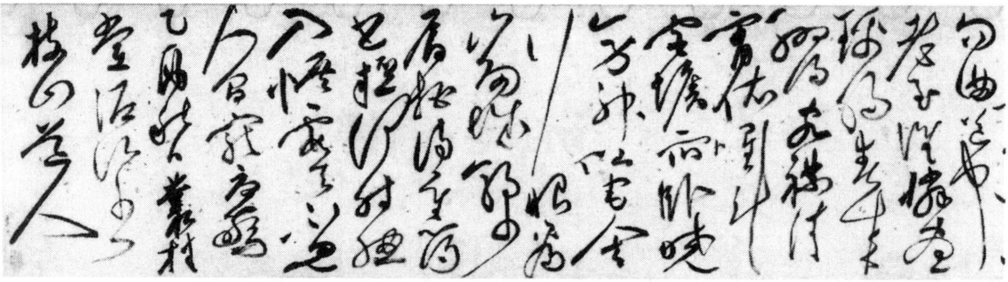

明・祝允明草书　《句曲道 中》

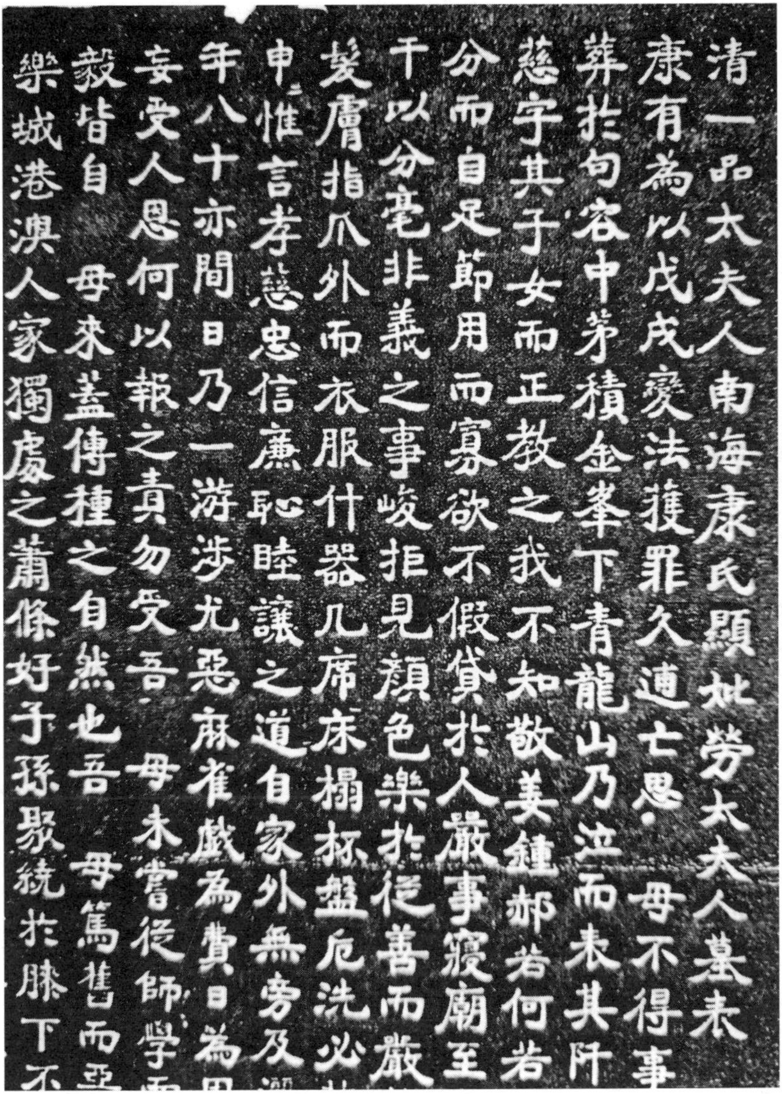

康有为书法　康有为撰书《劳太夫人墓表》（局部）

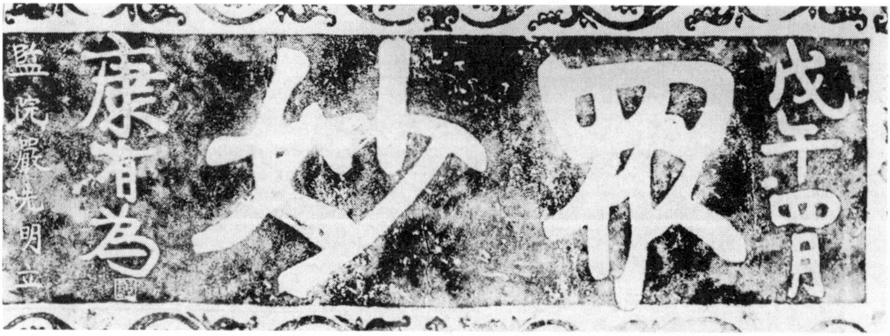

康有为书法　康有为书“众妙”二大字

茅山华阳洞摩崖石刻

答诏问

梁·陶弘景

山中何所有？岭上多白云。
只可自怡悦，不堪持寄君。

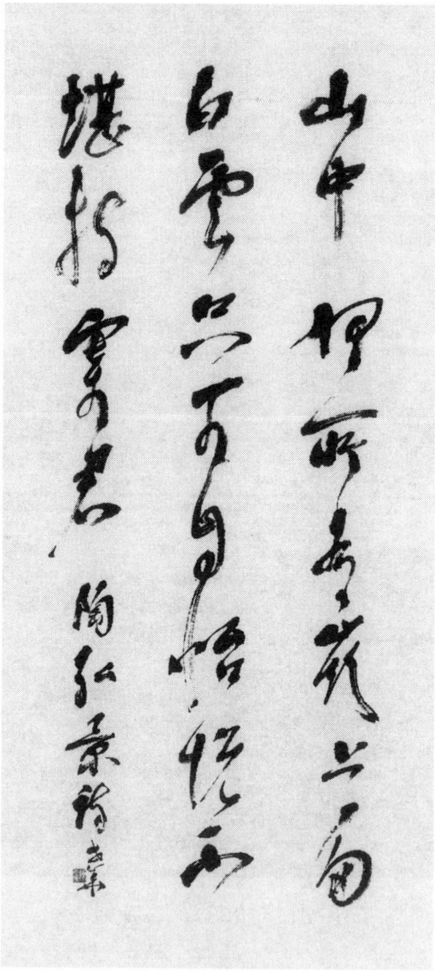

（陈世华书）

《茅山碑刻》序

虞友谦

道教是中国的土特产，其思想、理论上溯先秦道、墨、阴阳诸家与神仙方术隐遁之士，最根本的当属道家，其渊源十分久远。一般认为经典意义上的道教诞生于汉末桓、灵时期，如沛人张陵的五斗米道，钜鹿人张角的太平道等均于此时先后创立。由于他们组建了一定规模的组织，制定科仪、规则与符箓、法术，故而具备了较完整的宗教特征。但秦汉之际三茅君，主要是茅盈，入句曲山（茅山）修道，早于张陵四百年，且产生了相当的社会影响，可谓道教的先驱者。从这个意义上说，认为茅山为道教第一名山，也不为过。史记秦始皇本纪集解引有《茅盈内纪》，其中神仙传说，自然反映了宗教宣传的特色，但有关身世信息与修炼事迹，应有所据，并非空穴来风，不应简单加以抹杀。惜道教史著作大多对此摈而不录，谈及茅山道仅从葛洪、陶弘景说起，而葛、陶主张的济世利民、服食炼养，实承袭了三茅的理念，颇异于张陵天师道的书符念咒、驱魔捉鬼之术，故较为社会上层所信奉。茅山上清教派千百年来，虽迭有盛衰，然受朝野尊崇，未曾稍减。

老友陈世华先生在句容从事文博工作多年，期间，搜集、整理、考述茅山碑刻，成效卓著。他的文章，以前有不少已散见于报刊，很受业内的重视与大众的关注。此次汇编成册，冠名《茅山碑刻》，我得以拜读初稿，不胜欣忭。

《茅山碑刻》分为上、下编。

上编为碑刻目录。搜罗了茅山从秦以来历朝历代的所有碑刻，除大多据之于文献，也有当代考古的成果和陈先生亲自走访采集的实物，基本上可说是囊括无遗，一网打尽。碑刻的内容在宗教的外衣下实包含大量历史、文化、政治、艺术等信息，具有丰富的学术资料的价值。陈先生将其列为附录，载于书后，可供今后的爱好者与研究者参考、研究。同时，本书配有大量图录，增加了人们阅读碑刻时的视觉效果。陈先生在搜集、整理的过程中，孜孜不倦，倾注了极大心力，可赞可佩！

下编为名碑考述。此部分亮点颇多，具见学术功力。作者通过对碑刻的考述、解读将道教上清派的缘起、来龙去脉、其历史传承、代表人物及与上层社会、世俗信仰的关系等等，娓娓道来，驾轻就熟，要言不烦。此乃得力于史料丰富、娴熟于胸的结果。其中对陶弘景的考述极为精审。陶堪称道教史上的奇人，其观念融通儒、释、道，其现实的行状是徜徉于宗教、世俗与现实政治之间，怡然自得。而他学识渊博、一生著述八十余种，也是中国文化史上重量级的人物之一。

陈先生叙述陶的家世、宗教活动及其政治交往时，颇具慧眼。而最主要的见解在于对陶的书法艺术的评述，使我们大开眼界。碑刻跃入眼帘，给予人们的第一感觉即是书法，故陈先生对陶弘景书风的探讨最为亲切有味，我以为有些看法对现存书法史有所补益。先生最大胆的言论乃是对《瘗鹤铭》作者的考证。大字之祖《瘗鹤铭》作者的问题，曾聚讼千年，悬而未决，近现代学者渐倾向于为陶弘景所书，几成定论。但先生除着眼于书法检视外，更从宗教的独特视野加以考析。他细致研究了铭文中的宗教用语，结合茅山道团活动的蛛丝马迹，丝丝入扣，作出《瘗鹤铭》为陶弘景所撰，而为陶的弟子孙文韬所书的论断。此论极为大胆，如巨石投渊，掀起大浪。学界虽一时难于接受，但作为学术之争，自可继续探讨。而在历史考据的方面，提出泰伯奔吴地句吴在茅山的判断，也是极新颖的见解。他如对颜真卿家世、行迹及其书风渊源的论述，由《葛府君碑额》证魏晋时已有成熟楷体之类，均为足以引起读者兴趣而产生共鸣。这些考述言必有据，征引史料已达到得心应手、挥洒自如的境界。另外作者的行文也有特色，如《茅山天监十六年井栏发现记》，虽系篇幅较短的纪实文字，但自然生动，情景交融，令人印象深刻。当然作者考述所及，乃是碑刻中极少部分。碑刻中大量关涉宗教、历史、政治、艺术的内容还有待发掘，只能留给后继者了。

综而言之，此书在搜罗、整理方面，对茅山两千余年间的碑刻作出几近完美的总结，是文博工作的重要成果；在考述方面，对茅山上清教派及其相关人物的研索，对碑刻之书法艺术之探析，对有关历史的溯源等等，均是利用了碑刻的第一手资料，而有所发现。就此而论，作者是导夫先路，必将启迪后昆。

虞友谦

（江苏省社会科学院哲学研究所原所长、研究员）

前 言

（一）

茅山是一座在道教史上占有非常重要地位的名山。茅山古称句曲山，因山形勾曲而得名。又因句曲山“曲而有容”（句通勾），故山所在县名句容。茅山西北接金陵（今南京），东望太湖，古称形胜之地，道教称为“养真之福境，成神之灵墟也”（《真诰》卷十一）。

茅山成为人们心目中的仙山，起源久远。秦汉以来，有关茅山的神话传说和隐逸修炼的故事流传很广。如《真诰》卷十一载：茅山天市坛，四面皆有宝金白玉，“天市之坛石，正当洞天之中央玄窗之上也，此石是安息国天市山石也，所以名之为天市盘石也。玄帝时，召四海神，使运此盘石于洞天之上耳。”秦汉以后，北方动乱频仍，方仙之士多次南迁，带来仙道经书和仙山神话资料，与茅山本有的神仙故事附会嫁接，于是生发出很多有关隐逸修炼成仙的神话传说，传播很广，影响很大。以此为先导，为此后的三茅真君崇拜、道教上清派的创建等，提供了合法性、合理性和神圣性。

西汉时，咸阳人茅盈兄弟三人渡江来到句曲山修炼，影响深远。据《茅山志》卷五《茅君真胄》：大茅君茅盈，咸阳南关人。高祖茅濛，字初成，在华山修道，秦始皇三十年（前217），传闻他乘龙白日升天，引起轰动，民间传出童谣："神仙得者茅初成，驾龙上升入太清。时下玄洲戏赤城，继世而往在我盈。帝若学之腊嘉平。"秦始皇对此传闻深信不疑，遂把年终祭祖大礼"腊"改叫"嘉平"。茅盈十八岁时，辞别父母入恒山学道，继而师事西城王君而得真道。汉元帝初元五年（前44），茅盈来到江南句曲山修炼，后得道成仙，并任仙职。越五年，二弟茅固、三弟茅衷"渡江求兄于东山"（东山或为茅山原山名）。茅盈与两弟同修，教"二弟具受教敕，乃服药咽气，勤精静思，又施行诸为生生之戒慎者"。茅盈驻茅山四十三年，"灵著江左，道惠百邑，吴越之境竞为臣仆，邦人因改名此山为茅君山"。三茅君所进行的修炼实践，如采术服饵、咽气之道等，成为后来的道教上清派所采用的道术。三茅君功德圆满得道成仙的故事在历代民众和信道之士流传中，形成了历久弥深的三茅真君崇拜，并得到历代封建王朝的诰封。早在西汉末就有诏诰《天皇太帝授茅君九锡玉册文》。东汉诏敕建丹阳郡句曲山茅真人之庙，"明帝永平二年，诏敕郡县修灵山大泽能兴云雨有益百姓者庙，如陈国老子庙、会稽夏禹庙、丹阳句曲茅真人之庙、长沙湘水黄陵二妃屈原之庙，有是此之比者，皆德遗黎民，道匠万物"（《茅山志》卷五《茅君之胄》）。茅山在道教名山中具有崇高地位，追本溯源，是与三茅真君分不开的。正因如此，才为后来的杨羲、许谧、许翙创作新道经《上清经》提供了重要资料和条件，因此茅山宗一直尊三茅真君为祖师。

随着西晋统一，五斗米道始从北方传入江南。两晋之际的战乱更促使五斗米道向江南发展。江南吴地士族，如句容葛氏、许氏、晋陵华氏等，原多信帛家道，或师左慈，传习仙道。东晋时，在从北方南下的五斗米道徒尤其是天师道祭酒魏华存的影响下，江南士族以空前的热情转信天师道。此间教团纷起，大量士族人士加入进来，遂掀起道教改革的浪潮。道教变革的主要地区在南方，而南方的道教变革是以句容茅山地区为中心展开的。在句容同里（都乡吉阳里）居住的葛玄、葛洪家族和许迈、许谧家族，还有与句容县接壤的秣陵（今南京）陶弘景祖上，晋陵（今常州）华侨家族等，都是奉道世家，世代通婚，交往密切。他们相互激发起创制新道经的高涨热情，产生了对于道教发展影响深远的经典。这些经典主要有《三皇经》《灵宝经》《上清经》，此即道教所称的《三洞真经》。三皇系经典，在经东晋至南朝形成的过程中，葛洪及其家族起到了主要的作用。《灵宝经》也是葛洪家族传播的一组道经，其经法影响深远。在茅山地区隐逸修道成仙的传说风行的氛围中，东汉句容士族葛氏家族对修道成仙十分热衷和向往。汉末葛氏家族的葛玄少年学道，后得到来自北方的著名道士左慈的传授，成为江南最著名的道士。葛玄的主要功绩在道经传授和道术流布。其道术传递给从孙葛洪，葛洪的道术多为道教上清派采纳；葛玄传授的古《灵宝经》后由葛洪的从孙葛巢甫继承，巢甫造构的新《灵宝经》“风教大行”于南朝。《上清经》，是在东晋中期许谧、许翙父子在茅山北雷平山旁建宅修道，与杨羲合作创作的道经。他们在魏华存《黄庭经》思想资料的基础上，假托魏夫人等神仙“降授”的方式，完成了《上清经》的创作。《上清经》的出现，为后来形成影响深远的以茅山为基地的道教上清派准备了经典诰诀，是为上清派之初创。《上清经》并东晋出现的其他新道经的创制，均采取假托神灵降授的方式，这是道教初创阶段合乎逻辑的自然现象。随着新道经的涌现，并出现新的道教组织形式，道教遂从早期原始幼稚的五斗米道发展成为完备成熟的宗教，从主要传播于民间的道团上升为官方承认的正统宗教。

杨羲和二许去世后，三君创作的经符秘箓由许翙之子许黄民收集保藏。据《真诰叙录》载，晋安帝元兴二年（403），因桓玄叛乱，京畿纷乱，许黄民奉杨、许真经奔走浙东，住剡县的马朗家，由马朗及堂弟马罕共相供养。到义熙（405—418）中，有鲁国孔默者求取真经传抄，又有何道敬以及吴郡顾欢、朱僧标、陆修静等先后传抄。在传抄过程中，不断有人对经文伪造窜益，尤其是晋末道士王灵期窃加损益，张开造制。至南朝时上清经典达一百数十卷，其中《上清大洞真经》31卷最为重要，故《上清经》又称《大洞真经》。刘宋元嘉六年（429），许黄民将杨、许真经封存，交付马朗保管，不久去世。马朗、马罕敬事保护经宝，有过君父。三十多年后，前废帝刘子业“令后堂道士殳季真从剡县马朗家取《上清经》入内，于华林园开看”（《宋书·前废帝纪》），经文遂藏于内府。

此后为建立和发展道教上清派作出重要贡献的宗师有陆修静、孙游岳、陶弘景等。陆修静（406—477），是南朝前期多道派改革的集大成者。他于元嘉末来京师建康，大明五年（461）去庐山隐修。泰始三年（467）奉诏再次来到建康，在北郊崇虚馆居住约十年。在此期间，他总括三洞，整理道教经典，整顿改造道教组织，健全道教斋醮仪式，并得到了杨、许三君创作的上清经书。在他制定的一套斋法中，将上清斋法列为高品，其次为灵宝斋、三皇斋，把天师道的旧斋法列为下品。陆修静的门徒众多，得道者以孙游岳、李果之最为著名。孙游岳（398—489），陆修静的入室弟子，21岁左右在缙云山拜陆修静为师，宋泰始中，曾随陆修静赴京。陆修静授他三洞经箓并杨羲、许翙手书经诀真迹。齐武帝永明二年（484），孙奉诏入京任兴世馆主，代师掌教，直到永明七年去世。士族文人服膺者数百人，其中最突出者为陶弘景。当时陶弘景正在京师为齐诸王侍读，同时从孙游岳学道。“先生以甲子、乙丑、丙寅（南朝齐永明二、三、四年）三年之中，就兴世馆主东阳孙游岳咨禀道家符图经法。虽相承皆是真本，而经历摹写，意所未惬者，于是更博访远近以正之。戊辰年（永明六年）始往茅山，便得到杨、许手书真迹，欣然感激。至庚午年（永明八年）又启假东行浙越，处处寻求灵异”（陶翊《华阳隐居先生本起录》）。陶弘景虽然得到孙游岳真传，但并不满足于孙传授的经典，于是奔走茅山、浙东，搜求散落的杨、许手书的《上清经》真迹。至此他为归隐山林做好了充分的准备。

南朝齐永明十年（492）五月，陶弘景带领弟子来到茅山，立馆修道，自号华阳隐居。他率领弟子披荆斩棘，修桥铺路，在积金岭西一带建造道馆华阳上馆和华阳下馆，招聚徒众，建立茅山上清道团。还在茅山西修塘垦田，作为道馆的经济来源。茅山上清道馆兴盛时，道馆内徒众多至千人。他同时整理弘扬上清经法，撰著《真诰》《登真隐诀》等道书。由于他的不懈努力，使道教上清派的教义与方术发展成熟。经过数十年苦心经营，茅山成为道教上清派的基地。上清道馆分布于京师及江南各地，并于南北朝末期传到北方。陶弘景作为道教上清派的实际创建者，弟子众多，遗憾的是，道团内的弟子有多人先于他去世，先有陆逸冲，后有周子良、潘渊文、王法明等人，都是陶寄予厚望的高足。陶晚年感叹道："吾门人先吾去者数也"（《陶隐居内传》）。他临终前的一个主要传人是桓法闿。在陶去世后的一段时间内，桓法闿对上清经法作了阐释，为上清经法日后在南北方的传播作出了一定的贡献。唐李渤《真系》说陶"弟子数十人，惟王远知、陆逸冲称上足焉"。可是陶弘景去世时，王远知年仅八岁，当非亲炙。然而王远知确是陶弘景道法的最重要的传人，是隋唐时期把茅山上清派推向鼎盛的关键人物。茅山上清派奉魏华存为第一代宗师，二至九代上清宗师依次为：杨羲、许谧、许翙、马朗、马罕、陆修静、孙游岳、陶弘景。

隋王朝建立，南北一统，隋文帝杨坚和炀帝杨广都很重视利用和扶持道教。隋朝道教以茅山上清派为主体，沿着上层化的方向继续发展。这一时期，茅山上清派得到了巩固和发展，上清经法传到北方，与北方道教相融合，影响力随之壮大。王远知从南方来到北方传道，在大业（605—618）中收潘师正为弟子，潘后来成为在北方传播上清经法的一代宗师。隋炀帝优礼王远知，与远知在涿郡临朔宫相见，亲执弟子之礼，还在京师为远知置居所“玉清玄坛”。在隋、唐朝代更替的风云变幻中，王远知以高超的政治智慧和卓越的能力，使茅山宗得到封建王朝的大力支持，为茅山宗其后的发展奠定了良好的基础。

唐朝承隋继续推进道教的融合发展，是道教全面发展的繁荣时期。唐初统治者非常重视利用道教制造皇权神授的舆论，并一直尊崇道教。茅山宗渊源深厚，发展盛旺，在唐代道教中处于中心地位，正如颜真卿所说“茅山为天下道学之所宗矣”(《李玄静碑》）。茅山宗始终受到唐王朝的大力支持，上清宗师始终受到特别优厚的礼遇和赏赐。唐代茅山宗众多的高道宗师具有高超的智慧和经法造诣。首先是王远知（528—635），作为上清派宗师的代表性人物，唐代人称他“践三清之隩隅，游六学之津要”（《桐柏真人碑》）。他还善于观察和把握政治风向，得到他所历陈、隋、唐三个王朝的尊宠，特别是在隋末，为李渊、李世民父子预告符命有功，使茅山宗迎来扩展壮大的契机。贞观九年（635），由太宗敕命，在茅山原华阳下馆处建太平观（后来的崇禧宫是在太平观旧址上建的），度道士 27 人作为侍者，还赐予茅山大量田地。“茅山崇禧宫六千三百亩，赐自唐朝，历来已久，地内钱粮七分，纳官三分，供奉香火”（《光绪句容县志》卷一）。王远知去世后，高宗追赠他为“太中大夫”，谥“升真先生”。著有《易总》十五卷。王远知继承陶弘景的衣钵，非常重视上清经法的赓续传播，收弟子培养上清传人。他的弟子很多，最著名者有：潘师正、王轨、徐道邈、陈羽等。由于王远知的布局，王轨在南方茅山弘扬上清经法，潘师正在北方嵩山发展茅山宗。王轨与潘师正分别传道于南北，至韦景昭又合而为一。王轨（579—667），十三岁出家于茅山太平观，随王远知居茅山，为香瓶弟子十六年，二十岁正式受远知经法，得远知真传，颇具影响。唐太宗曾经向王轨咨询道要。陶弘景去世后，朱阳馆“旧基夷漫，余迹沦芜”，他受王远知委派，负责在此处建造了规模宏大的华阳观。王轨的弟子著名者有：戴慧恭、包方广、吴德伟、王元熠等十余人（《全唐文》186卷）。其中包方广传崇玄观道士包法整，法整传包士荣，士荣传韦景昭（《茅山志》卷二十三，陆长源《华阳三洞景昭大法师碑》）。潘师正（586—684），隋大业中师从王远知，受三洞隐诀真文，尽得远知真传。曾随远知来到茅山，不久远知对他说：“吾虽欲留汝于此，而嵩阳乃汝修真之地，当亟往无疑。”潘于是入嵩山修道，在北方传道50余年，为茅山宗在北方的发展作出了重要贡献。师正受到高宗的优宠，去世后，高宗赠其“太中大夫”，谥体玄先生（《旧唐书·潘师正传》）。潘师正的弟子18人，著名者有：冯齐整、韦法昭、司马承祯、郭崇真、吴筠等。玄宗继位后，推行崇道政策，召见道士，亲受法箓，以道士为师，均重点面向茅山宗，先后接受茅山宗两位宗师司马承祯和李含光的法箓。司马承祯（647—735），于嵩山师事潘师正，传其符箓及辟谷、导引、服饵之术。师正特别赏识承祯，曾对他说：“我自陶隐居传正一之法，至汝四叶矣”（《旧唐书·司马承祯传》）。后承祯游历名山，止于天台山，自号白云子。开元九年（721）玄宗遣使迎承祯来京。承祯交往的士大夫既多，活动的范围又广，为茅山宗传布全国多地作出了重要贡献。司马承祯的弟子七十多人，最得其真传者有：李含光、焦静真。李含光（682—769），于开元十七年（729）在王屋山师从司马承祯。玄宗得知李含光得承祯真传，诏其居王屋山阳台观以继之。后李含光回归茅山，玄宗不断召见咨访，频繁致书赠诗赏赐。天宝七年（748）三月十八日，举行玄宗受上清经箓仪式，请含光为度师。同年夏，“又诏以紫阳观侧近二百户，太平、崇元两观各一百户，并蠲其官徭，以供香火”（颜真卿撰《李玄静碑》）。肃宗继位后，褒奖含光精修愿力以助唐王朝的事功。含光作为帝师，使茅山宗得到了唐王朝的无与伦比的优待和扶持。他倾力弘扬上清经法，注重玄学义理，丰富了茅山宗的教理，保持了茅山宗宗师的传统作风。著有《本草音义》《老子庄子周易学记》等多种道书。韦景昭（693—785），继李含光成为茅山宗第十四代宗师，其法脉出自王远知、王轨、包方广、包法整、包士荣一系。韦景昭又是李含光的入室弟子，也是茅山宗的重要传人。他曾隶居长安肃明观二十载，后辞京重归茅山太平观。天宝中，与李含光奉诏修功德，建造紫阳观而居。安史之乱后，唐王朝由盛转衰，茅山宗的盛势也衰退下来。此后唐王朝继续奉行崇道政策，仍然重点面向茅山宗。如唐僖宗（874—888年在位），对茅山宗十七代宗师吴法通十分优宠，于“僖宗乾符二年（875）遣使受大洞箓，遥尊（吴法通）称为度师，赐‘先生’”（《茅山志》卷十一）。

道教上清派主修《上清经》，兼修《灵宝经》《三皇经》，正一法也一直是茅山宗的传授经教内容之一。在唐代，茅山宗有很多具有高超造诣的大德法师，他们著述宏博，立论精辟，力避邪门歪道，对上清经典、戒律、法箓的论述、编撰都达到了最高层次，使上清派在教义、斋醮科仪、修炼方式等方面最为完备，因此上清派在诸道派中的地位最高。从道士“参受经法”的次序来说，自南北朝至隋唐为：先正一、次洞渊或太玄、次洞神、次升玄、次洞玄，最高为洞真上清。在三洞四辅体系中，上清经法为最高层次。在唐代茅山宗思想家中，司马承祯和吴筠是突出的代表，他们对推进茅山宗理论建设卓有建树。在司马承祯众多著作中，最能反映其道教思想的代表作是《坐忘论》《天隐子》。《坐忘论》既讲道教修炼的方法，又涉及很多理论问题。在当时修炼外丹的风气中，承祯力倡“坐忘”，以老庄思想为依据，吸取佛教止观、禅定的方法，对后世道教有非常大的影响。他在道教由外丹转向内丹，由外向内寻求成仙之道理论过程中起到了重要的作用，成为宋、元道教内丹学的理论先驱，并对宋、明理学产生了一定影响。吴筠（？—778），早年“入嵩山，依体玄先生潘师正为道士，传正一之法，苦心钻研，尽通其术。开元中，南游金陵，访道茅山。久之东游天台”（权德舆《吴尊师传》）。吴筠擅长著述，使茅山宗在文士中扩大了影响，如大诗人李白所受道法即茅山一系。吴筠曾受玄宗召见，“禄山将乱，求还茅山，许之。既而中原大乱，江淮多盗，乃东游会稽”（同上）。著有文集二十卷，其中《玄纲论》《神仙可学论》最为达识之士所称。《玄纲论》是吴筠道学思想的主要成分。吴筠和司马承祯的著作集中体现了唐代茅山宗的精深的理论水平。茅山宗在唐朝时期的宗师，自第十代至十八代依次是：王远知、潘师正、司马承祯、李含光、韦景昭、黄洞元、孙智清、吴法通、刘得常。

五代时期，尽管战乱不断，社会动荡，茅山仍然保持了传承上清经法的连续性。茅山上清十九代宗师王栖霞（891—952），受到南唐李昪、李璟二帝的特殊礼遇。李昪召王栖霞至金陵，居玄真观，加金印紫绶，赐号“玄博大师”。李璟为王栖霞加“贞素先生”号。南唐大臣、文字学家徐铉兄弟屡来茅山，撰书了多种碑铭。

继唐以后，宋代是道教发展的又一个高峰时期。在北宋，正一、上清、灵宝三大道派继续传衍，并另出现许多道派。茅山上清宗仍然居于道教主流派的地位，为实力最强者。宋王朝十分尊崇茅山宗，优宠茅山道士。在经济上，茅山得到宋王朝的特殊优待扶持，在宋太宗时，茅山道观九处，占有水田达300顷，并免租税。在政治上也享有种种特权，朝廷曾经派兵数百人护卫茅山宫观。茅山上清宗师为一些帝后授箓、降符子，享有令其他道派道士羡慕的殊荣。入宋后的茅山第一位宗师、嗣上清第二十代宗师成延昭（911—990），早年在紫阳观师事王栖霞，门人众多。二十一代宗师蒋元吉（？—998）师从成延昭，以经箓授万保冲。二十二代宗师万保冲，“咸平元年（998）始传上道，专善采服日霞之法”，年老而颜貌如童，寿至92岁，景德间赐号“冲素先生”。第二十三代宗师朱自英（976—1029），景德元年（1004）嗣教。四年（1007），真宗遣中使来茅山赍香祈胤，由朱自英设醮奏章。明年，仁宗生，刻石纪之。又奉旨住持玉清昭应宫，赐“国师”号，敕建茅山乾元、天圣两观。明肃太后刘氏于天圣二年（1024）四月二十三日受上清大洞毕法箓，朱自英任临坛度师（《茅山志》卷二五，《天圣太后受上清箓记》），复赐号“观妙先生”。朱自英为整理传注道教经书和上清法箓作出了贡献，传有《上清大洞真经》6卷，并为作序。二十四代宗师毛奉柔，师事朱自英，结庐积金峰，向弟子刘混康授以经法。去世后，于崇宁元年（1102）追赠“通真明元先生”。二十五代宗师刘混康（1036—1108），嘉祐五年（1060）为道士，后师从毛奉柔，毛悉授以大洞经箓。哲宗时，赐号“洞元通妙法师”，住持上清储祥宫。绍圣四年（1097），哲宗敕江宁府，扩建刘混康所居位于积金峰西的潜神庵为元符观。别敕茅山经箓宗坛与龙虎山、阁皂山三山鼎峙，辅化皇图。徽宗即位后，屡召其赴阙，赐“九老仙都君印”玉印、书画等物，不计其数。敕扩建元符观为元符万宁宫，御书宫、殿名，并撰《元符万宁宫落成颂》。大观二年（1108）四月，刘混康应召赴阙。徽宗为刘洁斋书《大洞真经》，亲自绘制三茅真君像，赐号“葆真观妙冲和先生”。卒葬茅山叠玉峰，诏赠太中大夫，谥“静一”，以其墓之祠为藏真观。二十六代宗师笪净之（1068—1113），师事刘混康，为入室弟子。曾从师入见哲、徽二帝，于崇宁四年（1105）赐号“守静凝和法师”，兼领崇禧观。凡朝廷为茅山兴建宫观山门请乞之事，均备劳主持。撰集科仪，营救贫乏，尤所致意。政和三年十一月卒葬于大茅峰之阳华盖峰下，诏赠“冲隐先生”。受业弟子数十人，其中傅希列被召为右街都监，另有俞希隐、徐希和二高徒。难能可贵的是，笪净之临终向徽宗上表进言道“愿陛下清心寡欲，以保圣躬；节财俭用，以固邦本；听纳忠良，以广言路”（《茅山志》卷二十六，《冲隐先生遗表碑》）。徽宗览表嗟悼，将遗表付于藏真观，刻石山中。然而，徽宗对笪净之遗表中的忠言无动于衷，执迷不悟。有后人评笪净之说：“能以道匡君，岂寻常方士所可同日语！”二十七代宗师徐希和（？—1127），师事笪净之，笪去世后，奉徽宗亲笔之旨嗣宗坛。政和四年（1114），奉诏诣阙，及秋还山，赐丹台郎，转太素大夫、凝神殿校籍。宣和四年（1122）授太中大夫、凝神殿侍宸。宋代茅山道士著名者还有：张绍英、王筌、汤用明、沈若济、冯太申、陈希微、汤友成、杨希真、黄澄等人（见元《茅山志》卷十六）。张绍英与朱自英共居积金峰，修炼辟谷术。仁宗召张绍英，张称疾不起，赐号“明真先生”，并敕所居庵为天圣观。沈若济，居崇禧观，宣和间，徽宗召对，赐号“洞元大师”。杨希真，自称“得真嘐童初大法，可以度世矣”（《茅山志》卷十六）。敕授丹台郎、冲和妙一法师、朝请大夫。杨希真于宣和六年（1124）去世，童初之法遂显于世。黄澄，崇宁初，有敕改玉晨观为崇宁万寿宫，黄澄充住持。未几，徽宗玺书诏赴阙，敕差住持金山神霄万寿宫。累授太素大夫、冲素净一先生，领玉堂高士、左右街都道录兼管教门公事，食实封1200户，赐紫金方符。后告逝于茅山玉晨观所建东庵。北宋道教渐出现各派统一的趋势，顺应这一趋势，黄澄主张符箓派三大名山经箓进行整合，以利道教壮大发展。据《茅山志》卷十六载：“初，三山经箓，龙虎正一、阁皂灵宝、茅山大洞，各嗣其本宗。（黄澄）先生请混一之。今龙虎、阁皂之传上清毕法，盖始于此。”黄澄鉴于茅山经箓在三山中层次最高，上表朝廷，请求三山“混一”，统一传上清毕法。

然而“混一”并未消弭各派之间的界限，不久三山仍然各以传承本宗经箓为主。

宋徽宗崇道遭到挫败，北宋灭亡，使道教发生一次历史性的变革。南宋成为道教发展的一个转折期。到元代，形成正一和全真两大道派，经明、清流衍至今。在南宋150余年中，道教上清派在传承上清本宗经教的同时，部分上清道士在撰著中采摭新说，尤其热衷论述内丹，丰富了上清传统教义教理。如在南宋理宗朝，上清派道士萧应叟嗣张天罡一系内丹，他所著《元始无量度人上品妙经内义》，以内丹解释本以符箓为主的《度人经》，把内丹引进上清派传统教义，为上清经典增添了新的内容。南宋诸帝大多崇信茅山宗，热衷在茅山举行大规模的斋醮祈禳活动，并优礼茅山道士，常召见和封赐。茅山祠宇宫道士张椿龄，南宋高宗曾六次召见。在召对德寿殿时，赐予张椿龄摩枘皱水精环紫石茶磨、御书《阴符》《清静》二经，且命图其形于神仙阁（《茅山志》卷十七）。绍兴三十年（1160）召对于临安（今杭州），为张椿龄在茅山建三清殿，后以行宫赐银建天祥阁，奉藏宸翰。椿龄多次应召，每进忠言，对高宗的思想观念和决定退位产生了极大影响。孝宗继位后，亦很崇信张椿龄，乾道八年（1172），为张椿龄的凝神庵赐田三百三十多亩，并命免税（《茅山志》卷二六）。宁宗召对茅山高道易如刚，赐号“妙通葆真先生”。嘉定三年（1210）五月，茅山为宁宗皇后杨氏授大洞毕法箓，建置玉箓道场，罗天大醮，由第三十四代嗣教宗师薛汝积为临坛度师。理宗崇道，从他对茅山上清宗坛的信仰上可见一斑。他在《淳祐加封三茅真君诰》

中，敕文三道，对三茅真君分别特加尊号，镌刻于石（《茅山志》卷四）。据《理宗金箓投龙玉简词》，嘉熙元年（1237）九月二十六日，理宗在茅山举行盛大的灵宝道场。他在玉简词中祈祷说“为保延国祚，恭祈嗣续”“诣上清宗坛华阳洞天，投送金龙玉简，伏望至圣至真，鉴兹丹悃，乞为誊奏，上闻九天”（《茅山志》卷四）。由此可见理宗对茅山宗崇信至痴迷的程度（玉简现存茅山道院）。南宋时期茅山上清宗师，第一位是二十八代嗣宗师蒋景彻，其“嗣掌大法，建炎寇起，毁元符宫，师独保经箓、印、剑，左街道录傅希烈闻于朝，高宗赐金，重建宫”（《茅山志》卷十二）。三十三代宗师邢汝嘉，善谈名理，孝宗召为御前高士。庆元元年（1195）十月，请敕回到茅山，为嗣宗师。建藏室，所获施与金帛数万计，后嘉定二年秋歉，用于救济无数饥民（同上）。三十五代宗师任元阜（1176—1239），嘉定十六年（1223 年）淫雨，宁宗召至阙，修大醮。明年，复召祷雨，赐“先生”号（同上）。三十八代宗师蒋宗瑛，注《大洞玉经》十六卷。理宗时，朝廷行郊祀礼，久雨，召蒋诣阙祷，乃大霁，理宗赐御书大字“上清宗坛”“圣德仁祐之殿”“景福万年之殿”，旁赐钱十万缗，缮修宫宇（同上）。三十九代宗师景元范，幼依任宗师为侍者。嘉熙（1237—1240）间，从任宗师诣都，出住建康天庆观。开庆改元（1259），召为龙翔宫高士，历左右街鉴义。未几，勅充上清宗师。理宗后谢氏，如先朝故事尊以师礼，受大洞毕法（同上）。南宋时期，茅山上清宗师自二十八代至四十代为：蒋景彻、李景合、李景暎、徐守经、秦汝达、邢汝嘉、薛汝积、任元阜、鲍志真、汤志道、蒋宗瑛、景元范、刘宗昶、王志心、翟志颖。

元王朝建立后，元皇室非常重视利用龙虎山、茅山、阁皂山“经箓三山”，助其统治南方。自元初起，元皇室就与三山建立了密切的联系。至元十七年（1280），元世祖命持香币到三山设醮。元皇室特别热衷在茅山设醮祈福，以致一时朝野形成风气。元至大三年（1310）五月、延祐元年（1314）五月，上清第四十四代宗师王道孟两次钦奉皇帝圣旨，遣玄教嗣师吴全节诣茅山元符万宁宫上清宗坛修建金箓宝斋。延祐五年（1318）正月、泰定三年（1326）十月、天历三年（1330）正月，上清四十五代宗师刘大彬三次钦奉皇帝圣旨，分别遣江淮荆襄等处道教都提点夏文泳、玄教大宗师吴全节、法师舒致祥分别诣茅山元符万宁宫上清宗坛修建金箓宝斋。元仁宗延祐三年（1316）颁加号三茅真君立观三峰诰。据刘大彬编《茅山志》中赵世延作的序中说：“皇庆改元（1312），制赐茅山四十五代宗师刘大彬洞观微妙玄应真人。后五年，褒封三茅真君徽号各加二字：曰真应、曰妙应、曰神应。仍敕三峰为观：曰圣祐、曰德祐、曰仁祐。”延祐六年敕赐崇禧观号为崇禧万寿宫。元代皇帝对茅山上清宗师优礼召见并赐号。茅山上清第四十三代宗师许道杞（1236—1296），被“世祖以臂疾召见大都香殿，令试以法，愈。复命祈雪止风，皆奇验。赐宝冠法服，降玺书，大护其教，佩印南还，三茅山悉统隶之”（《茅山志》卷十二）。四十四代宗师王道孟（1251—1311），因祈雨驱蝗有功，元室赐以“真人”号（同上）。在元朝，茅山上清派仍有相当大的影响力，其势力范围达南方多地。如抚州崇仁南相山，“先有上清法师孙庆衍受玺书领相山”（虞集《道园学古录》卷四十七）。

元初茅山上清嫡传弟子杜道坚（1237—1318），主领湖州计筹山报德观、白石通玄观及杭州宗阳宫。杜道坚以博学高行名世，本为儒生，少年时即入茅山阅读道藏，从上清第三十八代宗师蒋宗瑛学大洞经法，对三教之学皆有所深入。后元世祖召见，钦命住持杭州宗阳宫，继而升杭州路道录、教门高士真人。皇庆元年（1312），元仁宗授予他“隆道冲真崇正真人”号。杜道坚深于玄理，尤以理学释老为特色。同为元初茅山上清道士的张雨，由儒入道，以诗文翰墨名世。二十余岁时，从上清弟子吴人周大静学道，得见杨、许《上清经》文，一见倾心。此时入开元宫，跟随开元宫住持王寿衍入觐大都，受玺印，元仁宗赐号“清容玄一文席法师”。张雨在京期间，以诗文翰墨结识虞集等多位名家重臣。在开元宫幸得机缘结识赵孟頫。至治二年（1322），应茅山刘大彬邀请，来到茅山，住持茅山崇寿观达十五年之久。撰有《外史山世集》《碧岩玄会录》《寻山志》《玄品录》。在元代，茅山有四代宗师传承上清法嗣，自四十三至四十六代宗师依次是：许道杞、王道孟、刘大彬、王天符。

明清两朝五百多年，是道教从停滞走向衰落的阶段。尤其是清朝，沿用明制管理道教，却不如明朝重视利用道教，道教的政治地位更加下降。在这一时期，道教诸派归于正一、全真两大派。符箓派虽称于南宋一统于正一天师，但就其传承统绪而言，一直有正一、上清、灵宝等派别之分。在茅山，三宫传正一派，五观习全真派。实际上，正一已与上清派融合，彼此没有大的差别。茅山上清派源远流长，传系清楚，至今仍在传承本宗上清经教。

明代朝廷对道教相当重视，皇室对茅山道相当尊崇。明代多位皇帝或多次来过茅山，或遣使来茅山瘗简，或朝礼三茅真君，或启建金箓道场。同时，明廷对道教教团管理十分严格。茅山上清宗师制，到明代被朝廷发文授权的“华阳洞灵官”制取代。洪武十五年（1382）四月，置在京僧录、道录二司。设道录司总管道教，宫观设灵官管理制度，规定灵官为正八品，副灵官从八品。据笪重光《茅山志》卷三载《部札开设灵官邓自名衙门文》：“洪武十六年六月初八日，钦选到茅山元符宫道士邓自名，除授华阳洞灵官，给降印信，前去开设衙门。”“道士王允恭除授华阳洞副灵官”。并规定：“华阳洞灵官正六品。副灵官从六品。”礼部这个批文除授邓自名为华阳洞灵官，由邓自名统掌茅山宫观。选授华阳洞灵官有非常严格的程序。万历四十六年，由句容县知县、华阳洞灵官、副灵官以及上、下宫住持等数十人同立的《茅山公选灵官碑》，详细记载了公选灵官的全过程，“一毫人力不得干预，诸山拱服”。实际上，华阳洞灵官的位阶与上清宗师等同，茅山明清两代灵官仍然将自己列在上清宗坛传派中。现存于茅山道院的《刘真人传派碑》，是明嘉靖八年（1529）第十三代华阳洞灵官戴绍资所立。此碑文载于笪重光纂《茅山志》卷三，题为《静一刘真人道门传派》。刘真人是指北宋著名的茅山上清第二十五代宗师刘混康，上清宗坛特以刘混康名字中的“混”起字制定此传派。此碑文后署名：“上清六十二代宗师、华阳洞灵官戴绍资立石”。戴绍资首先表明自己是道教上清派的第六十二代宗师，表明自己是以传承上清经教为己任。同此者还有上清六十六代宗师杨存建（见《明重修元符宫章台碑》）等。据《茅山道院简史》说，目前初步考知，明朝时期共有灵官21代，清朝共有灵官7代。明清以来华阳洞灵官一直按照上清静一法派传续，至20世纪80年代，元符宫、九霄宫的道士已经传至78代“受”字辈。

全真派自元代以来开分七个支派，以龙门派势力最大。至明代出现以戒律密传的“龙门律宗”，丘处机门下的赵道坚为龙门第一代律师，依次传张德纯、陈通微、周玄朴。周玄朴传戒法于张静定、沈静圆，至此龙门律宗分张、沈二支流衍。张静定传戒法于赵真嵩、王常月。王常月（1594—1680）为龙门第七代律师，其受戒弟子多在江浙一带。王常月在来南京等地传戒时，笪重光皈依其门下，成为龙门第八代启派师。沈静圆一系别名“龙门灵宝派”，当为兼传灵宝法箓者。沈静圆号顿空子，句容人，明成化乙酉（1465）以戒法传嘉兴石门人卫真定。卫真定号平阳子，以戒法传浙江桐乡人沈常敬。沈常敬（1523—1653），号太和子，与王常月同辈，为龙门第七代律师，居茅山乾元观，门庭颇盛，其门徒有孙玉阳（派名守一）、黄赤阳（派名守圆）等高徒，皆浙江人。孙玉阳住持茅山乾元观，门下有阎晓峰、周明阳（派名太朗）、范青云（派名太青）。阎晓蜂住茅山乾元观，《金盖心灯》谓其后人嗣茅山派，《诸真宗派总簿》有称“阎祖派”者，当即此派，盖为龙门、茅山二派的融合。茅山五观先后传习全真龙门派，其中乾元观和仁祐观传习龙门岔支阎祖派。在这时期，笪重光在乾元观修建扫叶楼、松风阁等殿宇，同乾元观住持等一起，身体力行地启派传戒。另外，笪重光在隐修茅山期间编纂的《茅山志》，接续元刘大彬编纂的《茅山志》，于康熙十年（1671）完成。清咸丰十年（1860）春，太平军来后，“院宇毁，存数楹，道众因之云散。迨同治甲子克复金陵，道侣陆续归山，然已丧亡八九”（《重建太元宝殿碑记》）。同治三年（1864），道众陆续归山，在社会各界的支援下，陆续修复了部分道观。

清朝末年，道教已经衰微不堪。清末民初，道教受到严重冲击，很多教团赖以维持生活的宫观田产被夺占。在此形势下，茅山道愈加衰落，但三宫五观尚能维持道场法事活动。各宫观实行监院负责制，监院主管宫观的所有事务，法派传承仍然依惯例保持师徒传授方式。1918 年前后，改良派领袖、思想家康有为隐修茅山，帮助道士整理编印道书《茅山志辑要》《三茅帝君宝忏》等，使遭受严重破坏的道观得到一定程度的恢复。至今茅山道士修行诵读的经书之一《三茅帝君宝忏》，不知曾于何时从茅山道宫流出，1992 年春一位信士回赠给茅山道院。此书是 1924 年版，书上有手记“民国第一甲子孟夏月庐居士敬题”，卷首忏序时值乾隆二十六年（1761 年），南林蒋大治作。序中有“赤子之心，抱元还真”等语，这是一部上清派正统道书，是劝化修道之士返璞归真的宝经。后来茅山再遭劫难：1938 年 9 月和 1940 年 6 月，日寇占领句容后，放火焚烧茅山道观，山中的文物古迹惨遭毁坏。惨无人道的日军杀害了茅山的 22 名道士。1947 年 12 月 9 日，经句容县政府批准，在茅山成立了“江苏省句容县大茅山道教整理会”，初步设想是为将来成立“江苏省道教会”作准备。发起人为九霄宫怡云道院住持滕瑞芝、监院白玉泉等。整理会设理事会和监事会，选举滕瑞芝为理事会主席。然因当时形势多变，工作未及开展。

1949 年中华人民共和国成立时，茅山道观共有房殿 149 间，道士 38 人。20 世纪 50 年代初，按照苏南行政公署要求，原有的三宫五观统合成立茅山道院，道院设立管理小组，实行全山统一管理。1957 年，中国道教协会成立，同年茅山元符宫道士黎遇航调入中国道协工作，后来担任中国道协会长。在“文革”中茅山道院受到冲击，仅有的碑刻古迹损毁殆尽。1978 年 12 月中共十一届三中全会后，迎来改革开放的春天。党在新时期的宗教政策得到全面落实，茅山道院三宫逐步得到修复。请回在“文革”中被遣散的老道士，招收新道士，培养从道人才，恢复斋醮活动，香火日渐旺盛。1983 年 4 月，茅山道院成为国务院批准的全国对外开放的 21 处重点道观之一。1985 年 3 月，句容县茅山道教协会成立。进入新世纪，茅山道院一如既往传承本宗上清经教，深入钻研教理教义，着力人才培养，践行心慈于物、齐同慈受、济世利人的教义精神，与时俱进，让道教茅山宗再开新境。

道教与儒、佛两教一起构成中华民族传统文化的三大支柱。道教上清派（茅山宗）历史悠久，影响深远，在历来诸多道派中位居最高层级。茅山作为“秦汉神仙府”、道教上清派（茅山宗）的祖庭，经过两千多年的积淀，已然成为一座蕴含丰富的中华民族传统文化的宝库，有待深入发掘探究。当下教内外不少人士钻研茅山道教文化，有的拓展研究茅山地区区域文化，已出不少研究成果。茅山文化研究可望将发展成为一门“茅山学”。

（二）

在我国漫长的历史长河中，立碑的风尚一直盛行。碑刻既有记事的属性，又有印刷的功能，作为具有记载人物、事件等功能的形式已经存在了两千多年。南宋初大史学家郑樵在《通志·金石略》中说：“三代而上，惟勒鼎彝。秦人始大其制，而用石鼓；始皇欲详其文，而用丰碑。自秦迄今，惟用石刻。”大约在南朝齐梁时期，人们开始用纸墨拓碑，梁朝宫廷内府已收藏有拓本。事实上，碑刻在中国古代刻辞中占据了主导地位。碑刻内容作为记载历史人物、事件的第一手资料，具有无可替代的史料价值，对当今史学研究具有非常重要的意义。从书法艺术发展史来看，由碑刻保存下来的历代书法资料极为丰富，不但反映了不同历史时期书法艺术的风格特点，同时也是研究汉字发展演变的实物资料。另外，古代碑刻的造型艺术等也具有重要的价值。值得注意的是，在我国历代碑刻文化遗产中，佛寺道观的碑刻占有非常重要的地位，是研究历史、宗教、文化艺术的重要资料。

自六朝以来，茅山道观一直保持了立碑刻石的传统，在各个朝代都曾建多种碑铭，蔚为大观。正如古人所说：茅山“为昔贤栖真地，晋唐以来，名碑林立”。纵览茅山历代碑铭标目，不仅数量大，而且名碑多，有不少碑铭由声名显赫的名人大家撰文书丹。其中如：秦代李斯篆书的白璧一双，东晋葛洪作铭的李真人井铭，南朝陶弘景及弟子孙文韬撰书的《许长史旧馆坛碑》《九锡文碑》《天监十五年井栏题字》《天监十六年井栏题字》等，唐代颜真卿、张从申分别撰书的《李玄静碑》，窦㬚书并篆额的《三洞景昭大法师碑》，五代南唐徐铉、徐锴兄弟撰书的《玄博大师王君碑》《紫阳观碑铭》《茅山道门威仪邓先生碑》，北宋徽宗撰书的《元符万宁庆成颂》，元代赵孟頫书《华阳道院碑铭》《崇禧万寿宫记》《玄洲倡和诗碑》，元虞集撰并书丹篆额的《崇寿观碑》等。

茅山碑刻历经战乱的摧残，人为的及自然的损毁，如今尚存的古代碑刻已寥寥无几。如明朝嘉靖三年（1524）己亥冬十月六日，遭郁攸（火灾）之厄，即玉晨观遭到雷火，发生重大火灾，碑石焚裂，造成茅山的名碑古柏毁断几尽，颜真卿撰书的《李玄静碑》等名碑即毁于这次劫难。在抗日战争及“文革”中，茅山尚存的碑刻又遭厄运。自 20 世纪 80 年代初起，茅山道院在山内外搜集散失的文物碑刻，同时在基建工程中，陆续发现收集了一批碑石，其中有些碑刻具有很高的价值。如宋真宗《观龙歌》、赵孟頫书《崇禧万寿宫记》、清康有为撰并书《劳太夫人碑》。还有颇具史料价值的明代《刘真人传派碑》《公选灵官碑》等。另外，我于 20 世纪 80 年代在茅山发现南朝梁天监十六年井栏、萧纶撰《解真碑铭》（残）、《华阳三洞景昭大法师碑》（残）、赵孟頫书“华阳仙境”四大字刻石。茅山至今尚存的古代碑刻虽然多残，但弥足珍贵，祈愿传世永久。

本书的上编是《茅山历代碑目款识题记》。检索有关茅山历代碑刻的目录，依据的文本，主要有元代刘大彬纂《茅山志》、清杨世沅《句容金石记》以及《江苏通志稿》《句容碑刻录》《茅山道院历代碑铭录》等。在收录的各条碑目下，列有撰者、书者的姓名及其身份，碑文载于何书第几卷，碑立于何时，对有一些至今尚存的碑刻注明现存何处。碑文后原附有题记的一并录之。还有一些碑目后面附有我作的浅见题识，及对于个别撰书者作的简介。所录碑目，除题名、题诗以外，一般不录碑的正文。在整理过程中，有些相关的资料没能找到，条目搜集也一定会有所遗漏、舛误和缺陷。本书后一部分是介绍茅山的部分著名碑刻的小文。我于20世纪80年代前后从事文物管理工作，在公开和内部的刊物发表过有关文物的文章。今将其中有关茅山碑刻的文章找出来，作了修改补充，编进本书。才疏学浅，浮泛之谈，谨请方家指教。

陈世华

目　录

上　编　茅山历代碑目款识题记

下　编　茅山部分名碑考述

上编

茅山历代碑目款识题记

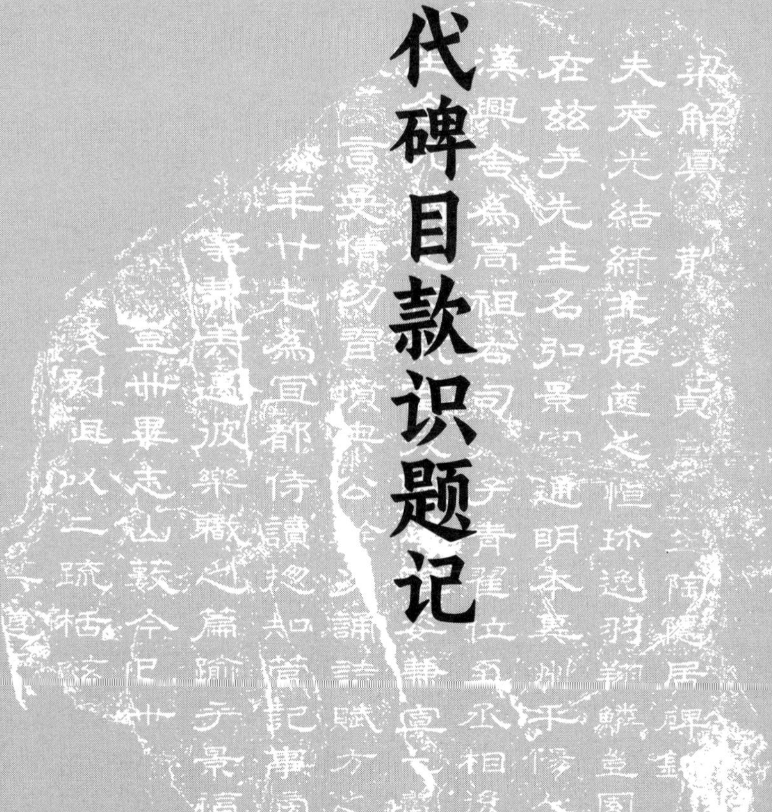

一、秦代

李斯篆书刻文

据清人杨世沅《句容金石记》卷一载，句曲山李斯篆书白璧刻文：

始皇圣德，平章江山。巡狩苍川，勒铭素璧。

《茅山记》曰：秦始皇帝三十七年，游会稽还，于此山（按指句曲山北垂）埋白璧一双，深七尺，李斯篆刻文云云。沅按：《茅山记》已佚。此从周应合《景定建康志》录出。又《太平御览》四十一引《许迈别传》，有其文："江山"作"山河"，"苍川"作"苍州"，当以《迈传》为正。"铭"作"名"，"铭"为后起字，亦当从《传》作"名"。二十七年作三十七年，尤与史合。"山"下脱"北"字，盖亦传抄之误。

据《史记·秦始皇本纪》：秦始皇在位第三十七年（前210）年初十月，启驾南巡，经云梦，东登庐山，过丹阳，至钱塘，登会稽，"还，过吴，从江乘渡"。

江乘县：秦置。治所在今江苏省句容市北。属会稽郡。三国吴省为典农都尉。西晋太康元年（280）复为县。隋开皇九年

（589）废。为长江下游重要渡口，当南北交通要冲。秦始皇三十七年（前210）东巡，自会稽经吴北上，即由此渡江。（《中国历史大辞典》，上海辞书出版社，2000年版）

据陶弘景《真诰·稽神枢第一》载："良常北垂洞宫口，直山岭南行二百步，有秦始皇埋藏白璧两双，入地七尺，上有小磐石，在岭上以覆坎处。李斯刻书璧，其文曰：'始皇圣德，章平山河，巡狩苍川，勒铭素璧'。若掘即可得，始皇所履山川，皆祀以玉璧，不但句曲而已。"在这段下，陶弘景注云："从此后墨书，皆定录真君嘐以告长史、掾写本前纸所失，恐非起端语。寻埋璧时，在三茅得道之前，而后乃具见如此，明真人无所隔蔽矣。按《传》所称，即是登山时，但云一双为异，或应'二'字，双璧之书亦如禹山所刻作篆迹也。今寻检其处，亦可见石盖，亦殊自不小也。"

据元《茅山志》卷六载："良常洞，华阳北大便门也，是为保命君所治。定录君嘐言：良常北垂洞口，直山岭南行二百步，有秦始皇埋藏白璧一双，上有小磐石，在岭上以覆坎处。李斯刻书璧，其文曰：'始皇圣德，平章山河。巡狩苍川，勒铭素璧'。"

陈按，相传执行埋白璧者，是当时在郁岗山下（今乾元观处）修炼的方士李明。上述李斯书刻璧文第二句，《真诰》为"章平山河"，《茅山志》为"平章山河"，《句容金石记》为"平章江山"。

二、西汉

（1）天皇太帝授茅君九锡玉册文

文见元《茅山志》卷一。文前题：

诰副墨，汉诏诰：《天皇太帝授茅君九锡玉册文》，汉哀帝元寿二年太岁庚申八月十八日己酉。（西汉哀帝元寿二年，公元前1年）

（2）茅君别院碑

《江宁金石待访目》卷一记载此碑目，无文，附有题记如下：

《茅君别院碑》：八分书。牛迹山去陆郎桥五里，为茅君别院。有西汉永光五年碑，系麻石，久损折，可摩挲者不过数十字。顾邻初、陈横崖皆有题识。羽士惧人摹拓，藏之密室。近惟郑汝器好古访求，登山搜考，乃得其迹。目见刘思敬《存征续录》。按汝器，名簠，康熙间人。

陈按，郑簠（1622—1693），字汝器，号谷口，上元人。能医工书。

三、东吴

葛府君碑额

据《句容金石记》卷一载《葛府君碑额》文，后附题记三则，兹录二则：

葛府君碑额：吴故衡阳郡太守葛府君之碑。

钱大昕《潜研堂金石文跋尾》云："右碑额三行，云：'吴故衡阳郡太守葛府君之碑'。楷书，径三寸许。衡阳，孙吴所置郡。汉世称郡国守相为府君，魏晋犹然。予收藏孙吴石刻，如《谷朗》及此碑皆以太守，故得府君之称，非若后人之泛用也。"

孙星衍跋云："右碑在句容城西门外五里梅家边，土人呼其地为石碑岗，碑圭首，有穿。考《吴志·三嗣主传》：太平二年，以长沙西部为衡阳郡，与碑正合。《法苑珠林》称：葛祚为衡阳太守，郡境有大槎横水，能为妖怪。祚将去官，乃大具斧斤，将伐去之。明日当至其夜，居民闻江中汹汹有大声非常。旦往视，槎移去数里，驻在湾中，自此无患，即其人也。碑用粗砂石，正似《天玺碑》，其不为后人见取作碑材，亦以此石，经二千年始见于世。前金石诸家俱未及载，后之好古者得之，当无忘予与朱筠谷搜访之力也。楷书之见于法帖者，则有程邈最先，然不足信。其见于碑碣亦始于此，良足宝也。”

陈按，据《搜神记》载：“葛祚，字亢先，丹阳句容人，吴时作衡阳太守。”“自衡阳太守归，卒于家。此是表墓之碑，而仅存其额。”《弘治句容县志》卷六载：“葛祚，字亢先，句容人。吴时作衡阳太守。……衡阳人美之，为祚立碑，以颂其盛德异行。”句容葛氏，是于东汉初九世祖浦庐从北方率家族迁徙到句容，世居句容都乡吉阳里，子孙繁衍，世代为官，至东吴时达到鼎盛，是江南地区著名的士族。葛氏家族的葛玄、葛洪到葛巢甫，都是道教史上的重要人物。葛祚与葛玄同时同地同家族，与葛洪三人的墓均位于县城西郊。

四、东晋

（1）李真人井铭

据《乾隆句容县志》卷三载："李真人井，在郁岗方隅洞之东。《抱朴子》谓：'此水与太华玉井泉味无异。'葛洪铭曰：'混混井泉，源通渤海。色逾玄圭，甘如沆瀣。注炼金液，保养大和。昔人遐举，饮此余波'"。

陈据《真诰·稽神枢第三》："雷平山之东北有山，俗人呼为大横山，其实名郁岗山也。《名山记》云：所谓岗山者也，下有泉水，昔李明于此下合神丹而升玄洲，水边今犹有处所"。

陈据元《茅山志》卷六载：郁岗山在小茅峰东北，"昔李明于此合神丹而升玄洲，水边今犹有处所，其地古名炼丹院"。

（2）太平黄庭内景经

杨羲书，见《郁岗帖》。

赵孟頫作《题晋杨真人楷书黄素黄庭经》七言长诗，其中诗句："上清真人杨与许，焚香清斋接神女。手作此书留下土，

千年留转子为主。”（见元《茅山志》卷三十一）

陈按，“杨真人”指杨羲，“许”指许翙、许谧。陶弘景在《真诰》叙录中评论杨、许三君书法说：杨羲书法最为精妙，“笔力规矩并于二王”；许翙书法“乃是学杨，而字体劲利，偏善写经画符”；许谧“不写经”。

五、南朝梁

（1）陶隐居井铭

据元《茅山志》卷八载：

陶真人丹井，在华阳上馆前，石桥之东。水甘冷，遇旱不竭。政和初，道士庄慎质修索得之。初去土三尺许，得石井栏，已破段，合之尚全。环刻大字云："先生丹阳陶，仕齐奉朝请，壬申岁来山，栖身高静，自号隐居。同来弟子：吴郡陆敬游，其次杨、王、吴、戴、陈、许诸生，供奉阶宇，湖孰潘逻及远近宗稟，不可具记。悠悠历代，讵勿识焉。梁天监三年八月十五日，钱唐陈懋宣书。""又一井在灵宝院周真人池侧，亦隐居丹井也。"

（2）吴太极左宫葛仙公之碑

陶弘景撰，文见《弘治句容县志》卷十《青元观碑记》。

葛玄（164—244），三国吴方士。字孝先。丹阳郡句容县（今江苏句容市）人，葛洪从祖。葛氏家族世居句容都乡吉阳里。

据明、清句容县志记载，在县治西南的青元观（现党校一带），原系葛玄故宅。据《抱朴子·金丹》载，葛玄曾从左慈学道，受《太清丹经》三卷、《九鼎丹经》一卷、《金液丹经》一卷，后授弟子郑隐。曾经入天台赤城上虞山修道。后在江西阁皂山修道，常服饵术，善用符行诸奇术。因擅道术，深受孙权宠信。道教尊他为“葛仙公”，又称“太极左仙公”。北宋崇宁三年（1104）被封为“冲应真人”。南宋淳祐六年（1246）被封为“冲应孚佑真君”。

据《弘治句容县志》卷五载：

葛仙公庵：在县治西门外一里许，青元观西仙公瘗剑之处。宋末道士黄守兼重建殿宇。元至元间，道士徐延寿增创。至元己卯，道士曹惟珪建七星阁，置道藏，今归并青元观，荒基尚存。陈玉有诗，见题咏类。

葛玄墓：在县治西南一里许，墓前有葛仙庵。正统九年，道会朱荣先重修。

陈按，《弘治句容县志》卷五载：“青元观，在县治西南隅，葛仙公故宅。梁天监七年创，宋皇祐二年重建。有仙公炼丹井在焉。陶弘景为记。”所谓“陶弘景为记”是指《弘治句容县志》卷十所载之《青元观碑记》。然此碑全文实为陶弘景撰《吴太极左宫葛仙公之碑》（文见《正统道藏·太玄部·华阳隐居》），碑文称葛玄“虽历游名山，多居此岭”，此岭指浙江余姚四明山，其时陶弘景的弟子山阴潘洪（字文盛）是四明山馆主。碑文中说：“先有一空碑，久已摧倒，洪意以为荫其树者尚爱其枝，况仙公真圣之遗踪而可遂沦乎？乃复建新碑于其所，愿勒名迹以永传。隐居不远千里，寓斯石而镌之。”潘文盛在四明山为纪念葛仙公建碑，特请陶弘景撰此碑文。由此可见，陶弘景撰《吴太极左宫葛仙公之碑》文，并不是为句容建青元观撰写的，因此把此碑题改为《青元观碑记》似乎不妥。再者，天监七年四月，陶弘景远赴浙闽沿海地区，至天监十二年一月回到茅山，其间并没有为句容青元观撰碑文，因此青元观创建于天监七年之说当不确。

又，青元观在古代历经重建。兹将《光绪句容县志》等所载历代重建青元观碑记目录列举如下：

①《重立葛仙公碑》：陶弘景撰，唐调露二年正月，陈昇书。见《金石录目》。

②《重立吴太极左仙翁葛玄碑》：南唐保大十四年七月，陶弘景撰。见《复斋碑录》。

③《青元观殿碑》：南唐保大十五年，贾穆撰。见《舆地纪胜》。

④《重修青元观记》：北宋熙宁十年，袁轂撰。见重刻石。（据《光绪句容县志》）

⑤《葛仙翁炼丹井铭》：井在青元观，北宋庆历年间（1041—1048），方峻撰。文见《弘治句容县志》卷十二。

⑥《重修青元观记》：南宋咸淳三年，花新撰，王子巽立。见重刻石。

⑦《重修青元观记》：“经始于正统辛酉落成戊辰年十二月”，林瑱撰。见《弘治句容县志》卷十。正统辛酉即正统六年（1441），正统戊辰即正统十三年（1448）。

⑧《重刊熙宁青元观记》：嘉靖四十二年，陈永敖书，贾正元重立。

⑨《重刊咸淳青元观记》：嘉靖四十二年，贾正元立，刻在上碑阴。

（3）太平山日门馆碑

陶弘景撰文，文如下：

日门馆者，东霞启晖，开岩引烛，以为名也。先是，吴郡杜征君声高两代，德冠四区，教义宣流，播乎数郡。拓宇太平之东，结架菁山之北。爰以此处幽奇，别就基构，栖集有道，多历世年。（《陶隐居集》卷下）

（4）九锡真人三茅君碑文

结衔题：

梁普通三年岁在壬寅五月壬辰朔十五日丙午三洞弟子领道士正吴郡张绎立，茅山道士孙文韬书，袁道与刻字。

此碑文并《碑阴题》，又见元《茅山志》卷二十。《句容金石记》卷一载此碑文并《碑阴题》，后有一题记。

沅按，《集古录目》有《茅君碑》，并两侧题名，不著撰铭人名氏，即此碑。《宝刻丛编》云：领道士正张绎集《茅山记》《茅君九锡文》而刻之，因为之铭。碑以普通三年立在茅山。《宝刻类编》亦云：普通三年五月十五日立，孙文韬书，惟无撰人名耳。

陈据《太平御览》卷六百六十六引《老氏圣记》：

张绎，字士和，吴郡人也。奖励学徒，整肃法事，屡讲众经，理致深密，词端华辩，当时所宗，梁武帝雅相钦赏。时陶隐居著《法检论》，明释、老二教，绎往复讨论，甚有条理，隐居嘉焉。专心道法，居贫守约。善八体书，别制云篆。作茅山南洞碑，甚工。

（5）茅山长沙馆碑

华阳陶隐居撰，文见元《茅山志》卷二十一。

据元《茅山志》卷二十一《华阳隐居真迹帖》载："朱阳馆西又有长沙嗣王所造长沙之馆，基址存焉。梁昌侯又造石碑，弘景制文。"

（6）茅山曲林馆碑

华阳陶隐居撰，文见元《茅山志》卷二十一，又见《陶贞白集》。

（7）神剑铭

据《江宁金石待访目》卷一载："神剑铭，篆书，武帝命陶弘景铸，目见《刀剑录》。"

陶弘景（456—536），南朝齐梁时期道士，道教思想家、医药学家、炼丹家。字通明，自号华阳隐居。丹杨秣陵（今南京市）人。他的家族早在东晋以前就与同郡句容县的著名道教世家许氏、葛氏世为姻亲。“至十岁，得葛洪《神仙传》，昼夜研寻，便有养生之志”（《南史·陶弘景传》）。对神仙道教前辈句容的二葛（葛玄、葛洪）、二许（许迈、许谧）非常景仰。齐高帝萧道成即位后，任用他为豫章王侍读。齐武帝永明元年（483），拜振武将军、宜都王侍读。在此期间，师从兴世馆主孙游岳，从其受上清符图经法。南朝齐永明六年（488）始来茅山，访得杨羲、许谧、许翙手书真迹，欣然感激。永明八年（490）赴浙东，拜谒有名望的居士法师，历时二百余日，寻访获得杨、许真迹十余卷。由于获得了杨、许三君大量真迹资料，为后来编撰《真诰》等道书准备了条件。永明十年（492），上表辞禄，到江苏句容县的茅山修道，时年37岁。他来茅山伊始，率领弟子披荆斩棘，修道路，建道馆，并开垦种植，为把茅山建成道教上清派的基地而苦心经营。同时着力整理弘扬上清经法，撰著道书和修行实践。他编撰的《真诰》《登真隐诀》《真灵位业图》《本草经集注》等重要著作，为道教上清派的最后形成奠定了基础。由于他及众弟子数十年的艰苦努力，茅山成为道教上清派的基地。在梁代，梁武帝对陶弘景非常倚重，屡礼聘不出，但朝中每有大事无不向他咨询，时人谓为“山中宰相”。陶弘景于梁大同二年（536）仙逝，赠中散大夫，谥“贞白先生”。他的思想脱胎于老庄哲学和葛洪的神仙理论，并杂有儒家和佛教的观点，主张儒、释、道三教合流，称“百法纷凑，无越三教之境”。天监十一年在鄮县（今属浙江宁波）礼阿育王塔，自誓受五戒，皈依佛教，在本为道士身份的同时，又成为佛家弟子，表明他道、佛兼修的双重身份。陶弘景一生撰著不辍，著作等身，初步统计有八十余种，多表现为方术形式的原科学领域的思考与实践。他在天文、历算、地理、药物学、医学、经学、兵学等方面都有显著的成就，尤其对药物学、医学的贡献巨大。在技术上铸刀剑，探究工艺制造。对炼丹抱持严格的实验态度。在文学和书画艺术方面也成就卓著，影响深远。总之，陶弘景是一位多才多艺，在诸多领域取得重大成就的道教学者。作为南朝道教改革的集大成者和道教上清派的实际创建者，陶弘景在道教史上占有极为重要的地位。（陈据有关资料整理）

（8）华阳石颂（十五首）

陶弘景撰《华阳石颂》十五首，见元《茅山志》卷二十八。

据陶弘景《真诰·稽神枢第三》卷末载《华阳颂》十五篇如下：

隐居今所安经昭灵台前，欲立小石碣子，刻书《华阳颂》十五篇，皆赞述此山洞内外事，庶以标诚灵府，永垂远世。而未办作石，今且载其文于此，曰：

河篇徵往册，孔记昭昔名。三宿丽天序，两金标地英。—右枢域

宅无乃生有，在有则还空。灵构不待匠，虚形自成功。—右质象

总神列三府，分途交五便。阴晖迎夜曦，晨精望晓悬。—右形位

南峰秀玄鼎，北岭横秦璧。表里玉沙津，周回隐轮迹。—右标贯

左带柳汧水，右浚阳谷川。土怀北邙色，井洌凤门泉。—右区别

郭千峙流岸，姜巴亘远踪。庙貌或时飨，别宅乃恒恭。—右迹号

吴居非知地，越冢讵隐迁。树盖徒低荫，石灶未尝烟。—右类附

果林郁馀柰，蔬圃蔓遗辛。荧芝可烛夜，田泉常浣尘。—右物轨

降辔龟山客，解驾青华童。寝宴含真馆，高会萧闲宫。—右游集

清歌翔羽集，长啸归云翻。子弦有逸调，空谈无与论。—右才英

标舍雷平下，立静连石阴。上道已冲念，飞华当轸心。—右学禀

方嵎游琼刃，华阳栖隐居。重离倘或似，七元乃扶胥。—右挺契

号期行当满，亥数未终丁。迨乃承唐世，将宾来圣庭。—古机萌

济神既有在，去留从所宜。灵迹何显晦，冥途自相知。—右业运

刊石玄窗上，显诚曲阶门。动静顾矜录，不负保举恩。—右诚期

右此十五首下各两字是其一篇中意，篇中字字皆有义旨，后之人自以篇中事求之。

据《江宁金石待访目》卷一载：

华阳石碣颂：正书，普通三年五月立，刻于《旧馆坛碑》之阴，目见《复斋碑录》。碑阴两侧题名：同孙文韬书，普通三年立，目见《集古录目》。

《句容金石记》卷一载此《华阳颂》十五首，后有题记：

欧阳叔弼《集古录目》云：《华阳颂》，梁贞白先生陶弘景撰，不著书人名氏。天宝九载，紫阳宫主刘行矩等刻石。沅按，此系玄宗诏重立也。《复斋碑录》云：华阳石碣颂，陶隐居文，普通三年刻于《旧馆坛碑》之阴。

（9）上清真人许长史旧馆坛碑

碑文见元《茅山志》卷二十。

据拓本图录，正文前的32字：“上清真人许长史旧馆坛碑，弟子华阳隐居丹杨陶弘景□造——此一行隐居手自书。”

碑文后所接《碑阴记》，题下注：“此碑梁普通三年太岁壬寅金石刊，至唐大历十三年太岁戊午，凡二百八十六年。文字将湮，中山刘明素，字暎微，重加洗刻也。”《碑阴记》简述陶弘景生平事迹及其弟子王侯朝士等人名录（计二十八人）。最后注：“右王侯朝士刺史二千石过去见在受经法者，普通三年五月五日略记。”

《句容金石记》卷一载《上清真人许长史旧馆坛碑》文并《碑阴记》，后有题记二则：

《集古录目》引《宝刻丛编》云：隐士陶弘景撰，其前题曰：“弟子华阳隐居丹杨陶弘景谨造。”其旁又题曰：“此一行隐居手自书”，其文不知谁所书也。弘景学道句曲山中，有晋许长史故居坛塔，为之记颂。碑额又有四字曰“天灵圣明”，不知为何语也。

元和韩履卿《崇宝铁斋金石文跋尾》云：右《许长史旧馆坛碑》，陶隐居撰，第一行廿四字隐居自书，碑文出弟子孙文韬手。原石在茅山玉晨观，毁于明嘉靖间。江左流传，仅见兰溪潘氏本。《寰宇访碑录》载鄞县范氏拓本，而覃溪阁学《复初斋诗集》中有范氏天一阁访《馆坛碑》，不可得，诗则海内无别本流传矣。国初，顾亭林、朱竹垞、徐坛长、杨大瓢诸家跋语皆为稼堂先生作。惜乎亲书册尾者，独大瓢一跋，余皆散见集中。今为盛泽顾兰畦所藏，出以见示，观其用笔，方整峭厉，实开欧、褚之先声，一洗六朝险陋之习。“此一行隐居手自书”之上隐约得“佛记”二字，为浓墨涂抹，不解所谓，诸家亦未有论及者，尚俟好古多闻之士审定焉。

《续纂江宁府志》卷九载《旧馆坛碑》碑文，文后题记两则如下：

顾氏炎武云：碑首云“弟子华阳隐居丹杨陶弘景□造，隐居手自书”。前此未有列书人之名者，此其始也。其书金陵地胏，“胏”字作“胇”。杨氏守敬云：碑在句容茅山。顾亭林《金石文字记》尚著录，不知何时亡佚。余所得长洲顾湘舟沅钩本，闻系从鄞县范氏天一阁拓本出，湘舟曾刻之于石。辛酉兵燹，石亦毁，又金陵蔡氏墨缘堂亦刻之，署唐孙文藏书，不知何据。案碑首一行下题云“此一行隐居手自书”，然则其全碑当为隐居之徒所作。寻厥笔迹，与碑首一行不甚远。隐居笔法，烜赫当代。此碑虽非隐居真迹，具体而微，实有合于《书品》，骨体甚峭，《述书赋》紧密自然之论，山阴矩矱其在斯乎？

按：此碑《吕志》在佚目，据《诸道石刻录》也，《石刻录》谓陶弘景撰，孙文韬书。杨氏作文藏，未知何据。《宝刻类编》作陶弘景撰并书，《舆地纪胜》同《石刻录》称天监七年立。则原碑宋代尚存。国朝金石家自顾氏外，惟孙氏《访碑录》收之，亦据天一阁拓本而署天监十五年。据碑称“天监十七年缮勒碑坛，仰述真轨”，碑当立于是年。然碑阴称“普通三年金石刊”。《宝刻类编》则云“普通二年正月记”，皆与碑文不相应，莫能明也。

碑阴又称“唐大历十三年刘明素重加洗刻”，故文字完好可读，异于他六朝碑（识字亮拔，“字”当作“宇”，乃摹刻之误）。天一阁拓本，今未见蔡氏墨缘堂汇帖，行次又多移换。今据丹徒赵先生彦修所藏旧拓已剪本，并取尚兆山双钩未剪本，推校赵本剪裱之迹，知原碑廿六行，行五十六字。其碑阴则据《茅山志》录之，款识无可考矣。

（10）太元真人碑

《光绪句容县志》卷十六金石目录载：“《太元真人碑》，孙文韬书，见《舆地纪胜》。”《句容金石记》目录中亦载：《太元真人碑》，孙文韬书。

陈按，孙文韬，南朝梁茅山道士，陶弘景弟子，书法家。据元《茅山志》卷十五载：“孙文韬，一名韬，字文藏，会稽剡县人。入山师隐居，参授真法。及见杨、许三真手书上经，稍学摹写，遂大巧妙。后学大王书，殊有深分，当时称之。南洞九锡文碑、许长史旧馆坛碑，并韬之迹也。南洞碑阴云：文韬心柔容毅，迹方智圆，既业不群物，故异简刊焉。”据《绍兴府志》载，孙文韬，先师从四明山馆主潘文盛，后到茅山师事陶弘景。在陶弘景隐修茅山四十多年中，茅山刊刻了很多碑铭，碑文主要由孙文韬手书。

（11）瘗鹤铭并序

华阳真逸撰　上皇山樵书

鹤寿不知其纪也，壬辰岁得于华亭，甲午岁化于朱方。天其未遂吾翔寥廓耶，奚夺之遽也？乃裹以玄黄之币，藏乎兹山之下。仙家无隐，□□□我竹□故立石旌事，篆铭不朽。词曰：

相此胎禽，浮丘著经。乃徵前事，出于上真。余欲无言，纪尔岁辰[①]。雷门去鼓，华表留形。义唯仿佛，事亦微冥。尔将何之，解化□□。西竹法里，厥土惟宁。后荡洪流，前固重扃。左取曹国，右割荆门。山阴爽垲，势掩华亭。爰集真侣，瘗尔作铭。

夅（半字）□山徵君、丹杨外仙尉、江阴真宰

①：此句汪士鋐本作“尔也何明”，《辍耕录》本作“尔其藏灵”

原石现存文字：

上皇 / 岁得于华 / 午岁化于朱方 / 未遂吾翔寥（二字存半）/ 也乃裹以玄黄之币藏乎 / 山之下仙家 / 石旌事篆铭不朽词曰 / 相此胎禽浮 / 华表留形 / 唯仿佛事亦微（此字存半）/ 厥土惟宁后荡洪流前固重 / 爽垲势掩华亭爰集真侣瘗尔（此字存半）/ 夅（此字存半）/ 山徵君 / 丹杨外仙尉 / 江阴真宰（此现存铭文据罗勇来《瘗鹤铭研究》）

陈按，《瘗鹤铭》原是镇江焦山栈道上的摩崖石刻，后因山石崩塌堕入江边水中。清朝人打捞出五石，共计93字，其中81个全字，12个残字，现存焦山碑林。千年以来，历代学者围绕《瘗鹤铭》的时代、书者、撰者等问题探究论辩，聚讼纷纭。

以下略谈一些看法。

关于瘗鹤铭的书撰者，唐宋以来，历代学者从不同角度阐述各自的观点。黄伯思《东观余论》、董逌《广川书跋》对瘗鹤铭书撰者作了详细考证。他们认定《瘗鹤铭》为陶弘景所书，大多数学者认同此说，但仍有异议。而对瘗鹤作铭认为是邻近焦山的茅山（华阳）道士所为，却为历来学者所认同。《瘗鹤铭》中的署名：华阳真逸撰、上皇山樵书，即撰、书者为两人，可是有一些学者把二者统归于陶弘景，显然谬误。关于上皇山樵，翁方纲说“华阳、北固之间无上皇山之名，惟会稽有之”（《瘗鹤铭非出晚唐辩》）。翁方纲指出会稽有上皇山，但未作详细考证。茅山道士、陶弘景弟子孙文韬是会稽剡县人，上皇山是孙文韬家乡的一座山。史载孙文韬学书得到陶弘景悉心传授，其书风与陶弘景相近，但较陶多出纵逸之气。如茅山《旧馆坛碑》，清人林侗《来斋金石考略》谈《瘗鹤铭》说：“观其笔意，与《旧馆坛》石大小不同，丰度则一也。”顾亭林《金石文字记》说：“今考此铭（瘗鹤铭）字体，与《旧馆坛碑》正同，其为隐居书无疑。”然而，《旧馆坛碑》除题首一行是陶书以外，正文全篇实为孙文韬书。另有茅山天监十五年井栏题字，包世臣说“天监井栏在茅山。可辨者尚有数十字，字势一同《瘗鹤铭》，其字同，则笔法、结法悉同，可证鹤铭为隐居书”（《艺舟双楫》）。考《天监十五年井栏》当为孙文韬书。综上所述，《瘗鹤铭》与《旧馆坛碑》、天监十五年井栏三者当同为一人所书，即当为陶弘景的弟子孙文韬书。

（12）茅山天监十五年井栏题字

据《江苏通志稿·金石二》载：

天监井栏题字："梁天监十五年太岁丙申，皇帝愍绠汲之渴乏，爰诏茅山道出钱财救苦作亭，掘井十五口。"

拓本高一尺七寸五分，横广三尺七寸五分，正书，七行，行四字至六字不等，原在句容县城。

孙星衍："井在句容城北城守营署后。文凡七行。予以乾隆五十年四月三日，因王荫可言访得之。"

《江宁金石记》卷一载："右井栏，正书，三十五字。欧、赵诸公之所未见。甲辰春，孙君季逑访得，手拓其文，远赠观。其书法沉毅中含逸致之状，绝似《瘗鹤铭》，岂亦出贞白先生之手乎？"（以上据《江苏通志稿》）

陈据《增补校碑随笔》载："石井栏题记：天监十五年。正书。乾隆五十年孙星衍访得，石原在江苏南京。罗氏《石交录》卷二载：'天监井栏，经端忠敏移至京邸后，近年复经估人手，售于日本京都藤井氏。今陈列于有邻馆。'"此井栏原在句容县城，清孙星衍访得。清末端方在江苏主政时，将井栏从句容城搬运至南京，王壮弘误言"石原在江苏南京"。《江苏通志稿》著录此井铭为35字，另有诸多记载。现代书论家祝嘉在《论南北二铭》一文中，记载此井铭为34字："梁天监十五年，太岁丙申，皇帝愍绠汲之渴乏，爰诏茅山道出钱救苦，作亭，掘井十五口。"现据此井铭拓本图版及其他资料考订，惟祝嘉记载的此井铭34个字是完全正确的。据铭文内容，当时造这批井栏当有十五口，此为其中之一。

（13）茅山天监十六年井栏题字

天监十六年井栏，石质火山岩。高63厘米、口径88厘米、腹径102厘米、底径100厘米。口圆唇，口沿下一周凹沟分布四个穿孔。

井栏外壁题刻铭文：“此是晋世真人许长史旧井，天监十四年更开治，十六年安阑。”楷书，大字，六行，行四字，计二十四字。字径大小不一，如“旧”字13.5厘米×9厘米，“四”字4厘米×9厘米。

此井栏是我于1981年5月在茅山北镇街村张姓村民家猪圈里发现的。据村民说，此井栏是于1958年在陶弘景朱阳馆故址前的古废井处挖出的。我当即将井栏运到县图书馆保存。1992年移交茅山道院，现置大茅峰九霄宫中。此井栏题字，从文字内容、书法风格等方面考证，当为陶弘景手书。

（14）陶弘景墓铭文砖

据元《茅山志》卷八载：

隐居幽馆在雷平山西南。宋元祐初，中贵人罗淳一学道山中，尝意隐居之（墓）藏有丹砂异书。一日穴墓（开），往观焉，唯铁绳悬一空棺，内有一剑，并盂镜各一而已。其圹甃甓环绕，相次成文，隐起甓上，其文曰：“华阳隐居幽馆，胜力菩萨舍身。

释迦佛陀弟子，太上道君之臣。修上乘之六度，□□□之三真。憩灵岳以委迹，游太空以栖神。”，书迹神妙，当是隐居手书。墓既开，道士辈遂摹此符文，以示世人。淳一后亦得尸解之道。元祐六年，长乐林希子中所传如此。

在1986年秋，我去茅山北镇街村一带调查，发现一民房墙体多块砖上有铭文，其中八条内容与《茅山志》卷八所载“隐居幽馆”的八条砖文相同。据村民说，这些墓砖是从村西一里的古墓中挖出来的，遂去现场，方知此“隐居幽馆”位于雷平山的西北方，而非雷平山西南。

（15）陶弘景墓志

陆倕撰，此碑目载《宝刻类编》，缺文。

陆倕（470—526），南朝梁吴郡（今苏州）人，字佐公。少勤学，善属文。梁时官至太常卿。据《梁书·武帝本纪》载：“竟陵王子良开西邸，招文学，高祖与沈约、谢朓、王融、萧琛、范云、任昉、陆倕等游焉，号曰八友。”陆倕是南朝齐竟陵王萧子良门下八个文学家之一，文章超绝当时。与陶弘景交往密切。有集二十卷行于世。

（16）华阳隐居真迹帖

文见元《茅山志》卷二十一。文后有记：“石刻前制隐居小像，初，真迹藏建安徐闳中家。宋宣和癸卯十二月，道士芮南华摹刻传世。”

陈按《华阳隐居真迹帖》碑拓图版，拓本右边缘有两行小字：“天祐元年五月六日，堂姪孙中书侍郎同中书门下平章事判户部□续题王子敬洛神赋帖后。”文徵明《停云馆帖》卷一《晋唐小楷》内，刻有陶弘景《华阳隐居真迹帖》，此帖自文氏父子摹传，渐见重于后世。此帖楷体带行书笔意，字体清逸，书法出自高手。清沈曾植在《海日楼丛札》卷八中推重此帖。然而读此帖，既非唐以前人书，文亦非出自隐居，或为道士芮南华之辈所为。据《海日楼丛札》卷八载：

陶隐居入山帖，仅见《停云馆帖》，而衡翁无跋，不知其祖本为石刻为墨迹。据《弇山集》，《入山帖》在石刻部中，疑《停云》亦摹石本也。此书在茅山道观，道士所传，盖有墨迹，有石刻。据《贞白先生集》后附宋成都李汝弼《桓先生实录》云：绍兴壬戌，游茅山玉晨观，见前都正傅公，具道观经兵火，而晋梁唐碑刻犹存，因得览隐居墨迹，南平王萧伟所造清远之馆云云。与此帖正同，第无帖首元帝一行耳。据此知隐居墨迹，绍兴间犹在。又昭台弟子傅霄《桓记》后题云：按古刻，朱阳馆东有南平王所造清远之馆，乃桓所居。桓入山所作诗，并邵陵王访桓诗，皆隐居亲书，见刻于石。霄即李汝弼所称傅公。是绍兴间此帖尚有古石刻也。《舆地碑目》所谓陶隐居帖在玉晨观者，盖即此刻。帖固不必是隐居书，然传之有绪，题首“华阳隐居真迹帖”数字，当亦沿古刻旧题，非待诏臆定也。《东观余论》所记，隐居尚有画板帖，为杨琼瑶作奏稿二帖，今皆不传。

（17）陶先生朱阳馆碑

梁元帝造，文见元《茅山志》卷二十一。

《句容金石记》卷一载此碑文，题为：《隐居先生陶弘景碑》，梁元帝撰。文后一则题记：

右碑见《陶贞白集》，标目曰：《隐居先生陶弘景碑》。其见《茅山志》则标目曰：《陶先生朱阳馆碑》，皆云梁元帝撰，当是一碑二名，别无朱阳馆碑。而《金陵新志》载有简文帝撰《朱阳馆碑》，未知何据。

梁元帝（508—554）即萧绎，字世诚。公元552—554年在位。梁武帝第七子。天监十三年（514）封湘东王，镇江陵（今湖北荆州），后在江陵即帝位。承圣三年（554），西魏进攻江陵，城陷被杀，追尊为元帝，庙号世祖。性好矫饰，而工书、善画、能文，著书四百余卷。原有集，已佚，后人辑为《梁元帝集》等。

（18）华阳隐居墓铭碑

题下注：梁昭明太子撰，文见元《茅山志》卷二十一。

《句容金石记》卷一载："《华阳隐居墓碑铭》，梁昭明太子撰。"文后题记二则：

按《梁书·处士传》，陶通明，幼有异操，十岁读葛洪《神仙传》，便有养生之志。永明十年，上表辞禄，止于句曲山。永元初，更筑三层楼，自居其上，与物遂绝，惟听松风以为乐。昭明太子素爱与学士商榷古今，间则继以文章著述。贞白先生早与高祖游，及高祖即位，恩礼逾笃，书问不绝，故于其葬之日而为墓铭焉。

《骈体文钞》又作简文帝撰，其标目云：华阳陶先生墓志铭，见第二十五卷。

萧统（501—531），南朝梁文学家，梁武帝长子。字德施，小字维摩。天监元年（502）立为太子，未及即位而卒，谥昭明，世称昭明太子。喜山水，好文学。时东宫藏书近三万卷，提倡文学，招集文士，讨论篇籍，商榷古今，继以著述，编《文选》三十卷。又集古今典诰文言为《正序》十卷，集五言诗之善者为《文章英华》二十卷，所著文集亦有二十卷。萧统在茅山留有遗迹。据元《茅山志》卷八载："昭明太子福乡井在南洞读书台东。""昭明太子读书台在福乡井上。"

梁简文帝（503—551）即萧纲。南朝梁皇帝。公元549—551在位。字世缵。梁武帝第三子，昭明太子同母弟。中大通三年（531），昭明太子卒，立为皇太子。在藩曾任雍州刺史，拜表北伐。尝引纳文士庾肩吾、徐摛等。好诗，风格轻靡绮艳，号为宫体。太清三年（549），侯景攻陷台城，武帝死，侯景立之为帝。大宝二年（551）侯景兵败巴陵，还建康废之，旋被害。后元帝追尊为简文帝，庙号太宗。萧纲与陶弘景过从甚密。据《梁书》陶弘景传："太宗临南徐州，钦其风素，召至后堂，与谈论数日而去，太宗甚敬异之。"原有集，已佚。明人辑有《梁简文帝集》。

陈按，据山志，陶弘景于梁大同二年（536）三月十二日卒于茅山朱阳馆，十四日窆于雷平山。昭明太子萧统（501—

531）先陶弘景五年去世，《华阳隐居墓铭碑》标注为“梁昭明太子撰”，显系讹误。此墓志当为梁简文帝撰。《艺文类聚》卷三十七载《华阳陶先生墓志》仅节录《华阳隐居墓铭碑》中“十四日窆于雷平之山”以下的部分。另据《江宁金石待访目》卷二：“题陶隐居墓志，王安石书于天庆观，刻石在江东漕廨。”

（19）梁解真中散大夫贞白先生陶隐居碑铭并序

邵陵王萧纶撰文，见元《茅山志》卷二十一。

萧纶（519—551），南朝梁武帝第六子。字世调。封邵陵王。太清二年（548），侯景叛乱，从中卫将军加征讨大都督，率众讨景，进位司空。转战郢州（今武汉）、汝南（今属河南）等地。在汝南遭到西魏进攻，城陷被杀。萧纶对陶弘景十分敬仰，与陶弘景弟子桓法闿交往密切。

《句容金石记》卷二载此碑文，文后题记：

欧阳叔弼《集古录目》云：陶隐居碑，梁邵陵王纶撰。隶书，不著名氏。隐居名弘景，字通明，丹阳秣陵人。齐末为宜都王侍读，弃官隐居句曲山中，自号华阳隐居。终于梁武帝时，赠中散大夫，谥曰贞白。碑额曰：梁贞白先生陶隐居碑，在茅山。

沅按，此文亦见《文苑英华》八百七十三卷，其小异者不具论。“芝英丰润”下多“大造佛像，爰及写经起塔，招僧备诸供养，自誓道场，受菩萨法，梦登七地，又得嘉名。具以启闻，蒙敕许可。葛玄之梦见开士，朱鸾之远望尊仪，何以拟兹，通感疋此征应”六十四字，附录于后，以备参考。

陈按：1986 年，我在茅山朱阳馆故址发现《梁解真中散大夫贞白先生陶隐居碑铭》的两残段。石上字体清晰，隶书体，系梁代原刻。我在 20 世纪 80 年代从事文博工作期间，在县内收集了大量碑石，存放在县图书馆。后来句容市建博物馆，这批碑石由该博物馆收藏。

（20）燕洞宫碑

据元《茅山志》卷二十一载“燕洞宫碑，邵陵王撰”，缺文。

《江宁金石待访目》卷一载：“燕洞宫碑，王文贞撰，目见《金陵新志》。”

《句容金石记》卷二载此碑目，无文，后有题记二则：

《茅山志》注云：祠钱妙真之所，梁邵陵王为记。其碑湮失。天宝七年，勅修赐宫额，度女道士三人奉祀。元祐迁立于句容县。绍兴二十年复建故基。

《景定建康志》四十五卷祠祀二考证云：燕洞宫在茅山柳谷汧东，宫之东南有燕口山，三小山相偶。梁普通中，有晋陵女子钱氏妙真，年十九，辞家学道，师事陶隐居。独处幽岩，诵《黄庭经》积三十年。佩白练入洞，自后奉祠不绝。至唐天宝七年，兴修为宫，赐额“燕洞宫”，度女冠以绍香火。梁邵陵王为记。本朝嘉祐甲辰，野火焚之，遂移于句容县。绍兴二十年复于旧基上兴建。

六、唐代

（1）唐国师昇真先生王法主真人立观碑

希玄观三洞弟子江旻撰。贞观十六年二月二十五日立石。

碑文见元《茅山志》卷二十二。《句容金石记》卷二载此碑文，文后题记二则：

宋庐陵欧阳叔弼棐《集古录目》云：唐法主王远知碑，道士江旻撰，法主弟子徐硕隶书。远知，字德广，琅邪临沂人，有盛名于隋唐间。太宗建太平宫于茅山以处之。碑以贞观十六年立在茅山。

《景定建康志》第四十五卷祠祀二云：太平观在茅山侧。考证云：《梁书》，陶隐居永明十年挂冠神武门，居句容之句曲山立馆。本朝元符中改为太平观。

王远知（528—635），隋唐之际道士。一作远智，字广阳。扬州人，祖籍琅邪（治今山东临沂）。父昙选，为陈扬州刺史。年十五，事陶弘景传其道法。又从臧矜（一作竞）传诸秘诀，后隐于茅山。隋开皇十二年（592）杨广镇扬州，具礼招迎，乃出山谷，旋复还山，开度后学。大业七年（611）炀帝征高丽，遣崔凤举迎请，召见于涿郡之临朔宫，执弟子礼，咨质仙事，后于洛阳置玉清玄坛以处之。唐太宗为秦王时，曾从其受三洞法，即位后，将加重位，远知固请还山，乃诏洛州资给人船，并施法服。又勅于茅山为造太平观，未毕，卒。时称王法主。高宗调露二年（680）追赠太中大夫，谥“升真先生”。武则天追赠金紫光禄大夫，改谥“升玄先生”。其门徒最著者为潘师正、徐道邈。（《宗教辞典》，任继愈主编，1981 年版）

据《新唐书》王远知传载：“远知少警敏，多通书传，事陶弘景，传其术，为道士。又从臧竞游。陈后主闻其名，召入重阳殿，辩论超诣，甚见咨挹。隋炀帝为晋王，镇扬州，使人介以邀见，少选发白，俄复鬒，帝惧，遣之。后幸涿郡，诏远知见临朔宫，帝执弟子礼，咨质仙事，诏京师作玉清玄坛以处之。及幸扬州，远知谓帝不宜远京国，不省。（唐）高祖尚微，远知密语天命。武德中，平王世充，秦王与房玄龄微服过之，远知未识，迎语曰：‘中有圣人，非王乎？’乃谂以实。远知曰：‘方为太平天子，愿自爱。’太宗立，欲官之，苦辞。贞观九年，诏润州即茅山为观，俾居之。玺诏曰：‘省所奏，愿还旧山，已别诏不违雅素，并敕立祠观，以伸曩怀。未知先生早晚至江外，祠舍何当就功？令太史令薛颐等往宣朕意。’”

陈按，王远知生于公元 528 年，到陶弘景仙逝时（536）年仅 8 周岁，如何于“年十五事陶弘景传其道法”？碑文中说王远知师从“国师宗道先生”，即师从梁、陈之际著名的重玄学者臧矜（亦作臧竞），未言及曾得到陶弘景亲炙。然而陶弘景作为茅山上清派的实际创建者，王远知忠实地继承和发扬了陶弘景上清道法，因此说陶弘景传其道法并不错。或因臧矜名望不是太高，王远知的徒弟们更强调他传承陶弘景上清经法。

（2）少室仙伯王君碑铭

谏议大夫李渤撰。文见元《茅山志》卷二十二。

大元至元二十四年正议大夫御史中丞王博文子冕重书。

《句容金石记》卷六载此碑文，文后一题记云：

右唐碑，至元间重立。按李渤，字濬之，洛阳人。励志不仕，隐嵩山。元和初，以山人征为左拾遗，不赴。九年，召为著作郎。穆宗朝，累迁谏议大夫。敬宗立，转给事中，出为桂管观察使。太和五年，以太子宾客征。卒年五十九。赠礼部尚书。

（3）高宗赠王法主诰

唐调露二年二月七日。文见《句容金石记》卷二，文后题记：

按《茅山志》：王法主，讳远知，字德广，为第十代上清嗣宗师。唐太宗龙潜时，先生密告以符命。武德中，秦王平王世充，因与房玄龄微服往谒，先生迎谓曰："此中有圣人，方作太平天子。"缘是高祖于其卒也，下诏赠谥，亦可谓善知识者矣。

（4）王法主碑

《句容金石记》卷二载此碑目，缺文。附有题记两则：

宋庐陵欧阳叔弼棐《集古录目》云：《王法主碑》，凤阁侍郎同凤阁鸾台平章事刘祎之撰，扬州登仕郎齐怀素（按，《舆地碑目》作“寿”）书。法主名远知，居茅山华阳宫，追赠金紫光禄大夫，谥曰昇真。碑以文明元年立在茅山。（文明元年即公元 684 年）

宋新安张养正敦颐《六朝事迹编类》云：大唐王法主碑，凤阁侍郎同凤阁鸾台三品弘文馆学士刘祎之文，唐文明元年立，在茅山崇玄观。

刘祎之：据《新唐书》列传，刘祎之字希美，晋陵人。祎之少与孟利贞、高智周、郭正一俱以文辞称，号“刘孟高郭”，并值昭文馆。俄迁右史、弘文馆直学士。上元中，与元万顷等偕召入禁中，论次新书凡千馀篇。高宗又密与参决时政，以分宰相权，时谓“北门学士”。卒后，睿宗嗣位，赠祎之中书令。

（5）王法主神道阙

唐故国师太平观王法主师之神道。

《续纂江宁府志》云：文逆读，此西阙也。吾邑尚兆山访得之。按法主，名远知，字德广，谥昇真先生。《茅山志》称其化于贞观九年八月，时称王法主。《舆地纪胜》有《王法主碑》。

（见《句容金石记》卷二）

另据《江苏通志稿》金石四载：此《王法主神道阙》，拓本高一尺四寸，广一尺八寸，正书，左行，四行，行四字，字径三寸许。

（6）崇玄宫碑

《句容金石记》卷二载此碑目，缺文。附题记：

欧阳叔弼《集古录目》云：《崇玄宫碑》，左拾遗孙处玄撰，杨幽径书。崇玄宫者，宋文帝路淑媛所立。唐景云二年，制使道士叶法善奉玉册投龙设斋。碑以太极元年四月立在茅山。（太极元年即公元712年）

（7）茅山贞白先生碑阴记

天台华峰白云道士河内司马道隐子微述并书。

文见元《茅山志》卷二十二。文末载："大唐开元十二年甲子九月十三日己巳书"。文后有记："开元岁乙亥四月壬子，时白云先生在王屋山，侄延陵县主簿绰禀命亲视镌勒。"

司马承祯（647—735），唐代道士。字子微，法号道隐。唐河内温县（今河南温县西）人，家世官宦。二十一岁入道，师事潘师正，居嵩山（在今河南登封西北），传其符箓及辟谷、导引、服饵之术，为陶弘景之三传弟子，茅山宗第十二代宗师。后遍游名山，隐于天台山，自号天台白云子。武周圣历二年（699）、睿宗景云二年（711）、玄宗开元九年（721）和十五年，数次奉诏入京，为朝廷所重。玄宗命其居王屋山阳台观，又命依蔡邕三体书写《老子》石经，刊正文句。善篆、隶，自为一体，号称“金剪刀书”。开元二十三年（735）九月卒，谥贞一先生。一生致力于道教理论研究，以宣传“主静去欲”为宗旨，提出通过“敬信”“断缘”“收心”“简事”“真观”“泰定”等修道阶段，达到“形如槁木”“心若死灰”的境界。其说对北宋理学家周敦颐“主静”说有一定影响。著有《天隐子》《修真秘旨》《坐忘论》《道体论》《上清天宫地府图经》《上清含象剑鉴图》等，均收入《道藏》。

（8）桐柏真人茅山华阳观王先生碑铭并序

文见元《茅山志》卷二十二。

朝散大夫江宁县令河南于敬之撰，琅邪王玄宗书。

王轨（579—667）字洪范，一字道模，琅邪临沂人。十三岁于茅山太平观出家，随王远知居茅山，为香瓶弟子十六年，二十岁正式受远知经法。后远知命他在朱阳馆遗址上修建殿宇，并在此宣讲道教法理。晚居茅山，摹写上清尊法、洞玄洞神符图秘宝，为收集整理道经作出了贡献。弟子最著者有戴慧恭、包方广、吴德伟、王远熠等十余人。

《句容金石记》卷二载此碑文，文后题记两则：

《集古录目》引《宝刻丛编》云：“江宁令于敬之撰，王玄宗书。先生名轨，字洪范，又字道模，琅邪临沂人。为道士，师王远知。茅山华阳宫其所建也。碑以乾封二年十一月立在茅山。后有总章二年弟子李义廉题名。”

元和韩履卿《崇宝铁斋金石文跋尾》云：“……王先生名轨，字洪范，一字道模，琅邪临沂人。为王远知弟子，卒于乾封二年十一月，年八十有八，弟子戴慧恭等祔葬于陶隐居墓右，立碑其上。楷书，字径五分，纵横皆有界线，结体似《馆坛碑》，有六朝气骨。向为孙北海、曹秋岳所藏，剪裱本行款、字数不可纪。碑石不知毁于何时，其目见于《金石录》《宝刻类编》《舆地碑目》《天下金石志》。”

《江苏通志稿》金石四载《唐王先生碑》碑文：拓本高五尺一寸七分半，广二尺八寸半，正书，三十八行，行六十九字，正书，无额。文后附题记两则：

右王洪范碑，立于唐乾封二年，仅见《宝刻类编》。书法欧、褚的派，唐初无不学欧、褚者，此为最近矣。南宋拓，世间无第二本。册内有退谷、秋岳等藏印而不著录，想归退谷时已在庚子之后矣。装池尚是明内府之物，庚子秋仲朔吉南归，湘舟先生携此册送至澹台湖，题此志别。吴荣先书。

考刘大彬《茅山志》，唐太宗为桐柏先生勅建华阳观。天宝七年，玄宗为玄静先生勅改紫阳观。宋大中祥符元年，勅改玉晨观。顾华玉璘《重修玉晨观记》云：嘉靖三年，遭郁攸（火灾）之厄，名碑古柏毁断几尽，是碑之毁，疑亦在其时。世传拓本，止此一册。旧为孙退谷、曹倦圃所藏，后归吴门南有堂缪氏、艺海楼顾氏，最后归槃溪管氏。片纸流传，兵火不毁（咸丰庚申苏城陷，故家藏物尽化劫灰，此本独未遭厄），湖水不溺（管氏避难太湖，遇风船覆，此册亦浮沉巨浪中，后竟捞得），殆震川先生所谓如金宝之气，有卿云轮囷覆其上者。与既考是碑源流，因复志余获藏之幸。同治丁卯八月沈树镛书。

（9）华阳颂

据《江宁金石待访录》卷二载："《华阳颂》：梁陶隐居文，天宝九年立，在句容县界。见《舆地纪胜》。《集古录目》云：刘行矩等刻石。"

《句容金石记》卷二载此碑目，题下注："唐玄宗诏附。"无文。附有欧阳修一题跋：

宋欧阳文忠公《集古录跋尾》云："右《华阳颂》，唐玄宗诏附。玄宗尊号曰：圣文神武皇帝，可谓盛矣！而其自号曰：上清弟子者，何其陋哉！方其肆情奢淫，以极富贵之乐，盖穷天下之力不足以赡其欲，使神仙道家之事为不虚，亦非其所可冀，矧其实无可得哉，甚矣！佛老之为世惑也。佛之徒曰：无生者是畏死之论也；老之徒曰：不死者是贪生之说也。彼其所以贪畏之意笃，则弃万事绝人理而为之，然而终于无所得哉！何者？死生天地之常理，畏者不可以苟免，贪者不可以苟得也，惟积习之久者，成其邪妄之心。佛之徒有临死而不惧者，妄意乎？无生之可乐，而以其所乐胜其所可畏也。老之徒有死者，则相与讳之曰：彼超去矣，彼解化矣，厚自诬而讬之，不可诘，或曰彼术未至故死尔。前者苟以遂其非，后者从而惑之，以为诚然也。佛老二者同出于贪，而所习则异，然犹必弃万事绝人理而为之。其贪于彼者，厚则舍于此者。果若玄宗者，方溺于此而又慕于彼，不胜其劳，是真可笑也。治平元年正月四日书。

以下两段录自任继愈主编的《中国道教史》：

道教追求不死成仙，佛教宣扬涅槃灭度，这本来是两种不同的生死观。正如北周释道安《二教论》所说："佛法以有生为空幻，故忘身以济物；道法以吾我为真实，故服饵以养生。"但是晋宋之际的道教经典中，虽然仍以成仙成圣为最高理想，却已羼杂了不少佛教涅槃轮转之说。（第 155 页）

与儒家入世、佛教出世说既相同又不同，神仙道教寻找的是一条即世而不入世、避世又不出世的道路，倡导隐居山林，养生修炼，得道成仙，过精神自由的快乐生活。从葛洪到陶弘景，他们所追求的正是这样一种境界：一方面对现实人生恋栈难忘，另一方面又感伤人生无常，功名利禄皆不可恃，不得不栖身世外，用超俗特异的方法，求得永生，达到与永恒的大自然"合一"。（第 195 页）

（10）元《茅山志》卷二载有唐玄宗赐李含光（玄静）敕书、赠诗及李含光表奏等，依次八篇，分别载有诗文内容，兹列各篇标目如下：

① 玄宗赐李玄静先生敕书

题下注："凡二十四通。"实载八通。

② 诗送玄静先生暂还广陵并序

③ 诗送玄静先生归广陵并序

④ 肃宗赐玄静先生敕书

⑤ 修造紫阳观敕牒

⑥ 玄静先生等表奏附：

表奏日期分别为：天宝六载九月二十五日、天宝七载三月二十六日、天宝七载五月二十日、天宝七载六月二十日、天宝七载八月十一日

⑦ 丹阳郡紫阳观道士杨砺俗、葛冲虚，太平观道士徐元沼等上表：

上表日期分别为：天宝十载八月二十七日、天宝十载九月十日、天宝十载九月十五日、天宝十一载十月二十五日、天宝十三载正月二十五日、天宝十三载五月二十五日、至德二载六月十二日。（唐玄宗天宝七年，公元 748 年）

在“至德二载六月十二日”表奏文后注：“右敕书并表奏，唐贞元十四年刻石。”

⑧《太和禁山敕牒》

此勅牒划定茅山禁山范围。要求“茅山界内并不得令百姓弋猎采伐及焚烧山林，仍委州县切加禁止”。后署：“太和七年十月四日，中书侍郎平章事李德裕，检校右仆射平章事牛使”。（唐文宗太和七年即公元 833 年）

（11）《句容金石记》卷三载唐玄宗赐李玄静诗、玄宗勅书及李玄静表奏，分别列标目如下：

① 玄宗赐李炼师诗诏三首，题为：《送李炼师赴金坛》《送玄静先生暂还广陵》《送玄静先生归广陵》

② 玄宗敕书

③ 玄静先生表奏（计十三道）

在“玄静先生表奏”文后附题记两则：

宋庐陵欧阳叔弼棐《集古录目》云：唐赐李炼师诗诏，道士任良友书。炼师名含光，号玄静先生。玄宗所赐诗凡三首，诏勅十道，炼师所上表并答诏十五件。贞元十四年，道士包无际等刻石，在茅山。

沅按：《茅山志》载，玄静先生表奏仅十三道，末一道且入肃宗朝。《集古录目》称十五件，或“五”字为“三”字之讹耶？抑别有传本耶？姑缺之，以俟考

另外，《江宁金石待访录》卷二载：“赐李炼师诗诏，任良友书。玄宗所赐诗凡三首。贞元十四年刻石，在茅山。见《舆地纪胜》”。

（12）修造紫阳观敕牒

《句容金石记》卷二载《修造紫阳观敕牒》文，陈希烈撰。文后附题记一则：

按《茅山志》，载有唐玄宗赐丹阳郡太守林洋勅云：朕远

遵玄妙，载想灵仙，眷兹茅山，是为天洞瑶坛。旧观馀址，尚存道要真经，散落将尽，永言法宝，良用怃然。今为黎元大崇道本，故令清修之士，建立真仪，访迹灵山，以新观宇，庶使玄宗再阐瞻奉，知归降福，寰瀛致之仁寿也。又比年以来，每遵清净，官吏有修良之美。农桑属丰稔之期，百姓之间庶无乏绝也。微寒卿及道俗父老百姓等并平安好，遣书指不多及，亦玄宗为李含光修造紫阳观敕也。

唐玄宗（685—762），即李隆基，一称唐明皇，唐代皇帝。公元 712—756 年在位。睿宗第三子。初封楚王，改临淄郡王。善骑射，知音律，通历象，善书法。景云初，以太子参预朝政。延和元年（712）受禅即位，改年号先天。次年改年号开元。在位初期，任用姚崇、宋璟、张九龄为相，革除武则天以来的弊政，又整军经武，维护边防。此时政治比较清明，社会安定，经济发展，文化繁荣，国势强盛，史称开元盛世。后期任用李林甫、杨国忠为相，生活奢侈荒淫，政治日渐腐败。同时均田制、府兵制又均瓦解，中央军备空虚，边将拥兵自雄，天宝十四年（755）爆发了安史之乱。次年逃往蜀中。七月，太子李亨（肃宗）在灵武即帝位，尊其为太上皇。至德二年末（758 年初），自蜀返回长安，幽居，抑郁而死。葬泰陵（在今陕西蒲城东北），谥至道大圣大明孝皇帝。

李含光（682—769），唐代道士，茅山上清第十三代宗师。广陵江都（今江苏扬州）人。父孝威，人称贞隐先生，精黄老之术，与司马承祯为方外交。含光于神龙（705—706）初，以清行度为道士，居龙兴观。开元十七年（729），师从司马承祯于王屋山，学上清道法。承祯卒，玄宗诏其居阳台观以继之。岁余称疾乞还茅山，纂修经法。天宝四年（745）又召至京，馆禁中，请道法，辞以疾，复求还山，玄宗制诗饯别。天宝七年（748）春，玄宗受上清经箓于大同殿，“遥请先生为元师，并赐衣一袭，以申师资之礼，因以‘玄静’为先生之嘉号焉”。大历四年（769）羽化，卒赠“正议大夫”。弟子著名者有韦景昭、孟湛然、郭闳、殷淑、韦渠牟等。据《茅山志》卷九载，著有《周易义略》《老庄学记》《三玄异同论》《道学》《本草音义》等，皆佚。颜真卿撰、书《有唐茅山玄静先生广陵李君碑铭》，述其生平事迹甚详。

（13）据《江宁金石待访录》卷二载唐玄宗与茅山有关的碑目

①《明皇祠三清文》：天宝七年（748）立，在茅山。《宝刻丛编》引《集古录目》。

②《明皇受箓碑》：御制，在崇禧观，天宝七年。《宝刻丛编》引《诸道石刻录》。

③《华阳洞玄宗受上清箓碑》：张景顾撰。《宝刻丛编》引《诸道石刻录》。

（14）重立茅君下泊宫碑

《句容金石记》卷二载此碑目，缺文。后有题记二则：

《茅山志》注云：大司命君以汉地节三年自咸阳升举，乃下泊句曲，以候二弟。隐居云：父老相传，大茅之西北平地棠梨树间，名下泊处，谓是司命故宅。唐贞观十一年重立。桃源黄先生(撰)，文和州卢使君书，御史大夫王公讳修是宫作记。《宝刻类编》则标其目为《三茅君下泊宫》，贞元十五年，黄洞元撰，卢士元书。撰书人同，当即此碑，惟年代小异耳。

《景定建康志》第四十五卷祠祀二载：黄洞元记略云：下泊宫者，上清司命真君之旧宅也。夫大道杳冥，辽廓无像，神仙主宰，尚有元司太古，立以祠堂，示存教之迹也。

（15）下泊宫三茅君素像记

王师简撰，文见《句容金石记》卷三，文后题记：

右碑文从《全唐文》录出。据南宋张养正敦颐《六朝事迹编类》云：观察判官监察御史里行王师简撰，弘文馆校书郎段令纬篆额，在玉晨观。

欧阳叔弼《集古录目》云：唐修下泊宫记，浙西观察判官王师简撰，道士任参元书。下泊，故茅君宅也，在三茅山下。浙西观察使薛苹修以为宫，并立三茅君像。以元和九年立此碑。

朱长文《墨池编》作卢士元书，误。

（16）体玄先生潘尊师碑颂

右拾遗陈子昂撰。文见元《茅山志》卷二十四。

《句容金石记》卷三载此碑文，题为《体玄先生潘尊师碑》。后有一题记：

按《茅山志》，体玄先生姓潘，讳师正，字子真，贝州宗城人。父寘，隋通州刺史。母鲁氏，善言名理，口授以《道德经》。母卒，庐墓以孝闻。师事王法主。高宗召见，异之，尝步辇致之洛城西宫，乘舆亦屡陟山阿。而先生以烦世主为过，深自敛抑。永淳元年六月解化，年九十八，封国师、太中大夫。

陈子昂，字伯玉，梓州射洪人。文明（唐睿宗年号，公元684年）初，举进士。子昂貌柔野，少威仪，而占对慷慨，擢麟台正字。后以母丧去官，服终，擢右拾遗。（见《新唐书》列传第三十二）

嵩山又有《潘尊师碣》，隶书体，王适撰，司马承祯书，圣历二年（699）二月八日立石。

（17）唐汉东紫阳先生碑铭

陇西李白撰。文见元《茅山志》卷二十四。在文末注："右二碑（按指《体玄先生潘尊师碑颂》《唐汉东紫阳先生碑铭》）附录，体玄潘宗师复有碑在嵩山，雍州司功王适撰，弟子司马子微书。大周圣历二年所建。"

《句容金石记》卷三载此碑文，文后题记一则："右碑文见《茅山志》，颇多缺字，拟觅善本以补之，及检钦定《全唐文》，所缺亦同，乃知碑久漫漶，不可尽识矣。幸大旨具备，亟录简端，以资考证。"

按《宝刻类编》：《紫阳先生碑》，李白撰，柳公绰书。宝历二年三月，在随州。碑阴李虁撰，柳公绰书。其前九十一字，公绰自叙书碑事也。柳公绰（765—832），字宽，京兆华原（今陕西耀县）人。书法家。柳公权之兄。宝历元年，就迁检校左仆射。大和四年，为河东节度使。卒赠太子太保，谥曰元。

李白《唐汉东紫阳先生碑铭》载于元《茅山志》卷二十四。北宋史地学家宋敏求编《李太白全集》时，因此碑“残缺间莫能辨”，故没有收入全集中。后清人王琦在注《李太白全集》时，认为“文系太白真作，铭词玄奥可喜”，因以补入全集中。碑文中的汉东紫阳先生，姓胡，号紫阳，唐隋州（今湖北随州）人。20岁时出游，先后去过衡山、江南，成为茅山上清弟子。碑文中说，上清第十三代宗师“李含光合契乎紫阳”，说胡紫阳与李含光为投合契友。胡紫阳后来返回随州，建“餐霞楼”，收徒传播上清道。天宝初年，胡紫阳曾应道士元丹丘（即李白《将进酒》中的“丹邱生”，李白的好友）邀请，来到嵩山传授经符。后应玄宗之召赴任西京太微宫宫使（住持），在此期间向弟子讲解《道德经》、上清经典。最后还乡回到叶县，卒年六十有二。（陈摘自程尊平《李白在〈汉东紫阳先生碑铭〉中隐含的史料》）

（18）祠宇宫碑

《句容金石记》卷二载此碑目，缺文，附有题记：

《茅山志》注云：天宝七年，勅在庙下立精舍，度道士

焚修，祀三茅道祖。屯田员外郎柳识撰碑。（天宝七年，公元748年）

（19）茅山白鹤庙记

柳识撰。唐大历十三年太岁戊午三月十八日记。

文见《句容金石记》卷二，附宋人题记如下：

宋张养正敦颐《六朝事迹编类》云:《大唐祠宇宫白鹤庙记》，大历十三年三月立。尚书水部员外郎河东柳识文，华阳崖舍退士中山刘鸣素书，在鸿禧院。

宋周应合《建康志》祠祀二考证云：白鹤庙，刘至孝三遇仙桃之所。元祐中，桐川道士汤友成友直居之。政和八年，守臣俞栗奏改昇元馆。

陈据《茅山志》卷二十四载：《祠宇宫碑》，柳识撰；《白鹤庙记》柳识撰，张从申书。

（20）唐茅山紫阳观玄静先生碑并序

秘书郎河东柳识撰，大理司直吴郡张从申书，李阳冰篆额。大历七年八月十四日建。文见元《茅山志》卷二十三。

柳识（？—781），据《新唐书》列传第六十七载：“（柳）浑母兄识，字方明，知名士也。工文章，与萧颖士、元德秀、刘迅相上下，而识练理创端，往往诣极，虽趣尚非博，然当时作者伏其简拔。浑亦善属文，但沉思不逮于识云。”据《全唐文精华》：柳识在“代宗朝官至左拾遗，性乐闲旷，退居润州茅山。朝廷以屯田郎中、集贤殿学士征，诏书三下，识终不起，建中二年卒。”

张从申，据唐窦臮《述书赋》：“张氏四龙，名扬海内。中有季弟，工夫少对。右军风规，下笔斯在。张从申长史，文场擢第。弟从师，监察御史；从仪，灼然有才。从申志业精绝，工正行书，握管用笔，其于结字紧密，近古所无。恨历览不多，闻见遂寡，右军之外，一步不窥，意多拓书，阙其真迹故也。”

《江苏通志稿·金石四》载张从申书《唐茅山紫阳观玄静先生碑并序》全文，文后有多人作的题记，兹节录其中几段如下：

窦灵长《述书赋》于司直之书云：“右军风规，下笔斯在。”余始未喻。黄伯思题此碑，亦谓是效子敬书也。及得见王玄珠所藏定武禊帖，其用笔与此碑正同，乃信唐人品目为真。后来欲由唐以溯晋者，司直之书尤当加意临摹也。——乙丑冬日焯记。

茅山，一名华阳洞天，为昔贤栖真地。晋唐以来，名碑林立。陶隐居《旧馆坛碑》、颜鲁公、张司直两《玄静碑》最著。世远石泐，渐就销沉。《馆坛碑》传拓绝少，往见义门先生与其弟小山札云：隐居此书一鳞半爪都带仙气，绝似《鹤铭》，神妙可知。玄静碑，汪稼门（名志伊）使君润州时，收拾丛残，嵌立石壁，如陈沧洲先生《鹤铭》故事。至司直此书，未知何年毁坏。庚戌冬，予老友金陵张止原（名复纯）寓斋见断石拓本云，毗陵孙渊如（名星衍）登茅山，从棘丛中获残碑数片，拓以见贻。矗立穹碑，至碎不盈尺，为可慨已！兹本拓手在元、明间，碑文完善可读，李阳冰篆额更极精良。再数十年，将碎石且不可读，况完好者乎？是可宝也。——己未小春重装因记，陆谨庭。

有唐中叶，书家以沈舍人、张司直为山阴法乳，但沈以澹远胜，张以遒肃胜，为不同耳。沈书仅传《罗池庙》，原石久佚。张书有《延陵季子碑记》《兴福寺碑》及《李玄静碑》，三迹中以《玄静》为尤卓卓。鲁公烜赫照世，而《玄静》两碑，千岁下犹颜、张并峙，其品次可知矣（下略）。——咸丰戊午春正月廿九日，道州蝯叟何绍基记于沧浪亭之可园。

颜书《玄静碑》于劲伟中出缓绰，心仪杨、许之风，不觉流露腕下也。司直更作意为疏散而古意愈足，书名为鲁公所掩。拓本尤希奇可贵。乱后两石俱渺无踪影矣。此履丈旧物，今归平斋，重与题记，而履翁不可作矣。——乙丑春仲，蝯叟。

《李玄静碑》，柳识撰文，阳冰篆额，从申书，艳称三绝。其为司直书中剧迹可知。此本旧藏张文敏公，后藏韩履卿世丈，今归余斋。风神奕奕，墨光四映，宋纸宋拓，历千余年，如新发于硎。余藏有鲁公书《玄静碑》，亦系南宋精本，此为延津之配，其宝为何如耶！——同治癸亥秋日，归安吴云题记。

玄静先生有二碑，此在颜刻前五年，其文简而能赅。不外叹驰景而内观驰心，不远望化金而近思化欲，妙语精微，深得老庄秘旨。华盖峰司马君司马子微正一先生也。陶隐居葺朱阳馆，唐太宗更名华阳观，玄宗时更名紫阳观，宋祥符初改名玉晨观。今下宫之左亦有紫阳观，非唐宋旧迹。

严子进观《江宁金石记》于颜刻，谓嘉靖三年（甲申）玉晨观遭郁攸之厄，碑殆毁于其内。时于是刻，谓毁于嘉靖甲寅，“寅”字当是“申”字之误。——李华撰文

《句容金石记》卷二载《紫阳观玄静先生碑》，兹录文后题记二则如下：

宋庐陵欧阳永叔修《集古录跋尾》云：“右玄静先生碑，柳识撰，张从申书，李阳冰篆额。唐世工书之士多，故以书知名者难，自非有以过人者不能也。然而张从申以书得名于当时者，何也？从申每所书碑，李阳冰多为之篆额，时人必称为二绝，其为世所重如此。余以集录古文，阅书既多，故虽不能书，而稍识字法。从申所书弃者多矣，而时录其一二者，以名取之也。夫非众人之所称，任独见以自信君子，于是慎之。故特录之，以俟知者。”

《东里集》云：“从申书法出二王，而与李北海仿佛。昔人评其书独步江外。此碑在茅山。盖唐行书之得名者。”

陈按，杨士奇（1365—1444），明江西泰和人，名寓。早期修《太祖实录》，长期辅政。著有《东里全集》等。

（21）茅山玄静先生广陵李君碑铭并序

文见元《茅山志》卷二十三。

金紫光禄大夫、行湖州刺史、上柱国、鲁郡开国公颜真卿撰并书，大历十二年夏五月建，渤海吴崇休镌。

《句容金石记》卷二载此碑文，文后附有多人题记，兹录

其中四段如下：

昆山叶九来奕苞《金石录补续跋》云：右碑在茅山玉晨观中，颜真卿撰并书。碑云：先生讳含光，广陵江都人，从司马炼师，尽得其道。玄宗诏居王屋，后请居茅山，“玄静”其赐号也。按传法世系，自玄静上溯陶隐居凡五叶。其昇玄先生为王远知，体玄先生为潘师正，正一先生为司马子微。史家皆为立传，惟玄静无传耳。予尝游茅山，过雷平池，登伏龙岗，吊先生墓，慨然有遗世之想。碑中所谓灵芝甘露，固不可复得，即紫阳之东郁岗山上斋坛仙院，亦改旧观。惟穹碑屹峙，声施至今，使非鲁公之书，恐亦不能久远如是，故古之铭碑树碣者，必托诸大手笔也。

明代都穆《金薤琳琅》卷十云：“余尝游茅山，至玉晨观，其前有雷平池，池南为伏龙岗，玄静墓其上。碑今在观中，四周皆刻文字，道士以亭覆之。”

《弇州山人稿》云：鲁公好仙术，不特书《麻姑坛》已也。按李含光者，陶隐居裔凡五世，其事绝无纪。独人谓其隶法胜乃父，遂断不作隶，差近厚耳。鲁公结体与《家庙》间，遒劲郁勃，故是诚悬鼻祖。然视虞永兴、褚河南闿阖气象，不无小乏。

明盛仲交时泰《元牍纪》云：右结体与《家庙碑》同，后有小跋云：绍兴丁巳五月十有四日，大风折颜碑，雪溪沈作舟扶起之。

《江苏通志稿·金石四》载颜真卿此碑文，题下注：“碑已碎裂，今据乾隆时拓本入录。”文后附有多人的题记，兹录六段如下：

鲁公以大历六年罢刺抚州，七年九月至东京，除湖州刺史，十二年为此碑，于时年六十有九。先是乾元二年，由昇州刺史充浙西节度使兼江宁军使，致书玄静，与之缔交。越十年而玄静与之缔交。越十年而玄静死。又八年而公为之作碑。留元刚年谱系碑于大历八年，误也。是年春三月，元载伏诛，召公为刑部尚书。而此碑书于五月，犹称湖州刺史，当由刑部尚书之命犹在五月后耳。——《虚舟题跋》

碑在茅山玉晨观。……王圻《续文献通考·仙释考》：道家姓氏不载李含光。历代道家统纪，惟载天宝六载五月，诏茅山紫阳观取侧近百户，太平、崇元二观各一百户，并蠲免租税差科，永充修葺洒扫。语与碑所载合。但据碑，则紫阳观侧近是二百户，《续通考》疑脱“二”字也。其余碑文所载俱无考。碑叙玄静先世二十一代祖宏，不见于《汉书》。高祖文巍，陈桂阳王国侍郎。文巍，《陈书》无传。桂阳王者，《陈书·列传》：讳伯谋，字深之，世祖第十三子也，太建中，立为桂阳王。七年，为明威将军，置佐史，所谓王国侍郎者，盖即佐史之属也。碑云，先生以大历己酉岁遁化。己酉为大历四年，道家辞世谓之遁化，始见于此。碑称玄静各种著撰，惟《本草音义》二卷《新唐书·艺文志》著录，余如《老庄》《周易》《学记》《义略》诸篇，皆不载。……碑云，真卿乾元二年以昇州刺史充浙江西节度。唐官称无浙江西节度。据《唐书·颜真卿传》，是浙江西道节度使。此碑旧文原是“充浙西节度”，充字上泐一字，殆亦碑贾宋拓本见有阙字，因于浙字下妄增“江”字耳。——《金石萃编》卷一。

玉晨观，于嘉靖三年遭郁攸厄，碑殆毁于其时己亥冬十月六日。钱宫詹竹汀先生谒茅山，将碎碑聚置一处，得二十一枚，存千五百余字。章淮树太守欲仿孙莘老墨妙亭，意建宝颜斋于斗姥宫侧，宫詹为文记之，墨林称快事焉。玄静父私谥贞隐，碑作正隐，盖鲁公避家讳尔。——《江宁金石记》

此鲁公年六十九时书也。计今颜碑存者，前二年有《元次山表墓碑》，后一年有《宋广平碑侧记》，又后二年有《颜氏家庙碑》，而颜碑绝笔矣。（是后一年，有明州刺史王公德政碑，见年谱，今不存）书此碑之年，复有《殷夫人颜氏碑》。凡皆鲁公晚年书，融会篆分隶为一家，无意于工，工乃独绝。其俊伟轩豁处，人所激赏追摹，善矣。其一二拙涩天真，人所忽视，尤超诣不可等伦。学者合数碑观之，当自得也。——经眼录附录。

自粤贼据金陵，句容沦陷者，盖十余岁。稼门所收二十三碎石，今又不知存亡。适见克复金陵之报，早晚东下。当策杖一访金坛华阳之洞天，一证颜书存亡多少，更搜剔许长史、陶隐居旧迹也，欣喜记之。甲子岁六月二十日。（同上）

同治丙寅，遵义赵崧于句容访获是碑，碎石大小十五石，通计全半字百九十七，今又逸去三小石，计十五字。壬申岁，甘泉张肇岑又搜获二石，移入句容学宫，共二百七十九字，较乾隆时汪稼门所获犹不及半耳。（同上，莫绳孙注）

（22）华阳三洞景昭大法师碑并序

碑文见元《茅山志》卷二十三。

碑高八尺二寸，广四尺一寸，二十五行，行五十六字，正书。在茅山玉晨观。额篆书阳文："有唐华阳三洞景昭法师碑。"碑题"华阳三洞景昭大法师碑"，题下注："碑首篆题旁刻萧史、弄玉像。"

结衔题："朝议大夫、检校国子司业兼御史中丞、吴郡开国男陆长源撰。朝议大夫、检校尚书、兵部郎中兼侍御史、上柱国窦臮书并篆额。"

文后署："贞元三年献春正月上元之辰建造，清河张伯伦刻字。太平观道士徐元沼、许长久。徐则内行克修，外通儒学；许则宿推公干，虔奉真宗。"

韦景昭（693—785），唐代茅山道士。字怀宝。丹阳延陵（今江苏丹阳）人。吴司空韦慎十六代孙。自幼好道，虽精究儒术，但不取科第。配度于延陵寻仙观，师事包士荣，习《灵宝经》法，其法脉出自王远知、王轨、包方广、包法整，递代相传。后居长安肃明观。时唐玄宗崇道，因得羽仪金箓，居京师垂二十年。思还故乡，重隶茅山太平观，为李含光入室弟子。天宝（742—756）中，与李含光奉诏修功德，建紫阳观。遂于炼丹院传黄素之方，修斋醮之法。贞元元年（785）十一月癸卯，召门弟子说："吾昨见仙官持敕书召任上清仙伯，不复住世矣。来何为喜，去何为悲，汝等体之，毋或哀泣。"遂委化于紫阳道场，寿九十二岁。迁神于雷平山西李含光寿宫之左。景昭系上清派重要传人，既为三洞大法师，又为炼师。上清第十四代宗师。贞元三年（787），陆长源撰《华阳三洞景昭大法师碑并序》详述其生平事迹。（录自《道教大辞典》，中国道教协会，1994年版）

陆长源：据《新唐书》列传，陆长源，吴人，字泳（泳之）。赡于学。历任建、信二州刺史。后被乱兵害。赠尚书左仆射。

窦臮：唐代天宝年间书法家。字灵长，扶风（今陕西麟游以西）人。官至检校户部员外郎、宋汴节度参谋，工书，尝作《述书赋》。其兄窦蒙云："吾弟灵长翰墨师张、王，草隶精深。"

据《金石续编》卷九题记："道家碑题多著俗姓，此碑但题《华阳三洞景昭大法师碑》，而序中则云："商为豕韦，因国命氏"，则法师乃韦姓也。长源撰碑赞美窦臮，而臮即自书，亦所罕见。"

《江宁金石记》卷二载此碑文，文后题记云："右碑，正书。朝议大夫检校国子司业兼御史中丞吴郡开国男陆长源撰，朝议大夫尚书兵部郎中兼侍御史上柱国窦臮书并篆额，贞元三年献春之月上元之辰建造，在玉晨观。按臮，字灵长，著《述书赋》七千六百四十言，精穷旨要，故此碑书法端凝而有风骨，洵艺林之墨宝也。碑侧有钱端英绍兴壬午闰月及淳熙甲辰四月题名。"

《句容金石记》卷三载此碑文，文后三段题记如下：

昆山叶九来弈苞《金石录补跋尾》云：右碑题云：华阳三洞景昭大法师碑并序……贞元三年四月□日建。碑云：紫阳真人，字怀宣，丹阳延陵人。按西汉丹阳郡则治宛陵，丹阳县则今之建康也。东汉史皆作丹阳，如费凤严䜣碑亦然，惟丹杨太守郭旻碑作杨。西晋移都建业，元帝改太守为丹阳尹。而宋版《晋书》则丹阳郡为阳，丹杨县为杨，注云：山多赤柳，故名丹杨。如颜平原乞恩表、祭侄文，皆云丹阳县侯也。唐天宝中，以京口为丹阳郡，改曲阿为丹阳县，皆非汉旧壤。他书所载此郡字无从木者，而此碑郡名亦作杨，似郡县俱宜作杨，后人传写之误，即县亦作阳矣。法师姓韦氏，盖茅山三洞之闻道者。书极壮伟，不在《玄静碑》之下。

元和韩履卿《崇宝铁斋金石文跋尾》云：右《景昭大法师碑》……在茅山玉晨观。正书，廿五行，行五十六字，篆额阳文"有唐华阳三洞景昭大法师碑"十二字。额下有穿，左右刻"弄玉、萧史"四字，验其笔意，亦出窦臮手。是碑，《集古录目》《金石录》皆不载，仅见于《复斋碑录》及《金石略》中。窦臮，字灵长，扶风人，司业蒙之弟，篆隶精深，著《述书赋》。陆长源，字泳，吴人，赡于学官，至御史中丞、□武司马。

明上元盛仲交时泰《元牍纪》云：臮字灵长，词藻雄赡，草隶精深。晚年著《述书赋》七千余言，盖深于字学者。书此碑，在唐人中别有一种风韵，骨力有《瘗鹤》之遗意。碑在贞元三年为韦公师立，历叙世系及师授甚详，又言法师至行，稽乎玄化通识，合于□造。与其有也，万物不得而不有；与其无也，万物不得而不无。得丧以春秋为死生，盈虚以天地为旦暮，其推尊可谓至矣！而后又言身缠世故，迹混俗尘，发忠孝以饰躬，演信义而旌行，盖随时而不器，岂常道之可师。若然则其人似亦可取，此所以昔人以道门华阳方之儒门洙泗也欤！友人陈元晋游三茅，拓此见贻，予手黏为册，因题之留轩中云。嘉靖戊午九月二十二日雨中对菊花记。

现存此碑的一残段，残高 46.2 厘米、残宽 65.8 厘米。句容市博物馆收藏。

（23）唐颜頵题“叠玉”大字

据《续纂江宁府志》卷九艺文篇，关于茅山“叠玉”大字摩崖题刻及一则题记的记载如下：

唐叠玉峰摩崖，正书，在句容茅山绩麻房东崖上，今存：

叠玉

唐大历三载吴 / 开国公尝道此 / 建中三 / 道士吴筑 / 琅邪颜頵题

光绪六年，句容尚兆山访得之。“叠玉”字径尺，小字亦径寸许。唐肃宗乾元改元即称年，代宗朝不复称载。此书大历三载，私家题署不必与官文书合。“吴开国公”不知何人。颜鲁公先世南琅邪人，迁北后亦居琅邪。頵为鲁公长子，见《新唐书·鲁公传》。据《通鉴》，建中三年，鲁公仍官京师，其明年即宣慰李希烈矣。頵以贞元六年授五品正员官，在鲁公授命之后，亦见《新唐书·鲁公传》。頵书，金石家未著录。此摩崖字甚伟丽，又出忠义之门，洵可宝也。“叠玉”右空行刻：□□庚□春李承芳刷洗。承芳疑是明人。

据《乾隆句容县志》卷四载：

绩麻房：在小茅清微道院侧。洞如小厢，方不盈丈，高仅立人，前罅容光如牖，傍窦可伛入如户。相传钱妙真绩麻其中。明汤方平诗：涤尽衣上尘，行过石梁去。欲访绩麻姑，云深知何处？

据《句容金石记》附录载颜頵题“叠玉”大字，并后有题记：

沅按，《茅山志》载，李玄静上肃宗表，亦称至德二载，称年称载，当时或不拘。惟《金陵续诗征》谓此摩崖在钟山。茅山道士亦云，遍访东南支山不获，而石壁又非可移置他处者，故附录于此。颜頵贞元间尚书《复舜庙碑》，并篆额（韩稔撰），永贞初又书《禅定寺通公碑》（严绶撰），俱见《宝刻类编》。

陈按，《续纂江宁府志》记载，颜頵题“叠玉”大字于茅山，乃经清代句容学者尚兆山访得证实。因此，颜頵题写大字“叠玉”于茅山当无疑义。古往今来，茅山历代碑铭题刻遭损毁而不见者多矣哉！

（24）鸿禧院碑

《句容金石记》卷三载此碑目，缺文，附题记一则：

《景定建康志》云：华阳观在崇寿观西，旧名鸿禧院。旧记云：宝历二年奉敕置，即梁昭明太子旧宅，丘征君亦隐于此。上柱国李相德裕延太元周先生于此建立院碑，侍御史贾竦文。宣和初改赐今额。周先生名隐遥，字息元，居洞庭巴山。不以昼夜更动息，不以寒暑易纤厚，不食而甚力，虽饮而无漏。唐令狐楚作记，《仙传拾遗》有传。

陈按，元《茅山志》卷十七“华阳观”：“华阳观，梁昭明太子故宅，古名鸿禧院，一名福乡馆，在崇寿观西。宝历二年奉勅置，改号宝历崇元圣祖院。时赞皇李德裕奉老子、孔子、尹真人三像，供养太玄周先生于此。治平中，赐名鸿禧观，宣和改赐今额。”（宝历二年，826年）

（25）崇元圣祖院碑

贾悚撰，文见元《茅山志》卷二十三。

《句容金石记》卷三载此文，题为《宝历崇元圣祖院碑》，文后有一题记：

宋庐陵欧阳叔弼棐《集古录目》云：唐《崇元圣祖院记》，常州刺史贾悚撰，前陈州参军徐挺古八分书。敬宗即位，诏天下求有道之士，李德裕为浙西观察使，以道士周息元荐于朝。为建此院，勅赐号“崇元圣祖院碑”，以宝历二年立在茅山。另有唐《茅山三像记》。

按《全唐文》中《送周先生住山记》载：周息元，名隐遥，河南汝南道士，道号太玄先生。贞元初年，周息元第一次来到道教第九洞天林屋洞西的第四十九洞天。传说曾经有一位从罗浮山来的毛姓老道在这里住了三百年，后此处叫毛公坞。贞元十九年（803）冬，周息元再次来到此处住下。不久他声称在这里得到一块奇石，上面刻有篆体字，说是毛公留下来的“镇地符”。从此他自称已修炼得道，自身有不同于常人的奇异功能：不以昼夜更动息，不以寒暑易纤厚，不食而甚力，虽饮而无漏。

如此“异人”之说，实乃骗术，唐敬宗李湛却深信不疑。（陈据云雾山《茅山道士的宰相弟子李德裕》摘录，《茅山道讯》2018 年 6 期）

李德裕与茅山圣祖院

陈按，李德裕（787—850），唐大臣，字文饶，赵郡赞皇（今河北赞皇县）人。晚唐名相，人称赞皇公。历任翰林学士、浙西观察使、西川节度使、兵部尚书、左仆射等职。武宗时力主削弱藩镇，曾佐武宗讨平擅自袭任泽潞节度使的刘稹。他反对李宗闵、牛僧孺集团，是牛李党争中李派首领。后遭牛派打击，贬崖州（治今广东琼山东南）司户而卒。著《次柳氏旧闻》《会昌一品集》。

唐长庆二年（822）二月，李德裕任中书舍人，九月出京任浙西观察使，赴治所润州（今江苏镇江市）履职。到润州不久，便去治下的道教名山茅山，拜见上清十五代宗师黄洞元，受上清经法。他在《望匡庐赋并序》中说：“余受法于茅山元师，则传法祖师也。”“茅山元师”即指黄洞元。他还与上清十六代宗师孙智清交往甚密，作有多首纪念孙智清的诗歌。

元《茅山志》卷二十三载《崇元圣祖院碑》，撰此碑文者是与李德裕同时代人常州刺史贾𫗧。碑文中说，李德裕于唐宝历二年（826）在茅山建圣祖院，“其年秋七月，公以天子之命，斋戒虔恳，果得周先生曰息元，实元精之全德，大道之宗师也。”“（周息元）且谓公曰：昔广成对理身之问，鸿濛启养心之说，二者皇上大本也。今息元亦将以斯道上报吾君。公于是澄心清神，思所以庆皇休而赞景福，遂与先生图议选置玄宇。”碑中所言事涉李德裕、唐敬宗、周息元。说李德裕于宝历二年（826）奉唐敬宗之命，“斋戒虔恳”，寻得“异人”周息元。李德裕为皇帝得此“全德”之“宗师”而庆幸，于是与周息元商讨筹划建圣祖院。

唐敬宗李湛十五岁即皇帝位，史称其行为荒诞乖张。据《旧唐书·李德裕传》记载，敬宗奢靡，游幸无度，不理朝政，大臣难进忠言。尤为荒诞的是听信一帮妖僧术士的蛊惑，痴迷于“异人”之说，深陷“异人”骗局。道士杜景先向敬宗奏报说，江南“异人”周息元已经活了数百岁，敬宗竟然深信不疑。于是派出宦官前往迎接，并诏命李德裕提供车马等便利条件，以确保周息元速到长安。对此，李德裕的真实态度是什么呢？他趁宦官回京之机，向敬宗上了一道长篇奏疏。在奏疏中说道：“昔轩黄问广成子：‘理身之要，何以长久？’对曰：‘无视无听，抱神以静，形将自正，神必自清。无劳子形，无摇子精，乃可长生。慎守其一，以处其和。’”“玄元语孔子曰：‘去子之骄气与多欲，态色与淫志，是皆无益于子之身。”李德裕劝谏敬宗“用玄祖之训，修轩黄之术”。对于敬宗所要召的“异人”，德裕说：“臣所虑赴召者，必迂怪之士，苟合之徒，使物淖冰，以为小术，衒耀邪僻，蔽欺聪明。如文成、五利，一无可验。臣所以三年之内，四奉诏书，未敢以一人塞诏，实有所惧。”李德裕认为，如周息元这些“异人”“赴召者”，迂怪邪僻，善于玩弄小伎俩，用花言巧语蒙蔽皇帝视听。并说他在三年中，四次接到这样的诏令，却不曾向皇帝进献过一人。由此可见李德裕对敬宗征召“异人”之举持明确的反对态度，与贾悚撰《圣祖院碑》中所说大相径庭。

在隋唐时期，以茅山为祖庭的上清派（茅山宗）居于道教的中心地位。上清派的道术多种多样，其中着重在存思守一。李德裕来茅山拜黄洞元为元师，受上清经法，深知上清经法与周息元的邪术不可同日而语。无奈唐敬宗对李德裕的劝谏置若罔闻，急切地召周息元来京，翘首以待。《旧唐书·李德裕传》对此事记载道："（周）息元至京，帝馆之于山亭，问以道术。自言识张果、叶静能，诏写真待诏李士昉问其形状，图之以进。息元山野常人，本无道学，言事诞妄，不近人情。及昭愍遇盗而殂，文宗放还江左。德裕深识守正，皆此类也。"李德裕在政治上头脑清醒，"深识守正"，受到史家的称赞！

李德裕虽然反对敬宗召术士异人，但并不反对在茅山建圣祖院。在唐代，皇帝崇道，其崇道的主要特征是崇拜和神化道教教主老子。唐皇室认定老子是其先祖，并大肆宣扬。茅山作为唐朝皇室最为尊崇的道教圣地，正是当时在李德裕的管辖区内，且德裕信仰茅山上清道。因此，李德裕对于在茅山建供奉老子的圣祖院及其他建筑，自然会支持。只是此事与周息元扯上了关系，李德裕当如鲠在喉，如芒在背。

（26）三圣记碑

李德裕撰，文见元《茅山志》卷二十三。

《句容金石记》卷三载《李德裕茅山三像记》，仅录《茅山志》中《三圣记碑》的首段。文后附二题记：

欧阳叔弼《集古录目》云：唐《茅山三像记》，八分书，与《崇元圣祖院记》一体书。李德裕既建圣祖院，并立玄元皇帝、孔子、尹喜三像，援引传记事迹作此记，以宝历二年刻。

欧阳文忠《集古录跋尾》云：右茅山三像记，李德裕撰。德裕自号上清玄都大洞三景弟子，上为九庙圣主，次为七代先灵，下为一切含识，敬造老君、孔子、尹真人像三躯。此固俚巷庸鄙人之所常为，德裕为之，有不足怪。然以孔子与老君为伍，而又居其下，此岂止德裕之独可罪耶？今史记载，孔子问礼于老聃，聃戒孔子去其骄气多欲，而孔子叹其道，犹龙之语著于耳目。自汉以来，学者未有以为非者，岂止德裕之罪哉！治平元年八月八日书。

（27）圣祖院石磬铭

李德裕撰，见《句容金石记》卷三，铭文及题记如下：

有美浮石，凄若铜音。笙竽合奏，鸾鷟在林。清越盈耳，和愉感心。悬之玉宇，永托仙岑。

按圣祖院，宝历二年，浙右连帅御史大夫赞皇公新建。此磬铭亦其所制。他书多未载，惟见于钦定《全唐文》，特录出之。

（28）遥伤茅山孙尊师诗三首、题黄洞元旧馆诗一首

李德裕作，诗见《句容金石记》卷三，后附有题记：

右四诗石刻，唐会昌癸亥年暮春十八日，秘书郎上柱国裴质方书。（录《茅山志》）

右李德裕《遥伤孙尊师诗》与《题黄先生旧馆诗》合为一碑，唐武宗会昌三年适当癸亥。惟书人名，《集古录目》作大质，《宝刻类编》作方质，而《茅山志》又作质方，差小异耳。

宋张养正《六朝事迹编类》云：《大唐遥伤茅山孙尊师诗碑》，唐司空兼门下侍郎平章事李德裕述，前知盐铁转运使上柱国裴质方书，在玉晨观。按《茅山志》，孙尊师讳智清，号明玄先生，为上清第十六代宗师。黄先生讳洞元，南岳人，号洞真先生，为上清第十五代宗师。

（29）三茅山记

《句容金石记》卷三载此碑目，缺文。附有题记：

宋庐陵欧阳叔弼棐《集古录目》云：唐《三茅山记》，不著书撰名氏，备记三茅山四面所至地里远近。

按此碑大和三年立，见王象之《舆地纪胜》。

（30）良常山苍龙溪新宫铭

文见元《茅山志》卷三十三。紫阳真人山玄卿撰，五云阁吏蔡少霞书。

《句容金石记》卷三载此文，文末注："二百三十一年四月十二日建。"后有题记：

《茅山志》注：唐人蔡少霞梦经良常建邮，使遗新宫铭。末署：紫阳真人山玄卿撰，索少霞书之，书毕，问何署名？其人曰：先生称五云阁吏可耳。

据《乾隆句容县志》卷三载：

苍龙溪：在良常山西玉晨观北。水漱石出，坚润如玉，即名茅山石。俗呼冷水涧，即此。

（31）仓山石壁记

《句容金石记》卷三载此碑目，缺文，后附题记：

周应合《景定建康志》十七："仓山在句容县东北五十里，周回一十五里，高一十七丈，东连驹骊山，四十二福地也。唐肃宗时，谒者伍达灵在此山得道，丹成之后，记于石壁，在绝顶，尚存，仿佛可辨，山下又有伍达灵潭。"

陈按唐司马承祯《洞天福地记》曰："第四十一（福地）论山，在润州丹徒县，是终真人治之。"论山指今句容市边城镇的仓山。"论山"应为"仓山"，"丹徒"应为"句容"。

（32）唐若山庵碑

按元《茅山志》卷十八"唐若山庵"条："唐若山庵，在郭干塘东。若山，唐开元中，润州刺史弃官来山。又居太湖苞山，今林屋有碑，残缺矣。"

唐若山，开元中曾任润州（今镇江市）刺史，因痴迷炼丹而辞官隐修山林。著名道士杜光庭《神仙拾遗》中说，他在长江里随太上真人的小舟而去，不知所终。

（33）茅山紫阳观灵宝院钟款识

《句容金石记》卷二载此钟款识，以下是钟款识全文及两则题记：

维唐大历十四年岁次己未，六月（按《萃编》为“九月”）戊辰朔，十五日壬午，润州金坛县诸里村将仕郎、前宣州溧水尉贺裕等六十余户，共铸洪钟一口，用铜一百七十斤，永充供养。

行者徐恬、大匠周廉。

王述庵《金石萃编》云：钟之高与围不知凡几，兹就其有字者计之：共五棱，横广一尺五寸四分，前一区广五寸五分，后四棱广七寸。统计十二行，行七字六字八字不等。正书。

严子进《江宁金石记》云：右钟旧在玉晨观，不知何时移置句容城南关庙内。后有宋人题识云：“崇宁甲申中元日，奉旨改玉晨观以崇宁万寿宫为额，住持黄澄。”唐识已将磨灭，细视之，犹隐隐可辨，爰亟录之，寄致同好。

（34）唐石灯记

元《茅山志》卷二十三载《唐石灯记》，铭文如下：

功德主崇元观（按即崇寿观）上清三洞道士贺思宝敬造长

明灯台于宝殿内，永充供养。宝历三年（按宝历年号止于二年），岁直丁未，二月十五日丁未，奉记助造灯台，三洞道士陈惠瑫，大匠乐安蒋浑、男清嶙镌。

齐建元勅立崇元馆，唐贞观勅号崇元观，宋大中祥符勅改崇寿观。太元殿长明石灯，宝历三年丁未岁造，当是文宗太和元年。积四百九十八年，是为大元泰定甲子，上清弟子崇寿观主吴郡张嗣真重为刻治，著铭于石。铭曰：

华阳之天，流金之庭。阴辉日精，昼夜洞明。神灯烨烨，二景是法。树此南便，阅世小劫。稽首司命，朝彻重玄。度人度仙，若火之传。

《句容金石记》卷六载《石灯铭》文，即《唐石灯记》，文后附题记：

右铭，句曲外史为崇寿观唐时石灯作也。贺思宝、陈惠瑫，《茅山志》皆未详载。宝历，唐敬宗年号，三年丁未已为文宗大和元年矣，特二月尚未知其改元而仍旧耳。

七、南唐

（1）唐道门威仪玄博大师贞素先生王君碑

文见元《茅山志》卷二十四。结衔题：

朝议郎守尚书祠部郎中知制诰武骑尉赐紫金鱼袋徐铉撰并篆额。

文后题：

文林郎守拾遗充集贤院直学士徐锴书。银青光禄大夫行右千牛卫兵曹参军兼监察御史上柱国王文秉刻字。

陈据文中载，王栖霞“保大壬子岁夏四月甲寅，隐化于玄真观，春秋六十有二”“玄真观者，陈宣帝为臧矜先生之所作也”。保大壬子，南唐李璟保大十年，公元952年。玄真观在南唐京都金陵（今南京）。

徐铉（917—992），五代南唐、北宋初文字学家。字鼎臣，扬州广陵（今江苏扬州）人。五代时仕吴为校书郎，仕南唐历任知制诰、翰林学士、吏部尚书等。入宋为太子率更令，后历官给事中，左、右散骑常侍。淳化二年（991）被贬，卒于邠州。精通文字学，曾受诏与句中正等校订《说文解字》，新补十九字于正文中，又以经典相承及时俗通用而为《说文》所不载者四百零二字附于正文后，世称“大徐本”，是研习文字学和小篆的必读书。与弟徐锴齐名，号称“大小二徐”。擅长篆籀，精纯奇绝，气质高古。工诗文，著有《骑省集》等。

（2）茅山紫阳观碑铭并序

文见元《茅山志》卷二十四。结衔题：

朝议郎、守太子右谕德、武骑尉、赐紫金鱼袋臣徐铉奉制撰。朝议郎、守尚书虞部郎中、武骑尉、赐紫金鱼袋臣杨元鼎奉制书并篆额。

文末：

时岁己未十二月一日建。

《句容金石记》卷三载《紫阳观碑》文，题下注：“《全唐文》作《茅山紫阳观碑铭并序》”，文后附题记二则：

临海洪筠轩颐煊《平津读碑记》云：右茅山《紫阳观碑》，在句容县。碑已残毁，仅存片石四十余字，此旧拓本止缺十七字，洵可宝也。碑末题“己未十二月一日建”，“己未”为周显德六年。史称南唐去帝号，奉周正朔，以此碑证之，时止去帝号而已。碑为徐铉奉制撰，《骑省集》中有此文。

昆山叶九来弈包《金石录补》云：右碑，南唐为烈祖及元敬皇后重修紫阳观而作，徐铉撰，杨元鼎书并篆额。己未岁十二月一日建，王文秉刊字。按是年为周显德六年，南唐初奉周之正朔，而此不书显德者，碑在国中也。然亦不敢冠以本国国号，故直书干支也耶。铉骋其词辩，极为铺扬，若忘国步之蹙时政之非者，何也？（后周显德六年，己未，为公元 959 年）

《江宁金石记》卷三载此碑文，文后题记：

右碑，正书。……今碑已佚，只存片石，计四十余字，藏于句曲骆氏。阳湖孙季逑藏有旧拓完本，曾以相示。爱其笔势翩翩，神采超越，其温润似虞，结体则法右军，至今忆及，尚为神往。

（3）上清真人许长史丹井铭碑（《许真人井铭》）

徐铉文并书，文见元《茅山志》卷二十四。

据今上海古籍出版社出版的上海图书馆藏《许真人井铭》拓本影印本，照录全文如下：

许真人井铭。徐铉文并书。长史含道，栖神九天。人非邑改，丹井存焉。射兹谷鲋，洌彼寒泉。分甘玉液，流润芝田。我来自西，寻真紫阳。若爱邵树，如升鲁堂。敬刊翠琰，永识银床。噫嗟后学，挹此馀光。

陈按，此碑系徐铉撰文并篆书，时在南唐李璟在位期间。现上海图书馆收藏此碑的北宋拓北宋装的拓本，属国家一级文物。从此拓本可见在碑末题刻有两行十二字："道副孙文德、焚修道士成延昭。"成延昭，北宋初茅山上清第二十代宗师。碑原在茅山玉晨观，已不存。

（4）复禁山碑

徐铉为文。碑文见元《茅山志》卷二十四，文末为：“己未岁秋八月□日记。”

《句容金石记》卷三载此碑文，文后附题记：

按茅山禁山碑不一，大旨皆晓谕民人，禁止樵采。此碑独叙贞素先生懿行綦详，与他禁山碑体例小异。沅尝疑徐骑省既撰《贞素先生碑》，又撰《玄博大师王君碑》，此碑复称道王贞素不置，未必一人数年间撰至三碑。或此即《建康志》之《贞素先生碑》，而《茅山志》别其名曰《复禁山碑》。然无所据，不敢臆断，姑存此疑，以质博雅。

（5）灵宝院记

碑文见元《茅山志》卷二十四。

结衔题：

赐紫道士王栖霞撰，吴诸道副都统、镇海军节度使、检校太尉守中书令、东海徐公重建。

文末注：

时大和三年重光单阏岁九月乙酉朔九日癸巳谨记。

文后题：

银青光禄大夫、检校左散骑常侍、行句容县令知镇事黄鸾虔奉台旨，周备成仁。勾当道士经若虚、朱怀德。云水道士吕子元书并篆额。正一弟子沈德谦尽心助善。

《句容金石记》卷三载此碑文，文后附题记：

右碑王栖霞撰。按《茅山志》，灵宝院即昭真台故基，杨吴太和辛卯重建，奉灵宝天尊像，额曰："灵宝院"，内有老君瑞像殿。先是唐高祖时，老君屡降晋阳羊角山，玄静先生因请立像祀之。

（6）茅山道门威仪邓先生碑

徐锴撰，碑文见《句容金石记》卷三，文后题记云：

右碑，《茅山志》失载。按邓云叟曾授大洞经诀于王贞素先生，亦茅山道门之望。沅检钦定《全唐文》，获读徐楚金此文，亟录简端，以补山志之缺。

（7）王文秉书小篆千字文（文不录）

《小篆千字文》、《句容金石记》卷三载此碑目，缺文，后有二题记：

宋庐陵欧阳叔弼棐《集古录目》云：南唐小篆千文，王文秉书，建隆二年（宋之建隆二年当南唐庚申）刻石，在茅山。

宋庐陵欧阳文忠公《集古录跋尾》云：右小篆千字文，江南人王文秉书。其后题云："大唐庚申岁者，建隆二年也。"伪唐李煜自周师取淮南，画江为界以称臣，遂削去年号，奉周正朔。然世宗特许其称帝，故文秉犹称唐而不书年号，直云庚申岁也。文秉在江南，篆书远过徐铉，而铉以文学名重当时，文秉人罕知者。学者皆云："铉笔虽未工，而有字学，一点一画皆有法也。"文秉所书，独余集录屡得之。此本得于太学杨南仲《紫阳石磐铭》者，张献撰，亦文秉书也。

（8）紫阳宫石磬铭

《句容金石记》卷三载此碑目，缺文。附有二题记：

宋庐陵欧阳叔弼棐《集古录目》云：南唐紫阳宫石磬铭，张献撰，王文秉笔，建隆三年（宋之建隆三年当南唐岁在辛酉）刻石，在句容人家。

宋庐陵欧阳文忠《集古录跋尾》云：右紫阳石磬铭，余独录于此，而不附他书者，文秉之书罕见于今也。小篆自李阳冰后未见工者。文秉，江南人，其字画之精，远过徐铉。而朝中之士不知文秉，但称徐常侍者，铉以文章有重名于当时故也。岁在辛酉，晋天福六年，李昪之昇元五年也。五代干戈之际，士之艺有至于斯者，太平之世学者可不勉哉！

（9）陶公醉石徐锴篆书

《句容金石记》卷三载此目，惟有一题记如下：

《京口山水志》十五引王安石《中茅石上见徐锴篆字诗》云：百年风雨草苔昏，尚有南唐笔法存。只恐终随峄碑尽，西风吹烧满秋原。沅按：茅山各宫泉洞记及乾隆邑志三俱谓陶公醉石在中茅峰顶。前录楚金题名在九锡亭石柱，大篆在扪霞磴，悉隶大茅峰，知此另为一篆，故并录之。

陈按：元《茅山志》卷七载：中茅峰“扪霞磴在碧岩下，徐锴大篆石上”。据《王荆公诗注》（四库本）卷四十七，王安石诗，题为《中茅峰石上徐锴篆字题名》，第二句作“尚有当年墨法存”。

徐锴（921—975），五代末宋初文字学家。字楚金，扬州广陵（今扬州）人。徐铉之弟，世称小徐。官至内史舍人。著有《说文解字系传》《说文解字韵谱》。

（10）重立吴太极左仙翁葛玄碑

陶隐居文，保大十四年七月立，在句容西一里。目见《复斋碑录》。

碑阴文由王元撰并书，在句容。

（11）陶隐居铭

保大十四年立在句容。目见《舆地碑目》。

（12）青元观九天使者功德殿记

贾穆撰，王燮书，保大十五年立。目见《诸道石刻录》

以上 10、11、12 三碑目见《江宁金石待访目》卷一。“保大”是五代南唐李璟的年号，保大十四年即公元 956 年。

（13）元《茅山志》卷二十四所附碑目

①王法主碑，唐凤阁侍郎刘纬撰

②明皇受箓碑，玄宗御制

③经藏碑，检校尚书彭渎奉勅撰

④润州茅山崇元观碑，左拾遗孙处玄撰，杨幽经书。

⑤孙先生碑三传箓记，侍御冯宽撰

⑥祠宇宫碑，柳识撰

⑦白鹄庙记，柳识撰，张从申书

⑧徐法师碑，大理评事长佳素撰

⑨邓威仪碑，徐锴撰

⑩玉霄庵碑，和州史君卢士年撰

⑪ 下泊宫记，桃源黄洞元撰

⑫ 凝和陈先生碑

八、北宋

（1）御制观龙歌并序

碑残，原高约180厘米、宽约80厘米、厚13厘米。隶书体。

宋真宗制，大中祥符三年六月。文见元《茅山志》卷二十五。碑中序曰：

《茅山记》云：雷平池、火浣宫池并有小黑龙游其中，今少睹者。又有郭真人池，池中常有之。盖灵物变化，所处不一，人或取之出山，虽针闭于器皿中，皆潜失焉。近遣中使任文庆醮祭名山，为民祈福。文庆祷取一龙来献，因将二龙以行，中路风雨，果失其一。持一龙至阙下，细观其形，诚有可异，故为歌以纪之。歌曰：……

宋真宗（968—1022），即赵恒，北宋皇帝，公元997—1022年在位。宋太宗之子。至道三年（997）即皇帝位。北宋初期，正值经济发展的兴盛时期，咸平（998—1003）、景德（1004—1007）号为宋之治世。在他当政期间，大力扶持道教，奠定了道观祠禄制度，使道教业已形成的官方祠祀性质更加普遍化完备化。后期信用王钦若，伪造天书，大兴祥瑞，封禅泰山，号为大功业，又西祀汾阴，广建宫观，以致靡费日益严重。

《句容金石记》卷四载此碑文，题为《祥符御制观龙歌》。并附二题记：

沅按：歌词亦载《景定建康志》第四卷，惟其文小异，如“固”作“故”，“宇”作“宅”，“览”作“竞”，“祷”作“献”，“观”作“睹”。且未载跋语，故舍彼而录此。

《景定建康志》四十五卷天圣观考证云：梁天监初，陶弘景开创池沼。唐贞观中建立道靖，至德中赐名火浣宫，唐末遂废。本朝景德中，张明真结庐于此。祥符中御制《观龙歌》，送龙归三茅山，所得之池即此处也。天圣□年九月，赐名延真庵，五年赐额为观。

此碑在清咸丰年间（1851—1861）遭破损，1983年8月在茅山元符宫处发现此碑的两残段，碑上字迹尚清晰。碑现存茅山道院。

（2）宋真宗茅山祈嗣生仁宗石刻

兹据《乾隆句容县志》卷三载：“叠玉峰，在大茅峰东南，山多叠石，其色类玉，故名。又呼三角山。去葛仙坛甚迩者。昔宋真宗尝遣左珰（按指宦官）诣茅山祈嗣，遇异人言‘王真人已降生，当为赵宋第四帝’。珰复详问名号，则曰：‘古燧人氏’。章懿李后亦梦羽衣数百拥仙官自霄而下，宫中火光烛天，遂生仁宗。其始行步，每持槐柳诸木以筋钻之，曰：‘试钻火耳。’章圣喜曰：‘洵燧人耶，山灵不我欺也！’遂刻石其上。”（《金

陵志》）

《江宁金石待访录》卷三载：“元符宫石刻：宋真宗遣左珰诣茅山祈祷事，《景定建康志》引《图经》。”

（3）宋天圣皇太后受上清箓记

碑文见元《茅山志》卷二十五。结衔题：

上清大洞宗师赐紫臣朱自英撰，御书院祇候臣孟应之奉圣旨书并篆额。

文末记：

时天圣三年甲子岁四月戊午朔二十三日庚辰谨记。

文后题：

临坛保举上清大洞法师臣张绍英、临坛监度上清大洞法师茅山道正真寂大师臣蒋元吉、临坛度师上清大洞宗师赐紫臣朱自英。

陈按，文末载“时天圣三年甲子岁，四月戊午朔，二十三日庚辰谨记”。按北宋天圣甲子岁当为天圣二年（1024），三年为乙丑岁，四月为壬子朔，天圣皇太后受上清箓实在天圣二年（1024）。据《宋史・本纪第九・仁宗》：“章献皇后无子，取为已子养之。”“乾兴元年二月戊午，真宗崩，遗诏太子即皇帝位，尊皇后为皇太后，权处分军国事。”《宋史・列传第一・后妃》：“初，仁宗即位尚少，太后称制，虽政出宫闱，而号令严明，恩威加天下。”章献皇后是宋真宗皇后刘氏，名刘娥，真宗之子赵祯自幼由刘氏抚养。真宗崩，赵祯即皇帝位，是为仁宗。刘氏被尊为皇太后，“垂帘决事”，摄政达十一年，谥“章献明肃”号。赵宋王朝从立国之始就崇道，到真宗时达到宋代崇道的第一个高潮。刘太后垂帘听政后崇道益甚，尤其崇仰茅山上清法箓。天圣二年（1024），在宫中和茅山崇禧宫为刘太后举行了隆重的受上清经箓的斋仪道场，茅山上清宗师朱自英任临坛度师。天圣四年（1026），朝臣李迪奉命来到茅山，落实建造刘太后受箓碑等事宜，并在茅山华阳洞摩崖留下题刻。

李迪题名：

知军□府事李迪，入内殿头李保信，同奉□诣三茅崇禧观，建立皇太后受箓碑文，修设斋醮。因谒灵祠，遍游胜□，兼访观妙先生朱自英、明真大师张绍英。天圣丙寅岁季春二十有五日。（天圣丙寅为天圣四年，即公元1026年）

（4）奉敕禁茅山樵采碑

文见《句容金石记》卷四，文末曰：“大中祥符二年奉敕如右”。文后附题记：

右碑，疑即后之虎爪山禁采碑。《茅山志》注：虎爪山在丁山西，宋置禁采樵碑其上。

（5）茅山五云观记

文见元《茅山志》卷二十五。结衔题：

枢密使、开府仪同三司、检校太尉行刑部尚书同中书门下平章事、上柱国、临淄郡开国公、食邑九千五百户、食实封二千七百户晏殊撰。

文末："庆历二年岁次壬午十月乙卯记。"文后题："山门道判兼管观事赐紫孟子宣。雷平胡恢书丹。将仕郎守句容县尉陆绛勾当立石。"

《句容金石记》卷四载此碑文，文后附两题记：

《茅山志》注云：积金东南对山，昔三茅君各乘飞云现于斯峰。藩镇上闻，有诏曰：卿云焕烂，仙相分明，能均五色之光，遍覆三茅之顶，因名五云峰。其下则天圣中请建之五云观，盖以峰名焉。

《景定建康志》四十五卷祠祀二：五云观在茅山华阳洞西门五云峰下。考证云：景祐中，太师中书令王文穆公钦若于此建庵，景祐四年四月七日，赐额五云观。庆历二年十月，丞相晏元献公殊撰记。后为雷所击碎，碑不再刻。文见《晏公集》中。

陈按《茅山五云观记》，在王钦若去世的第二年（1026），宋仁宗为"追念大臣，哀怜时思，特命郡守旧相李公迪主其营缮"，在茅山为王钦若建一道观，"以为公栖神之所"，赐名曰五云观。建此观"僝工于天圣之丙寅，已事于康定之庚辰"，即天圣四年（1026）备料开工，至康定元年（1040）竣工。碑文撰于庆历二年（1042）十月，所记五云观建造起讫时间等确切翔实。碑文中关于王钦若助推宋真宗崇道等记载，颇具史料价值。

王钦若（962—1025），北宋临江军新喻（今江西新余）

人，字定国。太宗时进士。曾任翰林学士、同平章事、监修国史等。天禧元年（1017）为左仆射、平章事。后罢相出判杭州，仁宗初复相。深得真宗、仁宗宠幸。任职期间，大力提倡道教。曾将《道藏》中赵氏神仙事迹四十人绘于廊庑。平日常用道教科仪建坛场以礼神。尝劝真宗造作“天书”，封禅泰山。又奉真宗之命，领校道书凡增六百余卷，成《宝文统录》四千三百五十九卷。死后赠太师、中书令，谥文穆。著有《天书仪制》《翊圣真君传》《罗天大醮仪》等。

晏殊（991—1055），北宋政治家、词人，字同叔。抚州临川（今江西抚州）人。真宗景德初以神童召试，赐同进士出身，擢秘书省正字。真宗卒，他建言章献皇后垂帘听政。累官至参知政事。庆历三年（1043），居相位兼枢密使。名臣如范仲淹、欧阳修、韩琦、富弼等出其门。时值庆历新政，他起了相应的作用。卒谥元献。晏殊笃学敏思，工诗，文章富赡，在当时文坛上地位很高。其成就主要在词，为宋初词大家，词风清雅圆润，和婉明丽，颇受冯延巳的影响。他生前曾自编文集，后散佚，仅存《珠玉词》及清人所辑《晏元献遗文》。其文百不存一，《茅山五云观记》幸得以传世。

胡恢，据《景定建康志》卷五十：金陵人胡恢，博物强记，善篆隶，臧否人物，坐法失官十余年，潦倒贫困。赴选集于京师，是时韩魏公当国，恢献小诗自达，其一联曰：“建业关山千里远，长安风雪一家寒。”魏公深怜之，令篆太学石经，因此得复官，任华州推官而卒。

（6）祭龙神山神祠碑

《句容金石记》卷四载此碑目，缺文。后有题记：

《茅山志》注云：潜神庵前有灵泉，疑即俗所谓小龙池也。今龙神祠居上，山神祠居下。每岁惊蛰暨重午致祭二祠，著在祀典。见存大中祥符祭碑，在上清宗坛之右，龙王祠庙之前。

（7）茅山第二十三代上清大洞国师乾元观妙先生幽光显扬之碑

文见元《茅山志》卷二十五。结衔题：

云阳南郭陈辅造，七闽西山蔡仍书并题额。

在《茅山志》中，文末句“颇为疏略”下缺三百多字，可参见《句容金石记》卷四所载此碑的全文。

朱自英（976—1029），宋代茅山道士，字隐芝。句容县朱阳里（今句容东南）人。幼年习道，师从茅山玉晨观道士朱文吉。十一岁时度为道士，与张绍英同隐居于茅山积金峰，修服气咽炼，乃至辟谷等道术。后渡江云游，访师问道。尝拜混元皇帝于亳州，礼正一天师于青城山，逢陈铁脚授之以“金鼎九转，飞精剑法”。又思三茅《道藏》阙伪不全，故载游濑乡，校雠太清古本。及返还故山，得“九老仙都君印”，济人利物，孜孜不倦。宋真宗景德元年（1004），嗣掌教门，为茅山上清派第二十三代宗师。朱自英于景德四年（1007）为真宗祈嗣，得生仁宗，由此颇得二帝尊宠。宋仁宗天圣初年（1023），奉诏至京师，馆于昭应宫。

天圣二年（1024），亲授上清经戒法箓予仁宗之母后章献明肃太后刘氏，并撰《章献明肃皇后受上清毕法箓记》，详述此事，得赐号“观妙先生”。后累表求归，诏送还山，自此称疾不起。（《道教大辞典》，1994年版）

《句容金石记》卷四载此碑文，后有蔡仍和笪重光的题识：

世传朱观妙下世时，为丹药所误。既得南郭先生陈辅所作幽光显扬碑，乃知前说之妄。先生盖丹未及成而解化，南郭先府君少隐兹山，师事朱、张二先生，是事皆目睹，非闻而知之也。顷冲隐笪君得斯文，将欲捐赐金立碑于乾元，并一新坛馆。会冲隐遽解化，今养素徐君嗣开坛席，当成其志也。——蔡仍题。

冲隐先生解化后二年，政和乙未岁，养素法师徐希和始克立石。

是碑自乾元倾圮，遂穹然孑立空山。迨有明万历初载，土人碎之，散移阿阜，将舁煅灰，忽雷雨晦冥，居人于电光中见有真人率天丁检比起立之。立微欹，示神力不仆也。留罅示日生月化也。罅渐以密，字渐以明，今泯然无痕矣。盖我祖冲隐建碑昭德之意，固不使湮灭耳。——笪重光谨识

《江宁金石记》卷四载此碑文，后有题记如下：

右碑在乾元观。云阳南郭陈辅造，七闽西山蔡仍书并题额，行书纵逸，绝似海岳。第文笔冗长，词多失实，如云句容权令酷吏也，候观妙过邑，朝服道左。考其时，县令乃龚宗元，发奸摘伏，政称神明，尊从道流，未必若是。盖作者欲夸张其教，

遂至诋谋失真耳。相传观废时，居民毁碑，将以煅灰，忽雷电合之，今细视，并无痕迹，盖亦故神其说。

（8）武仙童书碑

文见元《茅山志》卷二十五。题下注：

上刻仙童小像，道士戴道成画。

文中云：

观妙先生曩尝邂逅武仙童，后先生于仁庙时，应诏还山，忽接仙童书，殷勤诲谕，意警先生韬光晦迹，世不耀名其真墨迹。政和四年八月间，圣上道君皇帝搜罗天下奇异之文，遂为本邑句容令黄学士唐傅索取以进。于戏！斯本旧偶摹写，今命工刊于石，庶永其传焉。时政和八年，岁在戊戌仲秋望日，茅山乾元观住持知观道士杨守程题志。

《句容金石记》卷四载此碑文，题为《武仙童与朱观妙书》。

（9）江宁府茅山崇禧观碑铭

文见元《茅山志》卷二十五。结衔题：

朝请郎新权知洪州军州事兼管内劝农事充江南西路兵马钤辖赐紫金鱼袋张商英撰，朝散郎佥书荣州军州事判官厅公事轻车都尉赐绯鱼袋王古书，朝请郎充宝文阁待制知广州军州事兼广南东路安抚使护军赐紫金鱼袋王巩篆额。

文后题：

绍圣三年十月八日，山门都甫正上清三景法师住持赐紫笪净之，江宁府观察推官提举修造丁维，承奉郎知江宁府句容县事兼管勾茅山崇禧观武骑尉杜绍，朝奉郎充宝文阁待制知江宁府军府事充江南东路兵马钤辖柱国赐紫金鱼袋何正臣立石。

张商英（1043—1122），字天觉，号无尽居士，北宋新津人。官至宰相。

《句容金石记》卷五载此碑文，题为《崇禧观碑》，文后题记：

沅按，周应合《景定建康志》云：崇禧观在大茅峰北，华阳洞南门之东，即古太平观。《唐书·方技传》：道士王远知，少聪敏，博综群书。初入茅山，师事陶弘景，传其道法。高祖之潜龙也，远知尝传符命。太宗平王世充，与房玄龄微服以谒，远知曰："此中有圣人，得非秦王乎？"太宗以实告，远知曰："方作太平天子，愿自爱也。"太宗登极，将重加禄位，远知固请归山。贞观九年，润州置太平观以处之。旧《图经》云：晋（按当为梁）陶隐居创，后为永嘉馆，复为嘉遁馆，以待四方之众，即此也。后号太平观，为盗所焚。南唐昇元初重建。本朝祥符元年，因祈祷致醮改今额。建炎四年废于火，绍兴中再创。《陶弘景传》云：大茅、中茅间有积金岭，先生于岭西立华阳上、下馆。《茅山记》云，太师益国公以金帛建造，观宇粗备。先是真宗祈嗣兹山，既获感应，自此每岁遇圣节，建金箓道场七昼夜，内降青词朱表，并降香施料，命句容县宰充代拜官，设醮于此，至今为例。由是总辖诸山，此观为甲。

（10）元符万宁庆成颂

《句容金石记》卷四载此文。

宋徽宗撰，崇宁丙戌岁（1106）宣和殿书。序云：

茅山之麓，元符中即隐者刘混康所庐建观，号元符观。经始于元年秋至崇宁五年秋宫成，更号元符万宁宫。

文后附题记：

《茅山志》注云：元符万宁宫在积金峰之阳，隐居道靖之基，混康先生庵居焉。元符初，以道遇哲宗，诏即所居建观，因名元符。徽宗赐为宫，加“万宁”之名，并门殿诸额皆御题焉。

（11）“九老仙都君印”玉印

据《句容金石记》卷四载，题为“九老仙都君玉印”，附有题记：

印文：九老仙都君印。

按《茅山志》，洞元通妙法师刘混康，以道业闻于东南。绍圣四年，勅江宁府即所居庵为元符观，徽宗朝加宫号。复迎致法师于京师，礼遇有加。未几告归，赐号葆真观妙先生，诏刻九老仙都君玉印，以宠赉之。

陈按，此玉印印体长 6.8 厘米，宽 6.4 厘米，厚 2 厘米，瑞兽纽。印文“九老仙都君印”六字，篆体九迭文，篆字的别体。九迭文官印都作朱文，盛行于宋、元。据北宋蔡卞《茅山华阳先生解化之碑》载：宋徽宗继位后，“上之元年复召（刘混康）

赴阙，其明年又告归，许之，赐以九老仙都君玉印，又诏增广殿宇”，“寻降诰赐号“葆真观妙先生”。《茅山元符观颂碑》载：“诏刻九老仙都君玉印，及白玉念珠、烧香简、红罗龙扇诸物，又亲御毫楮为书《度人》《清静》《六甲神符》三经。”另据有关资料，徽宗所赐八件：“九老仙都君印”玉印、合明天帝日敕玉符、玉圭、哈砚（这四件现存茅山道院）、玉靶剑、《上清大洞秘箓》十二卷轴、《上清大洞券简词》十二卷轴、《辽王诗简》一卷。宋徽宗频繁召见刘混康，往复书信，赐以书画、归山诗等，林林总总，不计其数。在陶弘景《真灵位业图》中，九老仙都君是列在第四中位“上清太上老君”的左位的一位神仙。在“九老仙都君”等五位神仙名下注：“此并太清三天东宫之真官，章奏关启学道所得。”这五人因勤行学道修行，包括勤于“章奏关启”即斋醮科仪等，最后登上了仙阶。宋徽宗赐予刘混康“九老仙都君印”，当为认定刘混康勤恳修道，道行深厚，已可达到与九老仙都君同等的仙阶，或刘混康即九老仙都君转世。

（12）葆真观妙冲和先生归山以诗送之

《句容金石记》卷四载宋徽宗诗。

宋徽宗崇宁五年九月一日御制并书：

当年问道属高人，曾揽霞衣到紫宸。身是三山云外侣，心无一点世间尘。征鸿望极幽栖远，贺燕归飞洞府新。多谢为传心法妙，此真真外更无真。

文后附题记：

按《茅山志》，刘混康，谥静一，徽宗赐号葆真观妙冲和先生。并赐玉印、景震玉擓具剑，又加元符观以“万宁宫”号，御制颂及此诗，以宠其行。（玉槅具、景震剑）

刘混康（1036—1108），北宋茅山道士，上清派第二十五代宗师，字志通。晋陵（今江苏常州）人。年十三从常州泰和观汤含象学道。宋仁宗嘉祐五年（1060），试经录为道士。后来到茅山，拜上清第二十四代宗师毛奉柔为师，得受大洞经箓上清经法，精志修道。擅施符祈祷，据传其道术无不灵验。宋哲宗元祐元年（1086），皇后孟氏误吞针刺喉中，“医莫能出”，混康以高道之名被召入宫，用化符法使之“针刺符上”。哲宗接见，赐号洞元通妙先生，住持上清储祥宫。绍圣四年（1097），敕其所居潜神庵为元符观。时刘混康执掌茅山、龙虎山、阁皂山符箓，“三山鼎峙，辅化皇图”。宋徽宗即位后，对刘混康非常宠信，赐以“九老仙都君印”玉印、剑及田产财物，赐号“葆真观妙冲和先生”，先后予之敕书及赠诗七十余次，并多次向混康索要“灵丹”“仙饵”“伤风符”“镇心压惊符”等。大观二年（1108）四月卒于京师，葬茅山叠玉峰。赠太中大夫，谥静一先生。（据《道教大辞典》，中国道协编，1994年版）

陈按，元《茅山志》卷十一刘混康传：“元祐元年，哲宗皇后孟氏误吞针喉中，医莫能出。有司以高道闻召见师，进服符，呕出针刺符上，宫中神其事，赐号洞元通妙法师，住持上清储祥宫。绍圣四年，勅江宁府即所居潜神庵为元符观。”记载说，元祐元年（1086），刘混康因为孟皇后误吞针刺喉中，进服符呕出针刺符上。这一年哲宗年仅十岁，孟氏尚未为皇后。至元祐七年（1092），“（哲宗）帝亲御文德殿册（孟氏）为皇后”（《宋史》孟后传），显然，元祐元年似不大可能发生刘混康治孟氏喉针之事。据蔡京之弟蔡卞撰《茅山元符万宁宫记》载，刘混康“以常善救物之心，每以上清符水疗治众病，服之辄愈，繇是远近辐辏，而先生之名益著矣。哲宗召至京师，燕见便殿，赐号洞元通妙大师。且命即其故居易而新之，会改元‘元符’，因号其处曰元符观”（《茅山志》卷二十六）。文中说刘混康每以上清符水疗治众病，声名远扬，哲宗召至京师，接见、赐号。“绍圣四年（1097），敕命扩建刘居住的潜神庵，易庵为观，完工时，适逢改年号为元符（1098），遂敕命名为元符观。蔡卞在文中没有提到刘治孟氏喉针之事，不过，在此文中没有提及并不能作为否定确有其事的证据，或因哲宗不让张扬此事。然而，在刘混康为孟氏进服符呕出针刺符上的问题上，仍有疑问。

（13）宣和御制化道文碑

文见元《茅山志》卷二十五。

宋徽宗赵佶撰，大观庚寅先天节日宣和殿制。结衔题：

政和二年十一月己未守静凝和法师笪净之立石。嗣汉三十代天师张继先书。（大观庚寅，大观四年，1110年；政和二年，1112年）

宋徽宗（1082—1135）即赵佶，北宋皇帝，公元1100—1125年在位。在北宋，继真宗时兴起的第一个崇道高潮后，徽宗发起了第二个崇道高潮。他的崇道活动大致可分为前后两个时期，即崇宁、大观年间（1102—1110）和政和、宣和年间（1111—1125）。他在前期开始热衷道教，最宠信的道士是茅山上清第二十五代宗师刘混康。后期表现狂热，在全国大力扶植和推行道教。徽宗作为皇帝，玩物丧志，宠信奸邪，终致国破被俘。作为杰出的书画家，他在书画史上占有重要地位。擅书法，其真书自称“瘦金书”。绘画重视写生，以精工逼真著称，工花鸟。创设书画院，组织文臣编《宣和书谱》《宣和画谱》《宣和博古图》等书，推动了书画艺术的发展。（陈据有关资料整理）

张继先（1092—1127），道教第三十代天师。字嘉闻，一字遵正，号翛然子。宋徽宗在位时，先后四次奉召入朝廷以奏答策问，得赐号“虚靖先生”，秩视中散大夫，授予“阳平治都功印”，又封为“正一静应显佑真君”。曾修炼龙虎丹灶，留下降祥堂、濯鼎池等遗迹。元武宗封他为“虚靖玄通弘悟真君”。张继先精于神霄、雷法与内丹学，著有《明真破妄章颂》一卷，亦称《大道歌》，为七言四句韵文，内容强调驭神住气为修道之要。明张宇初将他作的诗文等二百篇（首）编次成书《三十代天师虚靖真君语录》七卷，多论述修道理论和修道方法。善书法，于政和二年（1112）书《宣和御制化道文碑》。（陈据《道教大辞典》摘录，华夏出版社，1994年版）

（14）茅山元符观颂碑

碑文见元《茅山志》卷二十六。结衔题：

承务郎知江宁府句容县事兼管勾茅山崇禧观臣鲍慎辞撰。

内容分为三部分：前为序文，中为“上进茅山元符观颂状”，后为“后序”。后序中说：“崇宁五年八月十日茅山元符观落成。”后序文末：“大观元年四月一日宣德郎充淮南江浙荆湖制置发运司勾当公事臣鲍慎辞谨记。大观元年丁亥岁八月守静凝和法师充住持江宁府茅山元符万宁宫臣笪净之立石。”（崇宁五年，1106 年）

《句容金石记》卷四载此碑文，题为《元符观碑》，文后题记：

按《茅山志》，刘混康，一字志通，为二十五代宗师。师事毛宗师，庵居积金山。元祐元年，哲宗孟后误吞针喉中，医莫能出，有司以高道闻，召见师，进服符，呕出针刺符上。宫中神其事，赐号洞元通妙法师。绍圣四年，勅江宁府即所居庵为元符观。（鲍慎辞时为句容县令。旧志失载）

（15）茅山元符万宁宫记

碑文见元《茅山志》卷二十六。结衔题：

资政殿大学士金紫光禄大夫醴泉观使兼侍读上柱国南阳郡开国公食邑四千户食实封一千户臣蔡卞奉勅撰。

文后题：

咸淳七年岁次辛未二月旦日赐紫观妙大师勅差茅山上清经

箓四十二代嗣教宗师管辖元符万宁宫事臣翟志颖重立石。

文末接笪净之题记如下：

皇帝以新宫告成，亲题其记之额，刻碑以赐。圣笔神画，妙绝古人。龙章凤书，辉映秘殿。既而申命有司，填之以金。盖以护持秘藏，永为斯宫之宝，又以示其不可传玩于民庶也。臣净之伏睹圣上所以协成先志，缮此栋宇者，甚宠甚渥。资政之记，铺张闳休，发挥睿意者，甚文甚焕。此而不扬，天下何观焉？臣夙传师训，累预赐对，比缘庆成，锡加异号。圣恩隆重，无以为报，是用别刊佳石，以广其传，庶使内外远近，皆得究知圣上作宫之意。先生成道之迹，洗心涤虑，以趣真风者，区区之愿也。大观元年二月十五日，特赐守静疑和法师上清经箓二十六代嗣教宗师、充住持元符万宁宫事、臣笪净之谨题。

《句容金石记》卷四载此碑文，题为《元符万宁宫记》，文后附二题记：

按《宋史·蔡京传》：京弟卞，字元度。《茅山志》：笪净之，字清远，号冲隐先生，相传为异人杜无名托化诞生。翟志颖，字同叔，号观妙先生，丹阳人。

《景定建康志》：元符万宁宫考证下引《三茅记》云：嘉祐中，有蜀人王略于积金峰结庐，以炼丹药。乐全张文定公以诗赠之，事见《乐全集》中。略后因事舍去，刘混康初入山居之。哲宗皇帝召混康赴阙，诏以所居为元符观，崇宁五年落成，徽宗皇帝御题其榜曰“元符万宁宫”。建炎四年，为盗所焚。少傅杨沂中以私财建造殿堂，轮奂逾于旧矣。

（16）茅山华阳先生解化之碑

碑文见元《茅山志》卷二十六。结衔题：

观文殿学士金紫光禄大夫提举亳州太清宫上柱国南阳郡开国公食邑四千三百户食实封一千一百户臣蔡卞奉勅撰并书。

文后题：

持节昌州诸军事昌州刺史充本州防御使文水县开国子食邑五百户食实封一百户上柱国王植篆额。皇叔武安军节度潭州管内观察处置等使检校司空开府仪同三司持节潭州诸军事潭州刺史上柱国华原郡王食邑九千户食实封二千四百户仲御立石。

文后记：

时政和元年四月十七日上清三洞弟子二十六代守静凝和法师笪净之谨题。

陈按此碑文，有三羽人对刘混康说：“汝即此（按指今元符宫处）以居，抱神守中，德惠及人，当无愧于前人矣。”此乃刘混康借羽人之口，表明自己秉承上清经教，笃志“抱神守中、德惠及人”，身体力行，做到“无愧于前人”。刘混康“先生繇是刻意勤行，而于接物利人，日益不懈，远近宗仰之。”“其栖真深峦，人迹罕至，则以上清符水愈人之疾，至不可胜数，其功利溥矣。”刘混康把治病利人行善积德作为修道的重要内容。道士的理想目标是修道成仙，认为要实现此理想，就必须终生不懈地修行，行善济困，积累功德，不断升华境界，从而变化气质，延年益寿，以至修成神仙。道教劝善成仙的理念，与儒家“仁、义、礼、智、信”等伦理，佛教“诸善奉行、诸恶莫作”

之信条，三者在本质上是相通的。上清派第九代宗师陶弘景儒、释、道兼修，正是建立在深刻理解三者均追求真、善的基础上的。陶弘景在茅山几十年中，一直关注当地百姓疾苦，率弟子开塘掘井，为百姓诊治疾患，为民所称颂。刘混康继承发扬了陶弘景以来上清经教行善积德的传统，其所谓“无愧于前人”，即于弘景尊前而无愧也。

（17）冲隐先生遗表碑（二通）

文见元《茅山志》卷二十六。文中记：

政和三年七月二日，茅山经箓二十六代、守静凝和法师、充住持元符万宁宫、臣笪净之上表。

《句容金石记》卷四载此碑文，文后题记：

冲隐先生遗表，不惟抒其眷恋之忱，尤能以道匡君，岂寻常方士所可同日语。传赞曰：临终之言，帝王之要谅哉！

（18）冲隐先生墓志铭

文见元《茅山志》卷二十六。

检校少保、镇东军节度使、开府仪同三司、中太一宫使兼侍读修国史、臣蔡卞奉勅撰并书。

文述上清二十六代宗师笪净之生平事迹。笪净之于政和三年七月三日去世，此年十一月封窆于大茅峰之阳华盖峰下。

《句容金石记》卷四载此墓志铭，文后题记：

《茅山志》云：冲隐先生入室弟子徐希和嗣宗华阳。俞希隐入青城山，今蜀人得闻洞法上道。俞公之行化也，则先生之道流被广远矣。

九、南宋

（1）岳飞在茅山书作

一是岳飞楷书“墨庄”两大字，其右首竖行小字“绍兴丙辰良月”，左署“征西将军岳飞书”。（见本书图版）

二是草书条幅：《吊古战场文》（见本书图版）

陈按，南宋建炎三年（1129），杜充驻守建康（今南京）。11月下旬，金兵逼近长江北岸，杜充急忙调兵堵击不敌，遂夜奔真州（今江苏仪征）。岳飞（时为杜充部下）等将领率部向南往句容、金坛两县交界的茅山方向开进，在茅山脚下驻扎。转战经年后进驻宜兴张渚镇。后又折往建康方向，经溧阳到达句容茅山脚下休整后，往北沿秦淮河向建康挺进，收复建康。岳飞第一次在茅山脚下驻扎，当在公元1129年底至1130年初。第二次驻扎茅山脚下，时在公元1136年（绍兴丙辰）春夏之际，此时岳飞已被封为征西将军。在岳飞第二次率部来到茅山脚下驻扎时，茅山道观住持笪净之来到岳飞的营帐，邀请岳飞去道观茶叙，岳飞欣然应允，登上茅山大茅峰九霄宫。笪净之当场请求岳飞书赐墨宝，岳飞说道：“岳某不才，愿献丑陋。”于是挥笔写下了“墨庄”两个大字，并署名年月。又几日岳飞在营帐书《吊古战场文》草书条幅，派人送到茅山道观，交与笪净之。后将岳飞这两幅书作摹刻上石。今不存。

曾仅见图本岳飞书“还我河山”四字，另未找到有关岳飞字迹的资料。现传为岳飞在茅山所书“墨庄”二大字、草书《吊古战场文》，与“还我河山”对照，笔力、气度有很大差距。揣度岳飞在茅山书写的两件墨宝早已失传，现存名为岳飞书《墨庄》《吊古战场文》当系后人补书。待考。

（2）茅山凝神庵记

文见元《茅山志》卷二十六。结衔题：

淳熙十年九月朔朝散大夫新权发遣处州军州事赞皇李处全记并书。

陈按，元《茅山志》卷十七载：“凝神庵在黑虎谷，绍兴庚午，祠宇宫道士张椿龄所创。张初名逢道。高宗岁遣使降香山中，乙亥岁（绍兴二十五年，1155 年），中使以达道名闻于上，累召对德寿殿，赐摩枘皺水精环紫石茶磨，御书《阴符》《清静》二经，且命图其形于神仙阁。”据《茅山志》卷二六《茅山凝神庵记》载，张椿龄“先生常州晋陵人，少为人也，名行义，字达道，度为道士改今名”“绍兴癸亥（绍兴十三年，1143 年），祠宇宫道士张椿龄与其徒相攸于中峰之下，诛茅结庵。”“庚辰岁（绍兴三十年，1160 年）建三清殿，像设供具皆上方所制，其后以行宫赐银建天祥阁，奉藏宸翰，又为层屋，置内府赐钟”。

张椿龄作为茅山高道，深得南宋高宗的尊崇。他发扬茅山道士“以道匡君”的传统，以过人的胆识劝谏高宗，并对高宗提前退帝位产生了影响。同时也为朝廷更加支持道观的建设作出了贡献。宋孝宗即位后，仍然崇信张椿龄。“乾道壬辰（乾道八年，1172年），（为凝神庵）赐田三百三十亩有奇，仍命漕浙除其税。”张椿龄著有《蒲衣集》，已佚。生卒年不详。

李处全，据《景定建康志》卷四十九《儒雅传》：李处全，字粹伯，徐州丰县人。邯郸公淑之曾孙，后迁居溧阳。文章闳肆，诗体兼众长，字画遒丽。登第，由宗正寺簿迁太常丞。除秘书丞，兼礼部郎官，迁殿中侍御史，遂除侍御史。后知袁州、处州、舒州。淳熙十六年（1189）卒于任，年五十九，官至朝议大夫。

（3）德寿殿紫石茶磨赐凝神庵

铭文见元《茅山志》卷三十三，茶磨铭文及题记：

御制铭曰：截汉玉琢，苍筠铅运，顶汞成尘。

嘉祐中，陈倩知句容，校修《句曲山记》，近岁士人曾恂重述。

《句容金石记》卷五载此铭文，后附题记：

按《茅山志》，凝神庵，绍兴癸亥，祠宇宫道士张椿龄所建。椿龄声闻帝聪，有诏召见，前后六至阙下。壬午视师，亦赐对于行在，二纪之间，赉锡甚厚。紫石茶磨御制铭即宠赐之一也。

（4）玉晨观二坛题刻

据元《茅山志》卷三十三载，玉晨观有二坛，文如下：

玉晨观入门有二坛：其左即长史坛，刻云：贞白先生立；其右云：是隐居埋名坛也。

（5）宋理宗淳祐加封三茅真君诰

碑高三尺五寸，广二尺。三截刻，行字不等，行书。在句容茅山三茅峰。勅文三道，文见元《茅山志》卷四如下：

敕：朕闻真人驭风骑气，神游八极之表，而一念在生灵，则犹数数然也。太元妙道冲虚真君东岳上卿司命神君成道于茅山，登籍于仙府，三君之首者也。奇验见于历代，远近以为司命。朕为黎元，慕尚不已，特命有司，亟衍嘉号，以彰钦崇，可特封太元妙道冲虚圣祐真君、东岳上卿司命神君。（右第一截）

敕：朕闻句曲三峰，神君显甚，遂有金坛洞天之名，历代所慕尚，岂独于今乎？定录右禁至道冲静真君修真得道，是谓中茅。雨旸应祷，远近德之，亟命衍号，以答鸿休。其体朕意，益阴骘于下民，可特封定录右禁至道冲静德祐真君。（右第二截）

敕：朕闻汉武祀神君于禁中，其祝甚秘。盖以徼福，朕不为也。三官保命微妙冲惠真君真风道气，号小茅君，祈旽敬事，祭典褒崇，盖非一日矣。兹命衍号，以昭朕拳拳慕尚之意，益闳贶施，以惠生灵，可特封三官保命微妙冲惠仁祐真君。奉敕如右，牒至奉行。

淳祐九年三月□日，太傅左丞相魏国公清之，右丞相葵，参知政事繇，参知政事方叔，吏部尚书阙，权兵部尚书清叟。（右第三截）

《句容金石记》卷五载此诰文，后附题记：

右理宗加封三茅真君勅，观其一则曰："为黎元慕尚不已"；再则曰："益阴骘于下民"；三则曰："益闳贶施以惠生灵"。其不秘祀禁中以徼福，殆非虚语。虽身当季运，治效弗著，然能升濂洛九儒，表章朱子四书，庙号曰"理"，自与秦皇汉武大帝大有径庭也。

按，南宋理宗，公元1224年至1264年在位。

（6）宋理宗金箓投龙玉简

玉简长七寸，宽四寸，厚约半寸。楷书。玉简材质是一种似玉的美石，称珉玉。原埋在茅山大茅峰顶九霄宫最高处的飞升台下。1985年秋，茅山道院在此处重新建造三天门飞升台，在表台下深五尺处挖出此玉简。现存茅山九霄宫。

陈据元《茅山志》卷四载《理宗金箓投龙玉简词》所记，南宋嘉熙元年（1237）九月二十六日，南宋理宗赵昀特在茅山元符万宁宫启建灵宝道场，恳切祈祷说："臣昀伏为保延国祚，恭祈嗣续"，道场"一昼二夜，满散设醮三百六十分位，告盟天地，诞集嘉祥，谨依旧式，诣上清宗坛华阳洞天投送金龙玉简，伏望至圣至真，鉴兹丹悃，乞为誊奏，上闻九天"。向上天祈祷恳求得子，企盼茂延宋之百世之期。然而，荒废朝政，纵情声色，任用奸佞，上天岂能保耶?

（7）宋理宗御书“上清宗坛”四大字刻石

此石刻横 2.6 米、纵 1 米许、厚 0.2 米。横行刻“上清宗坛”四个大字，字径 1 米许。

陈据《乾隆句容县志》卷四载：“上清宗坛：在积金峰元符万宁宫前。上祠历代宗师。宋理宗御书坛额，俗谓九层台。”因上清三十八代宗师蒋宗瑛久雨祈晴有功，宋理宗特题写“上清宗坛”四个大字赐予茅山。刻石原置元符宫北侧的宗坛祠，俗称九层台，内供奉上清历代宗师。宗坛祠毁于清咸丰年间。现上清宗坛刻石已残，仅存“宗坛”二字，置崇禧万寿宫。

（8）宋理宗御书赐元符宫大字

“景福万年之殿”（见《建康志》）。

（9）宋理宗御书赐崇禧观大字

“灵休介福玄坛”“圣德仁祐之殿”“褒仙镇宝”“宝珠林”（见《建康志》）

据《乾隆句容县志》卷四：“宝珠林，在茅山。宋理宗御书榜并‘玉气凝润，鹤情超辽’八字。”

（10）嘉定皇后受箓之记

碑文见元《茅山志》卷二十六。文后题：

嘉定三年庚午岁五月十有六日，右街道录凝神斋高士臣刘先觉拜手稽首恭记。（嘉定三年，公元1210年）

临坛保举师太上灵宝无上洞玄法师元符万宁宫知宫冲妙大师臣任元阜。监度师缺。临坛度师茅山经箓三十四代嗣教宗师上清三洞法师管辖元符万宁宫明一大师赐紫臣薛汝积。承议郎知建康府句容县事兼管内劝农营田公事臣朱拱臣建并书。

在《句容金石记》卷五载此碑文，文后有一题记：

按《茅山志》，薛汝积，字德夫，晋陵人，号冲玄明一先生。嘉定六年癸酉地腊日，杨皇后命上官德钦赍香币，受大洞毕法，遥礼先生为度师。高士刘先生撰《传箓记》。

陈按，朱拱臣，据《景定建康志》卷二十七："朱拱臣，奉议郎，开禧三年。"宋开禧三年（1207），朱拱臣在句容知县任上。

陈据此碑文载，南宋嘉定庚午（嘉定三年，公元1210年）端午时，宁宗皇后杨桂枝命左街监义（管理道教事务的官员）上官德钦来茅山，办理杨皇后受上清箓事宜。"上清经箓宗师臣薛汝积实临坛度师，臣汝积恭承教令，洁己斋心，驰诚南岳，结想上灵，建置玉箓道场，罗天大醮，广修斋设，延代羽衣。"另据《茅山志》卷十二薛汝积传记载：于"嘉定六年癸酉地腊日，宁宗皇后杨氏用明肃太后（宋真宗皇后刘氏）故事，命左街鉴义上官德钦赍香币，受大洞毕法，遥礼（薛汝积）先生为度师，修罗天醮”。杨皇后受箓日期当以嘉定三年为是。因杨皇后于嘉定年间受上清箓，故《茅山志》称其“嘉定皇后”。所谓玉箓道场、罗天大醮，是道教斋醮的最高规格。

（11）元符宫三天门万寿台石牌楼

三天门万寿台石牌楼，坐落在茅山元符宫处，整体材质为青石。牌楼两侧为各一石柱，柱高 6.5 米，石柱上各雕有云鹤、莲花图案，顶端各蹲踞一小石狮。两石柱上刻有楹联：“仙乐辙九霄祝一人之有庆；天香招五鹤祈四海之同春。”两石柱之间的上方相连部分，是雕饰有脊、檐形状的仿屋顶，屋顶下的横额上刻“万寿台”三个大字。底部台基，是供臣民走的台阶，从东南角上，至西北角下。据《茅山志》，三天门万寿台石牌楼始建于南宋理宗时期，自此至元专供皇帝和皇后启建金箓道场、上章表奏之用。明嘉靖年间，为嘉靖皇帝祝寿重建。乾隆十年（1745）、十七年（1752）重修。在抗日战争时期和“文革”中遭到破坏。1992 年，茅山道院对三天门万寿台作了修复。

（12）南宋重建皇坛碑记

此碑文载《茅山道院历代碑铭录》《句容碑刻录》，题为《宋建造元符万宁宫万寿台碑记》。兹据碑文内容，拟易题为《南宋重建皇坛碑记》。碑高 48 厘米、宽 46 厘米。楷书，共 15 行，其中 9 行，行 13 字，其余行字不等。碑略残，不见碑题碑额。

文后记："皇宋咸淳八年太岁壬申十月丙戌朔。观妙大师、敕差茅山上清经箓四十二代嗣教宗师、管辖元符万宁宫事、臣翟志颖谨题，副宫臣张天泽题□"。

陈据碑文记载：南宋乾道年间（1165—1173），知宫贺从道所建祖坛，低隘坍塌，年久失修。至咸淳八年（1272），四十二代宗师翟志颖在元符宫原址"重新建立皇坛一座，并疏二池，映带左右，安镇国祚，朝礼天真"。碑现存茅山道院。

（13）白云崇福观记

碑文见元《茅山志》卷二十六。结衔题：

徽猷阁学士正议大夫提举佑神观兼太子詹事兼修国史兼实录院修撰戴溪撰。朝奉郎守起居郎兼国史院编修官兼实录院检讨官兼侍讲黄中书。正奉大夫守吏部尚书兼修国史兼实录院修撰兼太子詹事曾暎篆额。

文后题：

嘉定四年九月望日记。

《句容金石记》卷五载此碑文，题为《白云观碑记》，文后题记：

按《茅山志》注：白云峰在道祖峰西北，上有棋盘石，下有云根石、水龙洞，白云崇福观在焉。绍兴时，虚静真人王景温自华阳知宫退居于是，名闻德寿宫，敕赐观额。（南宋宁宗嘉定四年，公元1211年）

（14）华阳宫记

郭衡撰。文见《句容金石记》卷四，文后附二题记：

此记略。也见于《景定建康志》，原文当不止此，然既不可见，吉光片羽录之，弥足珍已。

按华阳宫，在茅山积金峰。《建康志》考证旧记云：本贞白之上馆，唐天宝七载三月，敕度道士焚修，后毁于兵。本朝政和中重建，宣德郎郭衡为之记。

（15）葛仙翁炼丹井铭

方峻撰。文见《弘治句容县志》卷十二及《句容金石记》卷四。井铭全文如下：

仙翁冲晦，营炼长林。仙翁显明，海岛流音。方台白鹿，丹砂黄金。神飞万天，井存于今。碧甃函丈，银床半寻。涵清冽寒，涤虑洗心。得地不改，短绠汲深。我长斯民，知宗青元。周询故里，景仰遗研。勒铭琳馆，庸永厥传。

按《乾隆句容县志》卷三载："葛仙翁炼丹井有二，一在县南青元观，一在抱朴峰。此盖青元观之井铭也。"

方峻：据《弘治句容县志》卷六载："方峻，庆历间为句容令。廉慎有为，爱民兴学。重修夫子殿宇，自为文以记之。"《景定建康志》卷二十七："方峻，朝奉郎、太学博士。皇祐元年。"

（16）栖真观碑

《句容金石记》卷四载此碑目，缺文。附有二则题记：

《茅山志》注云：隐居中馆也，桃源黄尊师居之。宣和中，赐名“观”。和州卢士牟撰碑。观在大茅峰下。

《景定建康志》四十五卷祠记二考证云：栖真观在崇禧观东，本名玉霄庵。旧记云：贞白陶君之中馆，和州史君尹士牟撰碑，宣和中赐今额。（沅按：《建康志》使君作史君，卢士牟作尹士牟，疑误）

陈据《乾隆句容县志》卷四载：“栖真古观：在元符万宁宫侧，即隐居中馆也。桃源黄尊师居之。宣和中赐名观。（明）方豪《栖真观》诗：栖真观在华阳西，幽宅落花迷古蹊。冻鸟不鸣白日静，仙鸾已去苍云低。按，此观今在大茅峰下，祀九天监生神，祈嗣者多灵应，俗呼子孙堂。别有林中馆，在崇禧宫左，宪副曹公铨建。”

（17）洞阳馆记

碑文见元《茅山志》卷二十六，文后记：

嘉熙丁酉日，南至丹阳张湜撰并书，朝奉大夫监行在左藏西库丁宗魏篆额。

陈据元《茅山志》卷十八楼观部篇：“洞阳馆在南洞华阳观之西。政和间，延康殿学士王公汉之重创，供养高士沈子舟炼大药其处。”在《茅山志》卷十六载有沈若济（字子舟）事迹。

（嘉熙丁酉，南宋理宗嘉熙元年，公元 1237 年）

（18）元《茅山志》卷二十六载碑目

①《宋罗天感应碑》，山人佚遗文。

②《元符万宁宫经藏记》，秦熇撰。

③《宋重修华阳宫记》，郭衡撰。

④《元阳观记》，朱拱臣撰。

⑤《玉液庵记》，刘宰撰

十、元代

（1）华阳道院碑铭

碑文见元《茅山志》卷二十七。结衔题：

翰林直学士朝列大夫知制诰同修国史元明善撰，翰林侍读学士中顺大夫知制诰同修国史赵孟頫书。碑于元至大三年（1310）立。

《句容金石记》卷六载此碑文，文后附一题记：

按《茅山志》，王牧斋，讳道孟，赐号养素通真明教真人。句容人。宋宝祐甲寅生，容止庄厉。年十四，师事元符道士沈宗绍。不饰伪而行益高，不求誉而名愈出，未四十，人以先辈属焉，遂嗣教为四十四代宗师。驱蝗请雨，事在元成宗大德二年戊戌。由是创建道院，制授法号。至大辛亥，请老命入室弟子刘大彬袭其教。泰定丙寅卒，年七十有三。（宝祐甲寅，南宋理宗宝祐二年，1254 年。元成宗大德二年，1298 年。至大辛亥，元武宗至大四年，1311 年。泰定丙寅，泰定帝泰定三年，1326 年。）

陈按，赵孟頫（1254—1322），字子昂，号松雪道人，别署水精宫道人。吴兴（今浙江湖州）人，宋宗室，元代书画家。官至翰林学士承旨等。卒封魏国公，谥文敏。博学多才，擅诗文书画等，以书画成就最高。绘画创元代新画风，被称为元人冠冕。书法方面，篆籀分隶真行草俱佳，尤精正、行和小楷。学李邕而上追王羲之、王献之，以二王为宗。造诣至为深厚，影响深远。其书风遒丽俊逸，结体严整，笔法圆熟，创“赵体”，与欧、颜、柳并称楷书四大家。学李邕多得自《云麾碑》，这从《崇禧万寿宫记》书法体现明显。《崇禧万寿宫记》字体兼楷带行，用笔猛峭劲爽，结字承接呼应，行笔灵动超脱。正如明盛时泰《元牍记》载：此碑“清劲飘逸，俨然李北海也，而神俊又过焉”。此碑有别于赵孟頫所书其他碑的圆转丰腴的书风，当为赵书卓具特色的代表作之一。然而此碑历来金石论著罕有提及，不知何故？赵孟頫为茅山道观所书碑铭，有《华阳道院碑铭》《三茅山崇禧万寿宫记》《崇禧万寿宫勅并道士陈志新谢表》《玄洲倡和诗碣》，以及“华阳仙境”四大字刻石。据史载，元至大二年（1309）七月，赵孟頫应皇太子召，来到京师。这年，由大臣元明善撰文、赵孟頫书丹的《祐圣观重建元武殿碑》建立。次年亦是由元明善撰文、赵孟頫书丹而建茅山《华阳道院碑铭》。元明善在碑文中说建造华阳道院：“肇基讫工尽六年，号华阳道院。至大三年夏，天子命玄教嗣师吴真人（按即吴全节）醮祀江南，始于句曲。”“真人还朝，为余缕言王君如右，因为求铭华阳。”由上述推知，赵孟頫为茅山《华阳道院碑铭》书丹，当在元至大三年（1310）秋冬。元明善（1269—1322），官至翰林学士等，与赵孟頫同为朝中大臣。

（2）建康路三茅山崇禧万寿宫记

碑高七尺三寸，广三尺六寸。以厘米计，拓纸碑阳高 244 厘米、宽 118 厘米。三十二行，行字不等，满行七十二字。

据此碑拓本图：碑额篆书“敕赐三茅山崇禧万寿宫之记”，碑额高 37 厘米、宽 62 厘米，十二字，字径四寸。碑题楷书：《建康路三茅山崇禧万寿宫记》

元《茅山志》卷二十七载此碑文，标目为：《崇禧万寿宫记》

结衔题：

从仕郎镇江路录事致仕王去疾为文，前翰林学士承旨荣禄大夫知制诰兼修国史赵孟頫书并篆题。

文后题：

大元至治元年正月十有五日建。宏道明真冲靖真人同主领三茅山诸宫观庵院住持崇禧万寿宫事陈志新立石，江左郑梓材镌字。

在 1966 年“文革”破四旧运动中，此碑被锤砸。现存残碑高约 39 厘米、宽约 50 厘米，仅存百余字。现存茅山道院。

《句容金石记》卷六载此碑文，标目《崇禧宫碑记》，文后附一题记：

右碑赵子昂书。明盛仲交时泰《元牍纪》载：“赤松山农金元玉跋云：清劲飘逸，俨然李北海也，而神俊又过焉，可谓善学古人者矣！”今碑尚存，余拓得一纸，审之良确。

陈按，此碑文，延祐六年（1319）八月二十二日，元仁宗赐号崇禧观为“崇禧万寿宫”。延祐七年（1320）夏四月，陈志新请茅山书院山长王去疾撰《崇禧万寿宫记》，至治元年（1321）正月十五日建碑。赵孟頫早在延祐六年（1319）四月二十五日得到元仁宗批准，南归故里吴兴。赵为此碑书丹的时间，当在延祐七年（1320）秋冬之际。他来到茅山后，由王去疾全程陪同，与吴全节相会于崇禧万寿宫，相谈甚欢，书丹《崇禧万寿宫记》即在此愉快的氛围中完成的。

吴全节（1269—1346），元代道士。字成季，饶州安仁（今江西余江）人。年十三到龙虎山学道，得受秘法。至元二十四年（1287）随张留孙至京师大都，谒元世祖。此后五十年间，一直受到元皇室器重，至元三十一年（1294）成宗召见，敕每岁侍从行幸。大德十一年（1307）授玄教嗣师。至治二年（1322）制授特进上卿、玄教大宗师、崇文弘道玄德真人，总摄江淮荆襄等处道教事务，知集贤院道教事。好结交士大夫，周人穷急。著作有《仙坛记》。

（3）崇禧万寿宫敕并道士陈志新谢表

据《江苏通志稿》金石二十一：

拓本连额高六尺三寸，广二尺二寸。正书。赵孟頫书。

额题："敕赐崇禧万寿宫诏"，篆书，二行，行四字，字径二寸八分。碑在茅山下宫门。

碑分两截，上截刻诏，十行，行十五字，字径一寸许。下截刻谢表，二十七行，行三十八字，字径三分许。

上截，元仁宗赐号"崇禧万寿宫"敕：

上天眷命，皇帝圣旨：朕流观山图，夷考仙迹，眷曲林之旧馆，实弘景之故居。原其建立之初，以处高第弟子。及今千载，犹想遗风。朕将益崇神明，用著高尚。其建康路三茅山崇禧观，可准玄教嗣师、掌教真人吴全节所请，赐号曰“崇禧万寿宫”。主者施行。延祐六年三月□日。

下截，陈志新谢表：

臣志新言：伏以六龙时御尊临大明殿之居，丹凤诏来新赐崇禧宫之号。天锡万寿，圣祝一人。眷惟少室之仙，实嗣曲林之教。师事陶弘景，不言弘道之功。君遇唐太宗，遂建太平之观。中更近代，始易前名，至复振于玄风，未有盛于今日。臣志新诚惶诚惧，顿首顿首。钦惟皇帝陛下，妙参三极，高蹈百王。清静化民，夙慕崆峒之问道；斋沐事帝，夜虚宣室之受釐。譬如北辰，端居而星拱。乃眷□顾流观于山图，崇神明而涣汗于十行之中，著高尚而昇真于千载之遇。光被草木，渥照乾坤。臣志新俯伏林峦，听观纶綍；茅峰第一福地，敬用扬休虎拜，歌万斯年，益虔稽首。臣志新下情瞻天荷圣，激切屏营之至，谨奉表称谢以闻。臣志新诚惶诚惧，顿首顿首，谨言。（纶綍：皇帝的诏令。）

延祐七年二月□日，宏道明真冲靖真人、同主领三茅山诸宫观庵院、住持崇禧万寿宫事臣陈志新上表。郡人郑梓材摹刻。

《句容金石记》卷六载此文，题为：《元仁宗赐号崇禧万寿宫敕》。文后附一题记：

碑在茅山下宫（按指崇禧宫）门右，上勅下表。其敕《元纪》不载。第是年两赐僧钞，犹特书之，此敕何故见遗耶？吕志本、《茅山志》收此敕，而下列之谢表未收。吾邑尚仰止兆山拓得其文，遂补录于续志。碑高四尺二寸，连方为长，上下皆方，径二尺一寸。上勅十行，行书字不及寸，边作云龙文。下表二十八行，楷书，字径三分，边作蟠螭雷文。沅按《茅山志》，崇禧万寿宫在丁公山之阳（相传汉初丁令威仙举其上），即隐居华阳下馆也。唐贞观时，太宗为王法主建太平观，宋敕改崇禧观，元延祐六年赐宫名。

陈按《崇禧万寿宫敕并道士陈志新谢表》，陈志新于延祐七年（1320）二月上表，没有注明建碑时间。赵书《崇禧宫记》碑建于至治元年（1321）正月。这两碑是在同地（茅山）同是陈志新筹建立石，同为赵孟頫书丹，又同为一人（郑梓材）镌字，显然两碑是同时建立的。

（4）玄洲倡和并序

张雨与赵孟頫倡和诗各十首，见元《茅山志》卷三十一，在诗前有序。序与张赵倡和诗如下：

句曲外史张嗣真学道茅君山，所居玄洲精舍，左右多真仙古迹，曰：菌山、罗姑洞、霞架海、鹤台、玄洲、桐华源、紫轩、火浣坛、隐居松等。与赵孟頫同赋小诗，以记其处。至治二年壬戌岁四月二十三日，道吴兴溪上，复还句曲，书使刻石，以为山中故事。

菌山

灵丘状三秀，紫云覆其颠。易我朝生质，阅彼大椿年。（张）

结茅依菌山，焚香候芝盖。真灵幸悯我，冠珮时来会。（赵）

罗姑洞（事见《真诰》）

九嶷得道女，受事易迁家。诗赠金条脱，人逢鄂绿华。（张）

苍梧眇天末，闻有绿毛仙。却遇华阳路，人间九百年。（赵）

霞架海

日芒界金色，虹梁饮凤阿。直把天孙袂，乌鹊讵填河。（张）

众水会一壑，天近发霞光。晨兴新沐竟，晞发向朝阳。（赵）

鹤台

静夜飒灵风，神君语帐中。至今双白鹄，时下五云峰。（张）

上有白鹤翔，下有幽人居。幽人道当成，白鹤来不虚。（赵）

桐华源

华林清散景，丹水碧凝脂。落叶秋无数，宜都懒寄诗。（张）

伊谁植斯桐，萋萋满幽谷。鸣凤久不闻，何当一来宿。（赵）

玄洲精舍

梁周处士弘让题桓真人壁，不别撰

李基遗故鼎，赵啸绝风云。悠悠千载下，更复属夫君。（张）

子有鸾鹤想，甘同麋鹿游。悬榻应待我，分我半玄洲。（赵）

紫轩

玄窗太霞气，赤书洞古文。借问轩中主，莫是紫阳君。（张）

林君已仙去，紫轩名尚存。丹光时或现，药鼎夜常温。（赵）

火浣坛

林真人火解事见采真游篇

真火本无候，真人自出现。问扫劫灰馀，几见红莲变。（张）

真阳以解形，四大何足靳。指穷于为薪，火传不知尽。（赵）

隐居松

露坛栖妙荫，仙籁降灵芬。何时三易帔，重拂两梢云。（张）

真人在山日，所至树以松。当知千载下，遗子以清风。（赵）

玉像龛

瑞仪温比德，宝帔曲流光。稽首大司命，料理住金乡。（张）

我有紫虚像，白玉雕琢成。贡之华阳天，万年蕲降灵。（赵）

《句容金石记》卷六载张、赵倡和诗，题为《玄洲倡和诗碣》，诗后附一题记：

定录云：句曲之支，菌山至佳，隐居曰：此山形当如菌孤立，人不复知，按大茅后长阿积金东凹地有一小山子，独秀如博山炉是也。其西即罗姑洞，罗姑，九嶷女仙罗郁也。菌山后常有群鹤往来，宋道士张先生筑台于此，台前有凤凰阿岭，下有碧虚庵，即鹤台庵。复有涧，以鹤台名涧，上为桐华源，源上为霞架海。玄洲精舍，梁桓法闿所筑，至元间，蒋宗师玉海以为斋室，盖景行乎？玄洲真人也。紫轩林真人，讳大敷，所居火浣坛，亦临涧，即真人火解处。隐居松在玄洲精舍方坛上。惟玉像龛，山志未载。考茅君祖父三石像，系汉制。又茅君并侍从像，唐刘鸾塑，称汉唐传像，或当即此。

陈按，张雨于元至治二年（1322）应上清四十五代宗师刘大彬邀请，来到茅山，住持崇寿观。初居住玄洲精舍，就周围“真仙古迹”与赵孟頫赋诗倡和。这年四月二十三日，他们二人“道吴兴溪上，复还句曲，书使刻石”，赵孟頫手书此诗碑。不久，赵孟頫于这年六月十六日在家中猝然去世。

（5）“华阳仙境”四大字刻石

刻石长103.2厘米，宽26.2厘米。楷书大字。无署名年月。

在1985年，我在茅山玉晨观旧址发现此刻石，即搬运到句容县图书馆后院。现为句容市博物馆馆藏。“华阳仙境”四大字与赵孟頫所书其他碑对照，形神气韵完全一致，乃为赵孟頫书写无疑。赵孟頫曾经多次为茅山书写碑铭，“华阳仙境”四大字究竟是在他哪一次来茅山所书？待考。

（6）崇寿观碑

文见元《茅山志》卷二十七。

承德郎国子司业蜀郡虞集撰并书丹题额。

《句容金石记》卷六载此碑文，题为《崇寿观记》，文后有一题记：

右碑叙崇寿观始末綦详，无俟赘述。句曲外史，吴郡钱唐人，在句为流寓。文辞赡富，著作林立，而不乐仕进，盖托迹于黄冠者也。《元史》既无传，郡邑旧志亦不载。至笪编《茅山志》载此碑，载玄洲倡和诗及建弘道坛等，存其名而亦不纪其事，实设非生平。与邵庵先生、赵文敏、玉虚子相周旋，不几淹没不彰耶？此碑历叙外史事，并备详其著作，足补正史志乘之阙，金石之可贵者以此。

陈按，虞集（1272—1348），元代学者、诗人。字伯生，号道园，人称邵庵先生。祖籍仁寿（今属四川），迁崇仁（今属江西）。成宗大德初年到大都（今北京），任国子助教。仁宗时为集贤修撰。泰定帝时升任翰林直学士兼国子祭酒。文宗时除奎章阁侍书学士，与赵世延等人修《经世大典》凡八百帙。诗文在当时号为大家。与揭傒斯、柳贯、黄溍并称“元儒四家”；诗与揭傒斯、范惇、杨载齐名，人称“元诗四家”。卒谥文靖。著有《道园学古录》《道园遗稿》等。

陈按，张雨（1283—1350），名天雨，内名嗣真，字伯雨，别号贞居、句曲外史。钱塘（今杭州）人。二十岁弃家入普福观为道士，遍游天台、括苍诸名山。到茅山，从上清第四十三代宗师许道杞弟子周大静处得见杨、许《上清经》，“张君从而以为师，悉受其说”。不久入开元宫，从高道王寿衍学道，此间得以与赵孟頫相识。据记载，赵十分赞赏张雨的书法天赋，授以笔法，并交给张雨一册李邕《云麾帖》，用于临习。皇庆二年（1313），张雨随王寿衍入觐大都，受玺印，元仁宗赐号“清容玄一文度法师”。张雨在京师期间，以诗文翰墨结识虞集、揭傒斯、杨载、范惇等名家重臣，后来与倪瓒、杨维桢相知深厚。在这些名士中，与虞集关系最为密切。至治二年（1322），张雨应茅山上清四十五代宗师刘大彬邀请，来到茅山，担任崇寿观住持，发愿弘扬上清经法，立志有所作为。泰定元年（1324），即张雨来到茅山住持崇寿观两年后，刘大彬筹建崇寿观碑，特请虞集撰文并书丹篆额。在碑文中虞集对张雨“毕力兹宇”献身道门的志向和著述十分赞赏。至元三年（1337），张雨离开茅山，回到杭州，于公元1350年秋卒。张雨精诗、能文、善书、工画。其诗文格调清丽，是一位多才多艺的道士。倪瓒《题张贞居书卷》称："贞居真人，诗文字画，皆为本朝道品第一。"他善画石木，用笔古雅，善用败笔点缀石木人物，颇有逸韵。其画迹《霜柯秀石图》《双峰含翠图》，收录于《中国名画宝鉴》《故宫书画集》。张雨早年学书，得到赵孟頫教授笔法。他在茅山住持崇寿观达十五年之久，得以朝夕观摹杨、许书法和陶弘景及其弟子孙文韬手书的多种碑帖，包括《许长史旧馆坛碑》《华阳石碣颂》《九锡真人碑》《天监十五年井栏题字》《天监十六年井栏题字》等，使他的书风为之一变。正如故宫博物院徐邦达曾谈张雨，其"书法变化之大，几乎无法相比。"看张雨晚年书法，字体宽博端凝，书风俊逸典雅，与《许长史旧馆坛碑》同属一路，与他早年书风相比，判若两人。另外，张雨也擅长草书，谓如"飞鸾唳空，明珠映月"，气韵俊逸，彰显洒落不群的艺术个性。张雨著有《出世集》三卷、《碧岩玄会录》二卷、《寻山志》十五卷，皆佚。存世著作有《玄品录》五卷、《句曲外史集》八卷。

据《道教大辞典》（1994年版）"张雨"条目："正统道藏中署名刘大彬的《茅山志》，实际为张雨所撰写。"不知何据？待考。

（7）句曲山洞泉铭

铭文见元《茅山志》卷二十七：

泰定甲子岁，玉虚子造。

《句容金石记》卷六载此铭文，并附题记：

茅山各宫泉洞记，积金之阳有元符万宁宫，宫后为潜神庵，庵前则上清宗坛。宫之殿阁维七：正中天宁万福殿，左玉册殿，右九锡殿，东庑景福万年殿，西庑飞天法轮殿，又宝箓殿、北极阁。宫前有池曰洞泉，即县志之真人泉，池上桥曰通仙桥，其西则陶隐居井在焉。

（8）福乡井铭

铭文见元《茅山志》卷二十七。

《句容金石记》卷六载此铭文，并附题记：

《茅山志》注云：井在梁昭明读书台东，井上有木，昭明所植，半心摧朽，生意愈茂，是谓福乡。古木有柰，似来禽而小，可去疾疠，名福乡柰。有绣羽亭，以覆井铭碑。

（9）弘道坛铭

文见元《茅山志》卷二十七，在文后注：

上清宗师刘大彬作篆镇坛，大洞法师倪天奎协诚购石。

《句容金石记》卷六载《弘道坛铭》，题下记曰："元至治二年，句曲外史张嗣真来主崇寿观，充前殿基为弘道坛。先是唐国师体玄先生潘师正修真嵩阳，建弘道坛，外史建坛于此，仍其名。"文后题云："右三铭（指以上《句曲山洞泉铭》《福乡井铭》《弘道坛铭》），泰定甲子岁玉虚子撰，上清宗师刘大彬作篆镇坛，大洞法师倪天奎协诚购石。按玉虚子，即茅山四十五代宗师洞观微妙玄应真人刘大彬别号。”

刘大彬：“四十五代宗师，洞观行妙玄应真人，姓刘名大彬，号玉虚子，吴郡钱塘（今杭州）人。延祐四年（1317），得九老仙都君玉印，有司闻于朝，仁宗皇帝特旨还赐宗坛，以传道统。”（《茅山志》卷十二）

（10）元刘仙翁冠剑虚室碣

《句容金石记》卷六载此碣文，以下照录碣上文字，并文后题记：

碣中间两竖行篆书：

上清二十五代宗师泰中大夫葆真观妙/冲和先生谥静一真人刘仙翁冠剑虚室。

右边两竖行楷书：

宗坛初祖大师上真昇举后同天真复降华阳传玉经宝箓授/元师立宗坛于洞天之北至宋祖师仙翁建宫坛于中山受道。

左边两竖行楷书：

三真潜神养素寿七十三解真后敕赐山建观藏冠剑于此/至顺癸酉上元日徒弟四十五代宗师刘大彬谨书立。

碑高七尺，宽三尺。按《茅山志》：仙翁名混康，字志通。嘉祐五年，试经为道士。绍圣四年，敕江宁府即所居庵为元符观。别敕三茅山经箓宗坛，与信州龙虎山、临江军阁皂山鼎峙，辅化皇图，与碑称宗坛合。又云，大观二年四月，于储祥宫元符别观解蜕。则仙翁北宋人也，冠剑虚室如衣冠墓虚室之称，可补金石例。考癸酉，为元顺帝元统元年，碑仍书至顺者，元统改元在十月，碑立于正月也。

碣共六行。中二行篆书，每行十六字，字径三寸。左二行正书，行二十四字，字径寸半；右二行，一二十三字，一二十一字，字体同左。

（11）重建白云崇福观记

《句容金石记》卷六载此碑目，题下注“元统元年”四字，缺文。附有题记如下：

元和韩履卿《崇宝铁斋金石文跋尾》云：右《重建白云崇福观记》，奎章阁大学士翰林学士承旨银青荣禄大夫知制诰兼修国史中书平章政事鲁国公赵世延撰文，前翰林待制承务郎兼国史院编修官杨刚中书丹，奎章阁侍书学士翰林侍讲学士通奉大夫知制诰同修国史虞集篆额。在茅山中宫西白云观中，正书，二十六行，行五十二字。篆额“重建白云崇福观记”八字。白云观者，因岭上白云而名。宋高孝时，王虚静旧隐处也，至是重建，为文记之。按赵世延：字子敬，其先雍古族人，居云中。元世祖时，官云南按察司判官，天历二年，拜中书省平章政事，封鲁国公，改封凉国公，赠太保，谥文忠。虞集：字伯生，大德初，荐授大都路教授，文宗时，除奎章阁侍书学士，赠江西行中书省参知政事，封仁寿郡公，谥文靖。杨刚中：字志行，上元人，官翰林待制，为文奇奥，书法规模吴兴，有《霜月集》行世。

（12）玉晨观记

至正十年龙集庚寅二月既望天台金钥记。文见《句容金石记》卷六，文后附题记：

《茅山志》：玉晨观主翟正传，号玄印，生于元贞元丙申，至元辛巳赐号观明常德纯素法师，教门高士。癸未遇旱，雩祈获应，雨中有降真香气，植松得雷霆律令二物。壬辰红军之乱，四近赖师德被无虏。洪武戊辰解化。

陈按，上述题记中，翟“生于元贞元丙申”，后“元”字当为衍字。元贞丙申，元贞二年，1296年。洪武戊辰，洪武二十一年，1388年。

（13）三清阁石星门记

文见《句容金石记》卷六，文后题署题记如下：

至正十三年十二月初九日立石，作局直岁臧自实。

宫门掌籍：虞惟诚；上座佥书：范克全、储得珑；提举宫事：秦得珂、商自立；提点宫事：张天晟；提点知宫事：尹天悦；□□□□□□□□□□□□□□

宣授冲素明道贞一真人嗣上清经箓四十六代宗师主领三茅山道教住持元符万宁宫事王天符。吴郡范文□□。

碑高二尺七寸，广一尺六寸，十七行，行字无定数，大不及寸，不著撰记书碑者姓名。书法颇似赵吴兴。记后胪列之名，皆元符万宁宫道士，大抵先卑后尊。其“吴郡范文□□”六字，乃附于第十六行之末。另一小行疑即镌字者，记文亦疑即王天符所撰。然此碑，吕志、续志皆不载，未敢臆断，容俟详考。（至正十三年，公元 1353 年）

十一、明代

（1）重修三清殿记

王直撰，文见《句容金石记》卷七，后附题记：

右碑，笪修《茅山志》失载，惟“道秩考”载。汤希文：号复古，溧阳人。宣德时，历道录至灵。正统间，钦取修道藏，升左演法。景泰改元，升右正乙兼朝天宫住持。天顺五年卒，圣谕应天府丞刘洙往祭。丁与明：天顺初，升道录司右玄义兼朝天宫住持，四年，赐以敕命一道。成化六年卒，圣谕礼部主事凌镐往祭。王直：字行检，泰和人，永乐二年进士，历官吏部尚书。天顺六年卒，年八十四，赠太保，谥文端。《明史》有传。（成化六年，公元 1470 年；永乐二年，公元 1404 年；天顺六年，公元 1462 年）

（2）华阳洞天祈嗣灵感之碑

文见《句容金石记》卷七，后附题记：

赐进士第户部观政济南陶元素希文撰，南京国子监监丞徐

暹光大书并篆额，明成化四年岁次戊子五月吉日立石

按徐暹：历城人，弘治十五年进士。武宗即位，擢南京工科给事中。……正统十二年，乡试任四川重庆通判，复除山东青州通判。边夷骚扰，固守无虞。岁歉民饥，赈济有方，两郡民皆感德。卒祀乡贤，见弘治志传。陶元素：上元人，宣德十年举人，正统元年进士。见吕纂郡志科贡表。

（3）大茅峰圣祐观记

文见《句容金石记》卷八，文后附一题记：

赐进士中顺大夫陕西等处提刑按察司副使奉勅提督学政石淙杨一清撰。赐进士大中大夫资治少尹山东等处承宣布政使司右参政前南京山西道监察御史华阳居士张绅书丹。乡贡进士承务郎四川重庆府合州同知邑人王韶篆额。大明弘治十年龙集丁巳仲夏二十五日丙寅之吉。（弘治十年，公元 1497 年）

按弘治志，圣祐观在大茅峰顶，淳祐三年定额，奉大茅君真应真君。《茅山志·道秩考》：汤如愚，名与庆，溧阳人，为茅山副灵官，秩从八品，同署教事。成化二十年，奏请照唐、宋、元及国初旧例，免本山各宫观道徒赴县行礼，凡遇诸节得在山祝延庆贺。其历代勅赐田山，照旧蠲减租税，除免一应杂泛差徭。奉圣旨依奏给牒，仰该县官吏遵行。（淳祐三年，公元 1243 年）

陈按，杨一清（1454—1530），明镇江丹徒（今镇江市）人，字应宁，号邃庵。其先云南安宁人。父丧葬丹徒，遂家焉。年十四，举乡试登成化八年进士。武宗立，受命总制三镇（延绥、

宁夏、甘肃）军务，进右都御史。以不附宦官刘瑾去官。后任吏部尚书，兼武英殿大学士，参预机务。嘉靖初，再起总制陕西诸地军务，又召还京师，加华盖殿大学士，为首辅，被人攻讦去官。卒赠太保，谥文襄。著有《关中奏议》《石淙类稿》。

（4）“天下宗庭”四大字

据《句容金石记》卷八载“天下宗庭”四大字，后附题记：

天下宗庭

右四字，弘治十年，阎永德正书。今存茅山。（弘治十年，公元1497年）

（5）三茅述异记

文见《句容金石记》卷八，文后题署题记：

嘉靖丙申仲春吉日，新淦惕庵卢发瑞谨识。

按笪修《茅山志》，积金峰玉皇阁，正德间，道士白达捐金建，太宰乔宇撰有碑记。卢发瑞，两淮盐商。（嘉靖丙申，嘉靖十五年，1536年）

（6）积金山庵碑

文见《句容金石记》卷八，文后题署题记：

赐进士出身太中大夫行太仆寺卿致仕前翰林侍讲经筵讲官

同修国史石亭陈沂撰，上元后学李鳞书丹，李鲎篆额，嘉靖丙申岁四月吉日江宁李曙同住山道士陈真福立。

按吕纂江宁府志，陈沂，太医院籍，正德十二年进士。（嘉靖丙申，嘉靖十五年，公元1536年。正德十二年，公元1517年）

（7）积金峰玉皇阁记

文见《句容金石记》卷八，文后题署题记：

赐进士出身资善大夫南京礼部尚书太原乔宇撰并篆额，上元后学李鳞书丹，嘉靖丙申四月吉日江宁李曙谨识。

乔宇：字希大，山西乐平人。成化二十年进士，历官吏部尚书。卒赠少傅，谥庄简。《明史》有传。（成化二十年，公元1484年）

（8）玉晨观洞宫记

文见《句容金石记》卷八，文后题署题记：

赐进士出身大中大夫山西行太仆寺卿致仕前翰林院侍讲经筵讲官同修国史鄞陈沂撰并书丹篆额，嘉靖十六年丁酉秋九月既望，前监察御史邑人曹鍷、南京锦衣卫指挥佥事徐天赐立。

按弘治志，玉晨观在茅山雷平山北，世人称为第一福地……曹鍷：登正德三年吕柟榜进士。陈沂：字鲁南，鄞县（今浙江宁波）人，居金陵（今南京），正德十二年进士，由庶吉士历编修侍讲出为江西参议。嘉靖中以行太仆卿致仕。少好苏氏学，自号曰小坡。与顾璘、王韦称“金陵三俊”。附见《明史·文苑·顾璘传》。此碑结衔疑有讹字。

（9）积金峰三官殿记

文见《句容金石记》卷八，结衔题：

赐进士出身奉政大夫南京刑部郎中张子弘撰。

文后题记：“陈真福，笪纂《茅山志》未载。观其能兴建寺宇，当亦彼教之表表者。”

（10）募建玉晨观无梁殿疏

文见笪重光《茅山志》卷五。有四人题疏：

① 嘉靖庚戌吴下王谷祥撰书

② 又嘉靖二十九年庚戌九月四日长洲陆师道题疏

③ 又嘉靖庚戌九月茂苑文嘉谨疏

④ 又庚戌秋望长洲刘凤谨疏

按玉晨观无梁殿在1966年“文革”中拆除。（嘉靖庚戌：嘉靖二十九年，1550年）

（11）江宁府句容县青元观重修记

结衔题：

文林郎守秘书省著作佐郎知江宁府句容县事袁毂撰文。将仕郎守秘书省著作佐郎充三班院主簿张炎民书丹。承奉郎秘书丞监饶州都作院陈晞题额。

文末署：

观主张大翼，上座李顺威，监书韩文锡，杖仙陈永敖书并篆。嘉靖癸亥菊月九日道会贾正元重立。

文见《句容金石记》卷八。文后题记：

右碑，正文十三行，行四十五字，乃明嘉靖四十二年重刊。宋熙宁十年，袁轂所撰碑文。续纂郡志论其篆额“梁时碑文”（梁时碑文，即《陶贞白集》中《吴太极左仙公葛公之碑》，非此碑文也），四字与碑不相应，是已此或者陈永敖所妄增，而不知其与自所录熙宁袁轂撰文相矛盾也。惟谓书丹篆额（碑载陈晞题额非篆额），既题张炎民、陈晞，又云陈永敖书并篆，殊不可解。此盖未见碑末一行，故不知此为道会贾正元所重立者耳。按青元观，宋碑有二。此外即咸淳三年花新撰文者，其碑于明成化癸卯同毁于火。嘉靖癸亥贾正元伐石重立，并刻咸淳碑文于其阴，皆俾陈永敖书。续郡志于考据校雠未见悉当。

嘉靖癸亥，嘉靖四十二年，1563 年，菊月为农历九月。

（12）重修建康府句容县青元观记

《句容金石记》卷八载此碑目，在题下注“正书，在重刊熙宁青元观碑阴，今存”。缺文。附题记：

宋咸淳三年，花新撰，王子巽立石。明嘉靖四十二年，陈永敖书，道会贾正元重立。

陈按，王子巽：字彦齐，潼川人。宝祐癸丑进士。咸淳间为句容令。持身清正，莅政公平，民皆颂德。尝构堂三间于厅后，匾曰“明清”。（《弘治句容县志》卷六·名宦）

咸淳，南宋度宗年号（1265—1274）。宝祐癸丑，南宋理宗宝祐元年，公元1253年。

（13）重修青元观记

林瑱撰，文见《句容金石记》卷七，文后附一题记：

右碑称咸淳乙丑，宋度宗元年也，至明英宗正统元年丙辰，计一百七十二年。重修经始于辛酉正统六年也，落成于戊辰十三年也。《乾隆志》称，正统十二年，勅赐道经一藏，与碑合。所小异者，谓内分五院：紫微、太清、东岳、茅君、真武。盖太清即北极，茅君即三官，而真武则后来之所增也。

陈按，《乾隆句容县志》卷四载：“青元观：在县治西南隅，原系葛仙翁故宅，丹井犹存。正统十二年，敕赐道经一藏。成化癸卯，殿廊被毁，仅存其敕并藏有仙翁遗传。内分五院：紫微、太清、东岳、茅君、真武。道会司在焉。”

林瑱：字廷美，福建莆田人。正统四年，由举人任本县儒学训导。长于问学，勤于施教。以书经与陈玹先生协心训诲，寒暑不怠，以致科第相继不绝。至今诗、书二经习学者，多其源有自。后升芜湖教谕。（据《弘治句容县志》卷六师儒）（正统，明英宗年号，公元1436至1449年）

（14）徐侯茅山生祠记

文见《句容金石记》卷八，题下记：“麻城李宠。”文后附一题记：

徐侯尝图一菜于壁，题曰：“为民父母，不可不知此味；为吾赤子，不可令有此色。”茅山各宫泉洞记注谓其在任九年，民怀其德，犹憾去之，建此遗爱祠，所由立也。

陈据《乾隆句容县志》卷七名宦载：“徐九思，一名九经，江西贵溪人。由举人为句容令，清介爱民。尝图一菜于壁上曰：‘为民父母，不可不知此味；为吾赤子，不可令有此色。’报政将迁，民诣部遮留再三。考‘惠洽民安’。政详祠祀。今刻菜于石，移置县堂之西。”另据《同治贵溪县志》卷八载：“徐九思，嘉靖乙酉乡荐，授句容知县。”“久之，与应天府尹不合，为巡抚所劾。吏部尚书熊浃知其贤，特留之，积九载，迁工部主事，历郎中。”“句容民为建祠茅山。九思家居二十二年，年八十五，抱疾抗手曰：‘茅山迎我’，遂卒。”（嘉靖乙酉，嘉靖四年，公元1525年）

（15）有道阎希言碑

文见《句容金石记》卷九。文后附一题记：

赐进士及第文林郎浙江道监察御史奉敕巡按浙江等处盐法李天麟撰。万历丁亥年十月既望。

右碑，正书，在乾元观，今存。按《茅山志》，阎道人者，不知何许人也。其投刺人称希言，人与之书亦称希言……道人游行人间者，五十余年；灼然著声者，垂四十年。出无恒向，诣无恒主，宿无恒夕，忽然而来，忽然而去，无住无主，无恋为本，无相为宗，其真有道者耶？弇州山人曰：“道人以甲申之冬过我弇中，酒间忽谓余：‘吾家山西，二十七八时，行贩燕市，足自给。而房帏过度，成瘵且死，而遇我师诲之坐功得无恙。且谓：汝欲不死，亟去家，毋问。当是时，有一女而置之。今者都不忆吾血属，惟忆吾姓阎。度其时，盖在嘉靖乙未、丙申间也。’余谓道人：‘漫应人多矣，安知不复漫谓我，我姑漫应之。’因相与失笑而别。”（嘉靖乙未，嘉靖十四年，公元1535年。丙申，公元1536年）（摘录）

（16）乾元观记

文见《句容金石记》卷九，文后附一题记：

万历庚寅年秋日。赐进士第通议大夫南京大理寺卿前应天府府尹奉敕专管漕务督理庐凤淮扬粮储提督四川学校沔阳陈文□玉叔撰。门人蔡拱日书丹。句容县县丞陈嘉诏立石。

《乾隆志》：乾元观在茅山大横山下。梁天监中，陶隐居创郁岗斋。宋天圣间改赐今额，后日就倾圮。有观妙先生碑，已中断，按之遂合，宛如生成。万历间，渐加营葺。阎希言、李彻度皆修炼于此。陈嘉诏：浙江丽水人，由贡生为句容丞，后升知县。见秩官表。

（17）乾元观万松道院记

文见《句容金石记》卷九，文后题：

万历岁次庚寅仲秋吉旦襄陵御虚道人高洧记。

陈按，文后有很长篇幅的题记，记述道士李彻度、王小颠等人的事迹。李彻度，黟县人，中年弃家云游，最后归入茅山时，阎希言已尸解，遂拜空师阎希言，明万历四十七年（1619）卒。王小颠，道名合心，宜兴人，师事阎希言，学博而才敏，并善草书，性狂放，藏机作拙，以示无用，人皆目之为颠，人称小颠。乾元观万松道院建成后，李彻度（赤肚）、王小颠、范小仙、李壶天、江文谷等道士进住。

（18）敕赐三茅山大茅峰九霄宫碑记

文见《句容金石记》卷九，文后附一题记：

承德郎山东兖州府管理泉湖通判豫章李国祥撰文。赐进士南京兵部职方清吏司主事豫章喻政篆额。秣陵后学蔡拱日书丹。万历癸卯季夏朔日句容县知县茅一桂立石。华阳洞灵官钱友馀、毛守完，住持周应銮、陈应章、徐忠、周宝宁、虞宝芝、尹宝茹、江应宣同建。

按《乾隆志》，九霄宫即圣祐观也。汉建石坛、石屋，祀茅君石像，齐、梁间易为殿宇。宋淳祐三年，勅建圣祐观。明万历三十一年，勅改九霄宫。茅一桂，浙江归安举人，万历二十六年任句容令，六年满任后，升万州知州。（万历癸卯：

万历三十一年，公元 1603 年）

（19）三茅山奉律亭碑记

文见《句容金石记》卷九，文后附一题记：

南京吏部右侍郎署礼部事福清叶向高撰。

叶向高：字进卿，万历十 年进士，授庶吉士进编修。三十五年，累迁至礼部尚书兼东阁大学士，以目为东林党魁归。六年，熹宗立，复召为首辅。后以时事不可为，自乞罢归。卒年六十有九。崇祯初，赠太师，谥文忠。《明史》有传。

（20）茅山郁岗重建乾元观碑记

文见《句容金石记》卷九，文后附一题记：

万历四十有四年丙辰夏五月吉日立。赐进士及第中顺大夫詹事府詹事兼翰林院侍读学士江宁顾起元撰文并书

《景定建康志》四十五卷祠祀二乾元观考证云：陶隐居《真诰》定录言：大横山下有泉，昔李明于下合丹而升玄洲。梁天监十四年，陶隐居创郁岗斋室，以追玄洲之踪。天宝中，玄静先生居之，制旨建置，殿堂台榭甚多，皆明皇赐额，曰：栖真堂、会真亭、候仙亭、道德亭、迎恩、拜表等亭。国朝大中祥符二年，国师朱观妙于此结庐修行，先赐集虚庵为额，天圣三年九月改赐今额。

顾起元（1565—1628），字太初，一作璘初，号遁园居士。

应天府江宁（今南京）人。万历二十六年会元廷试一甲第三名。历官翰林院编修、国子监祭酒、吏部左侍郎。金石家、书法家。退归，筑遁园闭门著述。卒谥文庄。著有《金陵古金石考》《客座赘语》《说略》等。

（21）道人江文谷碑

文见《句容金石记》卷九，文后附一题记：

万历四十六年戊午金沙景素于孔兼撰，嗣教李教顺书丹。

《茅山志》云：江道人名本实。万历壬午至郁岗，师希言。尝言：人生未尝无死，有尽形骸；人死未尝无生，当存精气……所著有《华阳真诲》行于世。

陈按，江文谷，即《茅山志》中所谓“活死人墓”故事的当事者。（万历壬午，万历十年，公元1582年）

（22）修古柏枝洞记

文见《句容金石记》卷十，文后附一题记：

崇祯元年十月八日海右卢世漼题石记。

按旧志：洞在金牛穴西南，凡三洞：一名柏枝，昔人深入，闻太湖风涛鼓楫之声。一名狮子，外石如狮形，内如室，中有垂石二，击之，一木鱼声，一磬声。一名垂云，石如垂天之云。三洞古皆名柏枝，以产侧柏名也。白明之名云霁，其柏枝洞诗云：幽谷灵岩晚半阴，明霞落照对枫林。鼎烹空黍招灵羽，月涌寒泉湛玉鳞。世俗那知闲岁月，仙人应不负冬春。柴扉半掩山中寂，来往惟看洞口云。

（23）重修玉晨观碑

文见《句容金石记》卷十，文后附一题记：

赐同进士出身资善大夫南京刑部尚书前工部尚书兼都察院右副都御史奉敕提督显灵大工姑苏顾璘撰。南京守备掌中军都督府事兼行祀礼太子太保魏国公凤阳徐鹏举篆额。葵丘王逢元书丹。

《明史·文苑传》：顾璘，字华玉，上元人。弘治九年进士。授广平知县，擢南京吏部主事，晋郎中。正德中出知开封府。忤镇守太监廖堂、王宏，谪全州知州，秩满迁台州知府。历浙江左布政使，山西、湖广巡抚，右副都御史，所至有声，迁吏部右侍郎，改工部董显陵，工毕迁南京刑部尚书。罢归，年七十馀卒。璘少负才名，与何李相上下，虚己好士，如恐不及。初与同里陈沂、王韦号金陵三俊，后宝应朱应登继起，称四大家。自主南都词坛，许谷、陈凤、谢少南、金大车、大舆、金銮、盛时泰、陈芹之属，并从之游，士大夫希风附尘，厥道大彰。仪真蒋山卿、江都赵鹤亦与遥相应和。沿及末造，风流未歇。云重修《茅山志》。张全恩，维扬人，为真人府赞教。

（24）陈凤梧诗碣

《句容金石记》卷十载陈凤梧诗碣《登大茅山》。诗后附一题记。

登大茅山

丹崖翠壁紫云巅，恍惚玄文诵五千。白昼风雷生殿外，中霄星斗落峰前。试看喜客泉头月，别是华阳洞里天。习静工夫如有得，何须物外觅神仙。

右诗碣今存大茅峰龙王殿壁间。按陈凤梧，庐陵人。嘉靖初年，官总理粮储兼巡抚应天等府地方、都察院右都御史。《乾隆句容志》称其书道统圣贤之赞，字法颜柳，可为楷模。此诗当即其官应天时游茅山作，遂刊石者。陈公又有《祈雨茅山有感》七律一章云："大旱江南势欲焚，忧心终日坐如醺。瓣香遥祷茅峰雨，肤寸俄瞻钟阜云。四野滂沱沾润泽，八窗凉冷洗炎氛。尚祈三日甘霖足，击壤东皋颂放勋。"《登峰》用王荆公韵云："飞鸟翩翩去不穷，仙车缥缈五云中。宫凌碧落无尘到，地切蓬莱有路通。玉简金书藏赑屃，紫霞玄雾满虚空。振衣千仞冈头立，欲驭扶摇九万风。"二诗俱见《茅山志》，第未言入石，姑附录于此。

按陈凤梧（1475—1541），字文鸣，号静斋，庐陵（今江西泰和县）人。弘治丙辰（1496）进士。官至右都御史，赠工部尚书。著作有《毛诗集解》《修辞录》《困知记》《集定古易》等。

（25）乾元观记

王锡爵撰，文见《句容金石记》卷十。

据笪重光编《茅山志》，舒道人，世名本住，号一庵，金陵（今南京）人。晚而慕道，浪迹诸名胜。明隆庆（1567—1572）年间，来到茅山郁岗峰下，倚《幽光显扬碑》处结庵，修道凡十余年后，阎希言来到此处，遂拜阎为师，与江文谷同为阎的高足。舒与阎等人合力胼胝复建乾元观。舒道人享年九十有六。

陈按：王锡爵（1534—1610），明苏州府太仓州（今江苏太仓）人，字元驭，号荆石。嘉靖四十一年（1562年）高中榜眼，此后担任过翰林院侍讲学士。万历十二年（1584），以礼部尚书兼文渊阁大学士参预机务。1593—1594年担任内阁首辅，时人称其勤政敬业。万历二十二年（1594）称病引退。卒赠太保，谥文肃。著作有《王文肃奏草》《王文肃集》。王锡爵在首辅任上，曾指挥抗倭援朝战争。万历二十年（1592）五月，日本关白（相当于宰相）丰臣秀吉派遣倭兵10多万人进攻朝鲜。当时王锡爵正在太仓家中，明神宗催促王锡爵火速入京。适在此前蒙古族人哱拜在宁夏起兵造反。面临东、西两场战争如何应对，大臣们意见不一。王锡爵在赴京途中紧急上书，主张应迅速将明军主力开赴朝鲜战场，而哱拜不足虑。万历皇帝采纳了他的意见，结果哱拜之乱不久被平定。王锡爵在北京指令明军统帅和主将振奋士气，整顿军纪，扼险居要，不可轻敌，务期全胜。明朝军队士气大振，痛击日军，日军最终败下阵来，撤出了朝鲜。

在《乾元观记》碑阴，附刻《乾元观天心庵记》，文后署：“皇清乾隆岁次已丑年夷则中浣之吉大檀越。”碑现存茅山乾元观内。

（26）乾元观募建藏殿疏

大学士太仓王锡爵撰，文见清笪重光修《茅山志》卷五。（王锡爵是太仓人，笪重光误作太原人）

（27）魏太尉钟繇千字文

万历□年，王损庵摹刻于茅山，邑人胡景洛蒙藏拓本。（据《光绪句容县志》卷十六金石篇目录）

（28）祝允明草书《句曲道中》《宿茅峰》诗翰

据欧红卫主编《华阳翰墨》下篇“祝允明《过句曲道中》简介”：祝允明《句曲道中》等四首诗草书手卷，横长 405.5 厘米、纵高 32.8 厘米。书法豪放奇崛，超脱纵逸，不可端倪。兹将其中《句曲道中》《宿茅峰》两首录出：

《句曲道中》：老至谁怜画锦明，春来聊得客襟清。宵依星斗宫坛卧，晓傍神仙宅舍行。眼看山多城郭少，肩挑诗重簿书轻。何时总入烟霞去，不见人间宠辱惊。

《宿茅峰》：下马门前一振衣，翠微高迥逼清微。云滞洞里真人过，月下山中长史归。绛雾毕床砂气伏，紫云穿窦术芽肥。神方能咏不能遇，一夜爽灵峰外飞。

祝允明（1461—1527），字希哲，号枝山，长洲（今苏州吴县）人。明代文学家、书法家。与文徵明、王宠同为明中期书法家的代表性人物。小楷学钟、王。狂草学怀素、黄庭坚，笔势劲健，出入变化，纵逸精绝。他与王宠都来过茅山，并各有咏茅山翰墨传世。《句曲道中》手卷现为浙江省湖州博物馆收藏。

（29）刘真人传派碑

据《句容碑刻录》：

碑高约80厘米、宽约50厘米、厚10厘米。碑额篆书“刘真人传派”。碑文楷书体，内容如下：

混靖希景守汝玄志宗道大天得惟自尊

克崇祖德光绍真应师宝友嗣永仁世昌

公存以敬有子必承能思继本端拱一成

嘉靖己丑岁孟秋吉旦，上清六十二代宗师、华阳洞灵官戴绍资立石，卞草窗书丹篆额。（嘉靖己丑，嘉靖八年，公元1529年）

按此碑原立于元符宫九层台宗师祠，所记真人传派的辈分，是从上清二十五代宗师刘混康名字中的“混”字开头排序，共48字。其中“惟、嗣、拱”，在清《茅山志》卷三“静一刘真人道门传派”记载中，分别误作“性、词、供”。碑记作为第一手实物资料，此乃以碑记纠正文献记载舛误之一例也。此碑于1983年在元符宫八层台清理废墟时发现。据《句容碑刻录》中此碑拓本的图版，实题为篆书“刘真人传派”五字。（《句容碑刻录》中，此碑题作《明敕真人传派碑》，碑现存茅山道院）

（30）明重修南宋章台碑

据《句容碑刻录》：

碑长 47 厘米、宽 47 厘米，楷书。文见《句容碑刻录》。

按碑文，南宋乾道（1165—1173 年）年间知宫贺从道建祖坛。咸淳八年（1272 年），“四十二代宗师翟志颖建章台一座”“岁深倾圮”。至明代万历年间，徽商汪文明捐款施金修理一新。

大明万历十九年，岁在辛卯十一月癸亥朔吉，上清六十六代宗师、执掌铜玉二印、总辖三茅山华阳洞事、正灵官杨存建谨题。

住持：范友瑚、陆师萃、钱友馀、孙嗣源、冯以荣。

道吏：丁永玺、许子纲；督工道士：王存立，同立。

碑左上方并列刻：“华阳洞”“符箓印”两竖行六字；左下方刻“姑□石匠沈兰造”。

（31）明汪文明捐资重建元符宫章台碑

据《句容碑刻录》：

碑长 44.2 厘米、宽 42.4 厘米。

碑记明万历三十二年三月，徽州府休宁县信商汪文明捐资重建章台一座，祈保平安，吉祥如意。

万历三十二年三月吉旦。华阳洞正灵官钱友馀、住持杨公正募缘，道士王存立立。（碑现存茅山道院）

（32）茅山公选灵官碑

据《句容碑刻录》：

碑身高 180 厘米、宽 100 厘米、厚 20 厘米。楷书体。

万历四十六年岁次戊午闰四月吉旦。

文见《句容碑刻录》。文后列立碑者的姓名：句容县知县罗廷光，县丞、主簿、典史各一名，华阳洞正灵官周友河，副灵官潘玄钺，道吏四名，上宫住持二十四名，下宫住持九名。同立

兹按此碑，记述茅山依规选举灵官的方式、报批程序等。明朝初期，朝廷设置道录司总管道教，在道教宫观设灵官管理制度。灵官制度在茅山实行的过程中，形成了一套严格的选授制度。笪重光《道秩考》载：“华阳洞灵官，明洪武十六年设立，钦给符勅印信，秩正八品，掌领华阳教事，三茅山各宫观统属之，并掌管祖传印剑，主行符箓，例定元符宫道士选授。副灵官，亦洪武十六年设立，秩从八品，同署教事，例定崇禧宫道士选授。”选任灵官，从当众拈阄到向县、府逐级申报批复，有一系列程序，并经“吏、礼二部题请，遵奉明旨，领凭回南谒陵，参见本府老爷并南京礼部及本县，方敢到任。”在进行这一系列程序过程中，“一毫人力不得干预，诸山拱服。”最后“于本年闰四月廿二日督令上下录官周友河、潘玄钺等选择坚石，将原呈、原奉、批词完全镌刻石上，竖立上宫方丈内，以便万目观瞻，以垂经久，奉行不朽。此后如有故违告争者，上下宫道众连名具呈，究革追牒驱逐。”（陈整理）

此碑于 1998 年 7 月在茅山老君广场西侧道路地基施工现场

发现，现存茅山道院。

（33）明代茅山上下宫两残碑

据《句容碑刻录》载《明代公文一则》和《南京礼部申明一则》两残碑，均无题首和落款。

《明代公文一则》碑残高 83 厘米、残宽 69 厘米；《南京礼部申明一则》碑残高 94 厘米、残宽 64 厘米。从两残碑现仅存的文字了解大概的内容。元符宫与崇禧宫之间，因祠祀斋仪、权力地位、经济利益等问题产生了矛盾纠纷，于是同向南京礼部申诉。《南京礼部申明一则》说："南京礼部为明祖制，杜贪谋，以各安宫分，共效焚祝，事祠祭……"两宫各自申述种种理由，南京礼部作了评断劝解。碑文末谓"伏恳照旧，永息争端"。两宫各自立碑存照。

据碑文，两残碑当立于明万历四十六年之后。文中称"本山宫观共一十二所"。两碑现存茅山道院。

十二、清代

（1）道秩考

清笪重光编《茅山志》卷末载《道秩考》，内容如下：

华阳洞灵官

明洪武十六年设立，钦给符勅印信，秩正八品，掌领华阳教事，三茅山各宫观统属之，并掌管祖传印剑，主行符箓，例定元符宫道士选授。

邓自名（初赐勅印掌教事者，金坛人）、薛明道（转南京道录右正乙，武进人）、陈德星（句容人）、任自垣（镇江人，永乐间升道录司玄义，历太和山玉虚宫提点，至太常寺丞）、王克玄（金坛人，号一初）、吕景旸（溧阳人）、杨震清（金坛人）、支克常（吴县人）、朱崇润（丹阳人，成化间任）、沈祖约（武进人）、蒋德瑄（苏州人，正德间任）、徐祖谏（苏州人，嘉靖间任）、戴绍资（毗陵人，号云峰）、任绍绩（溧阳人，号云山）。

副灵官

亦洪武十六年设立，秩从八品，同署教事，例定崇禧宫道士选授。

王允恭（初署教事者，亦钦选）、杨复阳、许中立（号舜传，永乐间，钦命提点太岳太和山静乐宫）、张混然、陈南坞、谢舜咨、汤希文（号复古，溧阳人。宣德时，历道录至灵。正统间，钦取修道藏，升左演法。景泰改元，升右正乙兼朝天宫住持。天顺五年卒，圣谕应天府丞刘洙往祭）、丁与明（天顺初，升道录司右玄义兼朝天宫住持。四年，赐以敕命一道。成化六年卒，圣谕礼部主事凌镐往祭）、汤与庆（号如愚，溧阳人。成化二十年，奏请照唐、宋、元及国初旧例，免本山各宫观道徒赴县行礼。凡遇诸节，得在山祝延庆贺，其历代敕赐田山照旧蠲减租税，除免一应杂泛差徭，奉圣旨依奏给牒，仰该县官吏遵行）、沈清渊、张祐清、金玄礼（嘉靖二十五年主金箓醮坛）。

道流进秩

王宗旦（洪武初，由崇禧宫高道选神乐观供祀。永乐间，预修大典，与解学士缙为方外友，王冢宰英表其基。工诗，有《懒云集》）、王文礼（永乐间，由下泊宫道士任南京神乐观天坛奉祀）、许祖铭（天顺间，由下泊宫道士符法神验，钦取灵济宫祈祷屡应，升道录司左玄义）、胡德海（成化间，由崇禧宫道士历任太岳太和山紫霄宫提举）。

真人府赞教

陈应符（肃宗钦委施药）、袁继礼、张全恩（维扬人，募建玉晨观无梁殿）、吴永绍、王拱时、史应候。

元

冲素明道贞一王真人（句容人）、崇文弘教储真人（宜兴人）、贞隐秦真人（溧水人）。

贤正灵官

史怀仙（溧阳人）、张小峰（武进人）、杨勺泉（武进人）、王益泉（句容人）、钱养悟（金坛人）、周继华（宜兴人）、朱振阳（名永铭，武进人）、许抱真（名仁隽，武进人）、钱观如（名公达，溧阳人）。

礼部札付署华阳洞事

文栖云（句容人）、许华岑（名必升，武进人）、陈及岩（名承第，毗陵人）、栾奉斋（名嗣麟，句容人）、张玉壶（名嗣秀，金坛人）、龚企岩（名承绶，武进人）。

清

唐葵阳（字仁泽，武进人）、张承钟（字少林）、杨昌靖（字渭清，溧阳人）、张允中（字玉川，苏州人）、丁昌胤（字卧云，宜兴人。康熙十年，董刻志书告成，兼造法堂）。

崇禧万寿宫副灵官

张光福（字厚之，溧阳人。顺治十七年，任修建三清宝殿、太乙慈尊殿）。

郁冈道人笪蟾光撰

本宫道士勒

陈按，笪重光编《茅山志》卷三载，《部札开设灵官邓自名衙门文》云：“道录司承奉礼部札，付为开设僧道衙门事，洪武十六年六月初八日，钦选到茅山元符宫道士邓自名除授华阳洞灵官，给降印信，前去开设衙门，管领祖传印剑，掌行符箓，去讫续选到。崇禧宫道士王允恭除授华阳洞副灵官，如遇到任一同署事。”批文的后一部分为七条规定，其中有“华阳洞灵官正六品，副灵官从六品”“凡有一应事务预申禀者，由道录司转达本部，其本处道纪司不许干预”“元符、崇禧等宫道士有不守清规者，听从究治。但犯奸盗诈伪，与军民相斗者，并属有司追问。其宫观俱属本洞管领如旧”。明朝廷对茅山宫观管理之严格，由此批文可见一斑。

（2）茅山九霄宫天垆碑铭

奉真弟子笪重光撰并书。文见笪纂《茅山志》卷五，结衔题：

大清康熙九年岁次庚戌二月朔旦。

同募道士周存易、徒周敬誉立于大茅峰九霄宫，今存。

碑高239厘米、宽98厘米，行书，大字，字径约3.5厘米。碑文记述茅山道士重新铸造茅山九霄宫天垆的经过，背面刻有笪重光为新铸天垆所撰铭。

笪重光（1623—1691），字在辛，号君宜、蟾光、逸叟、江上外史，自称郁冈扫叶道人。句容县望仙乡茅庄（今句容市白兔镇茅庄村）人。笪重光在《重修家谱自序》中称：本家族“定居容城之茅庄七百二十余载。”清顺治九年（1652）壬辰科二甲十八名进士。顺治十五年（1658），考选湖广道监察御史，巡按江西。为政兴教惠民，佥邪绝迹，时称敏干。为人性好施与，赈恤穷困，乡民感其恩德。因弹劾贪酷吏湖东道佥事李嘉猷，反遭诬陷。一说被革职，后被判刑收赎，“永不叙用”。一说顺治十六年（1659）辞去官职，初居镇江第一楼街，聊以诗画自遣。在镇江期间，遇海盗犯城，他与张九征登陴城固守，并独自縋城请援，事平，因功敕赐曰“功宣屏翰”。当年退隐茅山，居郁冈峰下的乾元观，潜心修道及书画。

明清时期，茅山形成道教正一派和全真派共栖一山的格局，三宫传正一（上清）道统，五观习全真道派。元明以来出现了以戒律密传的龙门律宗。龙门第七代律师王常月（？—1680）于康熙二年（1663）率门徒南下，在南京、杭州、湖州等地立坛说戒，据说皈依弟子达万人，龙门教团大盛。在此期间，笪重光皈依其门下，成为道教龙门第八代启派师，同伍守虚、金筑老人都是当时出名的启派师。这一时期，与王常月同辈的第七代律师沈常敬（1523—1653）居茅山，他的高徒孙守一住持乾元观。笪重光在茅山郁冈峰下修建扫叶楼、松风阁等殿宇，为乾元观的建设殚精竭虑，同乾元观住持等龙门道徒一起，身体力行地传承全真教义。经过诸多龙门教徒及笪重光接续努力，茅山乾元观、玉晨观、白云观、仁佑观、德佑观先后传习龙门派，或龙门岔支派。笪重光在隐修茅山的十余年中，潜心整理茅山的经籍道书。在审阅元《茅山志》的基础上，接续编纂《茅山志》，于康熙十年（1671）编纂完成，共十四卷，近三十万字。他在自序中说：“余之山栖十载，而志是山也。”笪编《茅山志》较刘大彬《茅山志》，增加了不少内容，如茅山全景图、明清诗词、多种碑刻、道秩考等。

笪重光工诗文，精鉴赏，尤以书画著称于世。画工山水，兼写兰竹。书法出入苏、米，笔意超逸。与姜宸英、汪士鋐、何焯齐名，称为清初“帖学四大家”，最为王文治所称服。康熙八年（1669）至十三年（1674），笪重光继《松溪清话图》之后，作《茅山春游图》、《仿元人山水》（收入《虚斋名画录》）。康熙九年（1670），在茅山撰并书《茅山九霄宫天垆碑铭》，署名“奉真弟子笪重光撰并书”。另外撰《大清康熙十年岁次辛亥仲夏重立崇禧万寿宫钦赐墓东田地碑文》，署名“郁岗道人笪蟾光撰，本宫道士勒”。康熙十二年至十三年春，笪重光患脚疾，著《书筏》《画筌》两篇。他在《画筌》后记中谈道：“仆以患足，守拙深山，离群索居，同于木石，偶著有《书筏》《画筌》二篇，聊以遣怀，非敢自谓解事也。”（《艺林备著丛刊》）以上这些传世之作，皆为他隐居茅山之后创作的。（陈整理）

（3）大清康熙十年岁次辛亥仲夏重立崇禧万寿宫钦赐墓东田地碑文

笪重光撰文，见笪重光《茅山志》卷五。

陈据笪所撰此碑文所述：唐贞观九年（635），敕赐崇禧万寿宫（唐初在此处建太平观）祀田，范围至镇江、金坛、丹阳、溧阳等处。在句容墓东村的祀田七百三十亩，自唐到明皆由当地农民佃耕，每亩收租银五钱，以为香火之费，已经千载。清康熙元年（1662），佃户以多索租银为由，要求收田入户当差。崇禧宫副灵官张厚之（张光福）召集佃户们协商，“数次而议始成焉，其田入佃当差，其租从轻酌议，每亩租米九升，麦四升，分肥瘠，租有重轻”“两立议单，业存县照”。不料，“至康熙九年，众佃忽生异说，意在吞田，抗租不发，致道士等具词本县周邑尊……赖有贤父母明断，凛然不移前议，庶千年禋祀赖以不衰，而百世之后，当无有易之者。余固庆三君之灵，而亦欣贤父母之德矣。敬勒数言，均垂不朽。郁岗道人笪蟾光撰。本宫道士勒。”

（4）募化京砖墁地碑记

文见《句容碑刻录》。

碑记：苏郡三邑绅士信女为九霄宫太元宝殿墁地修整捐资名录。

大清道光丙午嘉平月穀旦。信士陈鸿辉，道□孙万春、徒汤胜之，同募。

碑横长 83 厘米、纵高 43.2 厘米。碑现存茅山九霄宫。（道光丙午，公元 1846 年。嘉平月为农历十二月）

（5）重建茅山灵官殿龙王殿香火炉落成记

文见《句容碑刻录》。

此碑记述直隶州知州、丹徒弟子包良训为重建茅山灵官殿、龙王殿香火炉，发起募捐（不足部分由包承担）。包良训亲自组织施工，五月开工，九月告竣，殿庑堂阁，焕然一新。并命儿子包国瓒书写碑文。

文后署：

大清道光二十八年秋九月。赏戴蓝翎运同衔安徽即补直隶州知州、丹徒弟子包良训敬勒，即选同知加二级丹徒弟子包国瓒敬书。

碑横长 95.5 厘米、纵高 39.6 厘米。碑现存茅山道院。

（6）建造大殿碑记

文见《句容碑刻录》。

据碑文，清咸丰十年（1860），太平天国军摧毁茅山大茅峰九霄宫祖师大殿。至同治三年（1864），道士陆续回山。为重建大殿，九霄宫迎旭道院道士向社会募捐，“十方宰官绅士、善信仁人乐助捐资”，立碑公布捐资名录。

文后署：

光绪十年岁次甲申杏月吉日立。迎旭院道衲叩募。

碑高 130 厘米、宽 73 厘米。碑现存九霄宫（光绪十年，公元 1884 年。杏月为农历二月）

（7）重建太元宝殿碑记

文见《句容碑刻录》。

兹据碑文：“九霄宫太元宝殿为祖师证果之所”“不意咸丰庚申春月，粤寇一炬，可怜焦土，院宇毁，存数楹，道众因之云散。迨同治甲子克复金陵，道侣陆续归山，然已丧亡八九。”同治三年（1864）之后，九霄宫陈蕴山、刘凤林等道士有志于重建大殿，得到上元胡裕堂、吴江沈飏生的热情响应，“与议重建，慷慨乐施，愿出巨款而为之倡。由是有途可循，遂与各院酌议叩募，十方善信襄成此举。”信众和社会各界人士踊跃捐款捐物。重建工程于光绪元年（1875）开工，光绪十六年（1890）告竣，宝殿焕然一新。碑镌捐款捐物人名录。

大清光绪十六年岁次庚寅冬月谷旦。六房道衲：蒋余年、夏涵旭、陈蕴山、刘凤林、毛锦章、徐荣光，公立。句邑文生曹国治撰，怡云弟子佘如龙书丹。（光绪十六年，1890年。冬月，农历十一月）

碑高163厘米、宽93厘米。楷书，字体工整，字迹清晰。碑体巨大，边饰精美。现碑立于九霄宫。

（8）“第八洞天、第一福地”八字石刻

清代王澍于雍正六年（1728）在茅山题写八个巨幅大字及署名如下：

第八洞天第一福地

雍正六年夏五月朔旦司封司谏史官里人王澍书。

八个大字及署名为楷书体。八块长方石各刻一个大字，署名部分另刻一块石上。石高89.1厘米、宽40.4厘米。八块大字刻石和署名一石现镶嵌于元符宫前睹星门牌坊壁上。

王澍（1668—1743），字若霖、箬林，号虚舟、竹云，江苏金坛人。康熙五十一年（1712）进士。官吏部员外郎，擢户

部给事中，升都给事中，“以科臣掌封驳”。致仕后居无锡，号二泉、恭寿老人、良常老人。篆书为一代作手。有称“望重词垣，书法尤冠一时”（《民国金坛县志》）。鉴古碑尤精。著有《淳化阁帖考证》《二十种兰亭》《竹林题跋》《虚舟题跋》等。（据《句容碑刻录》）

（9）“黄鹤常临”大字题刻

“黄鹤常临”四个大字刻石，横宽150厘米、纵高50厘米。右侧题：嘉庆乙丑阳春穀旦，左侧署：京江邹文瑞题。均为楷书。现嵌于元符宫勉斋道院门楣。（据《句容碑刻录》）

（10）龙门阎祖弟子王历功碑

据《茅山道院历代碑铭录》载《龙门阎祖弟子王历功碑》，兹照录墓碑上的文字如下：

正中竖行刻二十个大字：“龙门阎祖分派第十六代羽化先师历功王公之墓”。右侧题：“大清光绪元年季春月吉日”。左侧署立碑者王历功的徒弟至徒玄孙多人姓名。

（11）葛仙公之墓碑

此墓碑上的刻字，正中竖书“葛仙公之墓”五个大字。右上题“光绪庚子冬月”，左署“邑人骆文凤、张瀛、曹方玮同立”，均为楷书体。

此碑高 93.7 厘米、宽 57 厘米。清光绪二十六年（1900）农历十一月，由句容县城城董骆文凤等三位名士同立。此碑原在葛仙庵故址处（现党校偏西北处）。我于 1980 年将其搬运到县图书馆，现为句容市博物馆收藏。

十三、民国以来

（1）清一品太夫人南海康氏显妣劳太夫人墓表

现碑高160厘米、宽90厘米、厚15厘米。楷书，字径约2.5—3厘米。

康有为撰文并书，文见《康有为全集》第10集。民国六年（1917）丁巳九月六日

陈按，康有为（1858—1927），近代改良派领袖，思想家。原名祖诒，字广厦，号长素，又号更生。广东南海人，人称南海先生。光绪进士，授工部主事。1888年至1898年，曾七次上书光绪皇帝，要求变法。1895年第二次上书，发起“公车上书”。组织强学会、圣学会、保国会，办报纸，鼓吹改良主义理论。1898年依靠光绪皇帝发动变法维新运动，遭到慈禧太后镇压，逃亡出国。此后组织保皇会。1912年组织孔教会，发起“定孔教为国教”的活动。1913年第一届孔教大会在山东曲阜召开，决定孔教会总会迁入北京，刚归国的康有为被推举为孔教会会长（未入京）。

1917年6月张勋发动复辟，康有为企图利用张勋的军事力

量实现君主立宪的主张，建立虚君共和制，与张勋的复辟主张不完全一致。7 月 1 日，黎元洪被驱逐，12 岁的溥仪被推出宣布复辟。康有为被授予弼德院副院长职位，官衔为头品顶戴，规格很高。7 月 12 日，讨逆军攻入北京，只维持十二天的复辟闹剧宣告结束。冯国璋、段祺瑞控制的北洋政府发布通缉令，康有为被列为五名复辟犯之首。康躲进美国公使馆寻求政治避难，至 12 月 6 日化装出京。出京后的去向行踪，在有关康的诸多著作中多语焉不详。

康有为撰《清一品太夫人南海康氏显妣劳太夫人墓表》，开头说："厝吾母于故乡苏村之后岗，既乃迁葬于句容中茅积金峰下青龙山。"碑文后署："孔子二千四百六十八年丁巳九月六日，头品顶戴弼德院副院长男康有为撰并书"。他迁葬母墓的大致情况如下。

康有为笃信风水学说，自命为善观风水的堪舆家。他曾于 1916 年来到茅山，登上山顶四望，山形宛曲，东西遭回，气象森森，龙脉绵延，好一座风水宝山！他这次在茅山盘桓日久，作诗多首。其中于 1916 年 10 月作的诗，有《丙辰十月七日宿茅山陶隐居松风阁怀仅叟侍郎年丈并示勉甫弟》《丙辰十月偕李照庶、杨啸谷、罗根登大茅山顶》等（《康南海先生诗集》十三卷）。后多次来过茅山，遂决定把已葬在家乡的亡母劳连枝墓迁葬于茅山上。到戊午年（1918 年）四月在茅山书"众妙"大字时，他在茅山道院安住下来。这时他的心情似乎很放松，在茅山华阳洞旁的苍石斋书写联语："山中宰相陶弘景，海外逃臣康有为。"此时在为迁葬母墓作各项准备工作的同时，也在为复兴茅山道奔忙。在元符宫创设以振兴道门为宗旨的灵学会，研究道教经典，给道士讲解《道德经》等。有些来自各地的追随者来到茅山，有的开坛讲学、论辩；有的为保护山林、修复道观出资出力。如康有为的学生桂林龙泽厚弃官来到茅山，康与他一起促成县政府发布保护山林的通告，并向周边村民宣传。清末民国初期，茅山道观破败不堪，幸得康有为与龙泽厚、葛佩文等人士鼎力支持，使咸丰年间遭到严重破坏的道观得到一定程度的恢复。康有为还指导编印了《茅山全志》《三茅宝卷》《三茅帝君宝忏》《茅山志辑要》等，计十余种道书，这是道士修道诵经、道院开展斋醮活动的基本条件。

康有为在茅山选择迁葬母墓墓址，要求必须符合风水吉地的条件。他踏遍茅山各个山头，勘察经年，初步选出几处，进行筛选，最后确定一处风水最佳的墓址，这就是“中茅积金峰下青龙山”，位于积金峰西麓的一座平缓的山岗。1920 年初夏，康有为把其母灵柩自广东南海原籍运抵茅山。在抬灵柩上山时，沿山路撒上白米，使抬杠人稳步上山。然后扫米煮汁拌石灰，用于砌墓。据说墓内棺椁用四条粗铁链吊起，六面不靠。另外，康有为之弟康广仁的灵柩葬于句容天王镇的浮山西北麓。

据康有为在大陆的儿媳庞莲生前所述，戊戌变法失败后，康广仁等六人在北京被杀。随后康广仁遗骸被其家人及维新余党偷运至香港掩埋。康有为之母及原配夫人张云珠逃港后，守护康广仁墓十几年。1913 年 8 月 9 日，康母去世，康有为由日本奔丧回港。是年 12 月 1 日，康有为租海明轮运母、弟灵柩回广东南海县老家，浅葬于银塘乡之后岗。1914 年，康有为的三太太何旃理病逝，他决定将母、弟遗骸迁葬，连同三太太一起葬于茅山。1920 年 6 月 16 日，康有为携全家披麻戴孝，扶着三位亲人的灵柩，在吹鼓手号角和道士诵经声中抬上山。落葬后，康有为在母墓前涕泪交流，长跪不起。据知，康家有四人（含康的正妻张氏）葬或迁葬于茅山。（此段据程尊平《康广仁的墓怎么跑到茅山来的》一文）

自 1918 年起，康有为开始在茅山周边的金坛西阳等地购置土地，先后买了五六百亩，兴办了一个农场，名述农公司（康的祖父名赞修，字述之；父名达初，字少农，各取一字）。起初派弟子吴令管理农场，吴是工科出身，擅长制图，却不擅长管理，康有为说："此人除丈量外，无可用。"遂换亲戚何展猷，又换门人陈思楠，均不堪用，以致"亏本数以万计"。在迁葬母墓结束后，他本人常住茅山乾元观松风阁，守墓三年。此后曾多次来茅山祭扫。

我于 1980 年曾经去茅山积金峰西青龙山一带采访，据老年村民说，康母墓用水泥封顶，外观呈半圆形，水泥是从上海运来的。此墓设计、施工精良，非常坚固。墓前立一巨碑，据村民说，碑石材质是白矾石，质地坚硬。在 1966 年"文革"中，造反派用炸药把康母墓炸开。墓中有两方墓志，被毁墓的村民运走。墓碑被锤砸，因石质异常坚硬，尚存大部分文字。碑文记述康有为的家世，康母对子女的慈爱和养育子女的艰辛。因变法失败，流亡海外，其弟康广仁被害等经过。原碑共有 2299 字，楷书体，笔力苍浑雄健，字字精妙绝伦，整体气象恢宏壮观。此为康有为晚年的精心书作，人书俱老，代表他书法艺术的最高水平。残碑现存茅山元符宫勉斋道院。

（陈据有关资料作）

（2）康有为题写“众妙”大字碑

刻石横宽 95 厘米、纵高 37.5 厘米。石上横书镌刻两个大字“众妙”，楷书体，字径约 25 厘米。右侧竖书“戊午四月”；左侧署名“康有为，监院严先明立”。两侧字为楷书体，字径约 6.5 厘米。现嵌茅山元符宫勉斋道院内围墙上。“众妙”大字刻石，是康有为于 1918 年农历四月书写的，字体大气磅礴。写如此擘窠大字，在康书中难得一见。（戊午年，民国七年，1918 年）

（3）保存古迹铭记

文见杨世华主编的《茅山道院历代碑铭录》。

文后署：“中华民国七年戊午年十一月，前句容县知事刘春堂撰，华阳弟子王式如书，丹徒高资乡流塘湾李瑞猷刊。”此碑现存茅山道院。

句容县前知事刘春堂于民国七年十一月撰文，记述茅山元符宫的“九老仙都君印”玉印及玉靶剑等先被官府没收和后来归还的经过。明初，朝廷将玉印和御赐玉靶剑等封存于明皇宫内府，洪武十年（1377）归还茅山。清光绪六年（1880），江苏巡抚韩均培会同前知袁照将玉印及木质灵官符没收，存在县库，并毁寺观，没收庙产，勒令群道还俗。韩均培等人先后去职后，有少数道士还山，此时道观殿宇倾圮，山门冷落，道士几不能生存。民国三年（1914）冬，刘春堂与句容人士张桂馨、阴增凤商议，请求官府将玉印等归还茅山，随后道士吕明岩、吴鸣皋、陈明志、耿云清等赴县恳求，并许以银两千元。后于民国四年四月，玉印及灵官符等归还茅山，全山道士欣喜庆贺，对刘春堂及张、阴等人士的功德感念不已。应道士请求，刘春堂“撮其始末”，作记勒石。（陈据《茅山道院历代碑铭录》该文摘要）

（4）詹象九德政碑

据《茅山道院历代碑铭录》载“句容县知事象九詹公德政纪念碑”，碑上文字如下：

碑正中大字楷书体竖书：“句容县知事象九詹公德政纪念碑”。

右侧书：“□□□□□年岁次乙丑春杏月谷旦”。左侧署：“句邑大茅山九霄宫六院公立”。碑现存茅山道院。（乙丑，民国十四年，公元1925年。杏月，农历二月）

（5）功德碑记

据《茅山道院历代碑铭录》载，《功德碑记》全文如下：

华阳境天，地肺名山，祖师登真之所，上清发祥之地。西汉至清，历尽沧桑，几度兴衰。百余年来，茅山道观，屡遭劫难，巍峨殿宇，几成废墟。今逢盛世，九霄神宫，三茅道场，祖师重光，大法得以弘扬，香火可至延续。宗师、灵官，太元、二圣四殿神像塑造，仰赖十方善信，发心捐助，共襄盛举。今将功德者芳名勒石成碑，专建碑廊，流芳后世，以垂永远。是以为记。茅山道院谨立。公元 1995 年，道历 4692 年。

（6）道祖太上老君神像神台竣工碑记

据《茅山道院历代碑铭录》。

按道祖太上老君神像，坐落在茅山元符宫旁。神像为坐姿，材质铜，露天，总高 33 米。整体设计由 226 块铜板构成，每块铜板厚 4.5 毫米，总重量 108 吨。神像金碧辉煌，巍然壮观。同时在神像旁修建了四个广场：睹星门广场、三天门广场、太极广场、道祖广场，并建山门、钟鼓亭等建筑。神像工程从 1996 年 10 月动工，至 1998 年 10 月竣工。神像由南京华夏艺术有限公司雷小林设计，南京晨光机器厂制像公司承建。工程总投资 860 多万元，由茅山道院自筹，并得到海内外道界和善信大德的资助。工程结束时，茅山道院立《道祖太上老君简介碑》《道祖太上老君神像神台竣工碑记》。

工程建设单位：江苏省句容市茅山道院；设计单位：江苏华夏艺术有限公司、中国河海大学；承建单位：南京晨光机器厂制像公司；施工单位：句容市后白建设工程公司、丹徒县高资石雕工艺厂、句容市中凌装饰工程公司。一九九八年十月。

（7）元符宫《道德经》碑

据《茅山道院历代碑铭录》载：

此碑横长 29 米，纵高 3.3 米。碑题：《松雪书道德经》，据赵孟频书小楷字体《道德经》字迹翻刻。碑建于 1999 年（己卯）仲冬，由香港道教一湾圣坛澳大利亚分坛余氏合家捐刻。西阳周东方镌。

（8）元符宫文化长廊碑记

据《茅山道院历代碑铭录》，《元符宫文化长廊碑记 · 序》文如下：

茅山是我国道教名山，上清派发祥地，道教称誉为“第八洞天、第一福地”。历代文人墨客为茅山留下了许多脍炙人口的诗文碑刻，近代政要名士在视察游览茅山之余，也多有题咏。为了让这些茅山道教瑰宝流芳后世，香港道教一湾圣坛众弟子发愿，为茅山宗祖庭捐资，将其刻石成碑，以垂永远。一九九九年十二月岁次己卯仲冬立。

（9）茅山历代名人碑铭录

《茅山道院历代碑铭录》中载有一题为“茅山历代名人碑铭录”的拍摄图版，无文字介绍。待考。

（10）茅山乾元观道众抗日斗争纪念碑

据《茅山道院历代碑铭录》载图版显示：

此碑正中竖刻：“茅山乾元观道众抗日斗争纪念碑。”左侧刻：“金坛市茅山乾元观（坤道）立，一九九四年十月。”碑现立于茅山乾元观。

（11）“道法自然”大字石刻

在茅山元符宫旁的道祖太上老君铜神像座前往下巨大的坡石上，镌刻“道法自然”四个大字，楷书体。此四字是按照全国佛教协会会长赵朴初的字迹放大。

十四、华阳洞摩崖等处题名题诗

（1）华阳洞

陈按，在茅山华阳洞摩崖上部，古人镌刻“华阳洞”三个巨幅颜体大字，字径逾一米。摩崖上还有古人镌刻的题名题诗。据《句容碑刻录》引《戒庵老人漫笔》说，“华阳洞”三大字“相传米元章书”。愚见非也，三字与米芾书风相距甚远。还有说是苏轼书，亦无依据。

历来有关史志在言及华阳洞时，往往引用陶弘景《真诰·稽神枢第一》中关于“华阳洞天”的描述：“大天之内有地中之洞天三十六所，其第八是句曲山之洞，周回一百五十里，名曰金坛华阳之天。”《真诰》中说华阳洞天内有日月照映，昼夜之分，山水草木，田园飞鸟等，景象与人间无异。道教上清派认定华阳洞天内有定录、保命二仙府，中茅君（定录）以句曲山为治所，小茅君（保命）以良常山为治所，此二仙府同属华阳洞天，统由中茅君主管。显然，这是道教上清派所说的一个神仙居住的空间，与人间有严格的界限。

陶弘景归隐茅山的前期，居住地在积金岭西部，现元符宫周边、华阳洞以西一带。他在《真诰·稽神枢第一》中谈到这一带说："此即隐居今所住东面一横垄也……西南有大石壁，耸而坼开，内有洞，入数丈渐狭，小不复容人，乃飙飙有风。外数步便有一涌泉，冬夏清流。"陶所说的大石壁内之洞，即今人所说的华阳洞，而陶弘景并未将此洞叫作华阳洞，只是揣摩为华阳洞天的一个便门。因此，上清派所说的仙人居住的华阳洞天与今人所说的华阳洞是不同的，不可混为一谈。

今所说的华阳洞，是位于茅山元符宫旁的老虎岗崖壁下的一个山洞，洞上摩崖刻有"华阳洞"三个巨幅大字。这个洞本久已淤塞，洞内空间逼仄。1985 年冬至次年初，由江苏省政协牵头，请南京军区工程兵对华阳洞进行探查清淤，在华阳洞旁的玉柱洞里清出一件精美的唐代金质龙(现为句容博物馆收藏)。据元《茅山志》卷八载："明皇受箓坛在玉柱洞侧。"此唐金质龙当为在唐玄宗于天宝七年受上清箓时埋入洞内的。在两宋时期的华阳洞，"国朝每投金龙玉简于此"（《景定建康志》卷十九）。唐宋时期有多位皇帝皇后受茅山上清箓，在茅山举行授箓仪典，华阳洞即为投龙简之处。

"华阳洞"三大字究竟出自何人之手？以此三字与颜真卿在茅山撰书的《李玄静碑》中的"华阳洞"三字对照，形神一致。推断当出自颜真卿之手。

颜真卿热衷佛道，对茅山非常向往，对上清第十三代宗师李玄静十分崇敬。他在《李玄静碑》中说自己曾"专使致书于茅山，以抒诚恳"。此指乾元二年（759），颜真卿在饶州刺史任上时，特派人去茅山，给李玄静送去书信，表达敬慕之意。

大历六年（771），颜真卿自抚州返回长安途中，八月，经江州水路至上元（今南京）时，来到茅山。大历十一年（776），颜真卿应茅山高道韦景昭的请求，撰《李玄静碑》长文，并于次年来山手书刊石，碑立于茅山紫阳观。颜真卿在碑文中对唐玄宗受茅山上清箓记载道：天宝七年（748）三月十八日，举行玄宗受上清箓仪式，由李玄静为度师。并将此盛举“诏刻石于华阳洞宫以志之”。颜真卿对唐玄宗有忠君爱国情结，在安史之乱中，颜真卿高举抗击叛军的大旗，奋战河北，玄宗得知后十分感动。既然华阳洞与唐玄宗受上清箓有关联，颜真卿乘这次来到茅山书丹《李玄静碑》之机，就有条件有意愿书写“华阳洞”三个大字。

在华阳洞摩崖上，除“华阳洞”三个大字以外，还有二十余方自唐咸通九年至宋、明各时期镌刻的题名、题诗。兹据《句容碑刻录》《江苏通志稿》等资料，将华阳洞摩崖等处的题名题诗列举于下。

（2）华阳洞摩崖李茂文题名

《句容碑刻录》载李茂文题名：

最右侧部分为唐代题名：“……日奉敕到……咸通九年九月……”

次右为行句容县令李茂文题名：“……行句容县令李茂文……”

陈据《江苏通志稿》和《句容碑刻录》中的拓本图版，上述两部分合起来本为一则题名，即：

行句容县令李茂文，咸通九年九月一日，奉敕至□。

末字“至”，似一个字的半边，难以确定何字。《江苏通志稿》释作“致祭”。

据《江苏通志稿》金石六载此题名：

华阳洞李敬文题名：“行句容令李敬文咸通九年九月一日奉勑致祭。”拓本高一尺一寸，广六寸。正书，三行，行七字，左行，在句容。

陈按，上述《江苏通志稿》将句容县令“李茂文”释为“李敬文”，其中“敬”字误，实为“茂”字。李茂文题名在唐咸通九年（868），其时唐懿宗李漼在位。李茂文题名位于“华阳洞”三大字旁。

（3）崔玄亮游茅山题记

据《句容金石记》卷三载“崔元亮游茅山题记”，后附题记：

宋庐陵欧阳叔弼棐《集古录目》云：唐刑部尚书崔元亮，长庆三年游山题记。

陈按，据《江宁金石待访录》卷二载：“《华阳颂》：崔元亮撰，长庆三年游题附记，在茅山。见《舆地纪胜》。”（长庆三年，公元823年）

崔玄亮：据《新唐书》第八十九“崔玄亮，字晦叔，磁州昭义人。贞元初，擢进士第，累署诸镇幕府”，“元和初，召为监察御史，累转驾部员外郎。清慎介特，澹如也。稍迁密、歙二州刺史”，“大和四年，繇太常少卿改谏议大夫，朝廷推为宿望，拜右散骑常侍”。卒年六十六，赠礼部尚书。

（清人为避康熙（玄烨）讳，“玄”作“元”）

（4）陆洿茅山题名

《句容金石记》卷三载：“陆洿茅山题名”，后有题记：

宋庐陵欧阳叔弼棐《集古录目》云：洿官右补阙，自称麋鹿臣。篆书，大和三年题。

唐大和三年（829），唐文宗李昂在位。

（5）华阳洞摩崖李迪等题名

据《江苏通志稿》金石八载：

李迪题名。拓本高一尺五寸，广二尺五寸。正书，十四行，行九字，字径寸许。

知军□府事李迪、入/内殿头李保信，同奉/□诣三茅崇禧观，建立/皇太后受箓碑文，修设/斋醮，因谒灵祠，遍游/胜□，兼访观妙先生朱/自英、明真大师张绍英。/（□方华阳洞前，兴修故/丞相王公钦若亭子）[①]/天圣丙寅岁季春/二十有五日。/巡检殿直杨遵、/□□张得一、节度推□□/纾、主簿刁绎陪从。/□□判杨告□/博宰溧阳王简。

①此两行字夹在李迪题名中，较李迪题名字体小，是另题

名留下的字迹。

《句容金石记》卷四载此题名，内容如上，后有一题记。

元和韩履卿《崇宝铁斋金石文跋尾》云：李迪题名，在茅山华阳洞顶，正书，十四行，字数不等。按李迪：字复古，濮州人。天圣三年，知江宁府，官至集贤殿大学士，卒谥文定。张绍英：丹阳人。仁宗时，与观妙宗师朱自英同被召，称疾不起，号明真先生。

陈按，宋真宗皇后刘氏，谥“章献明肃太后”。据《宋史》本纪仁宗载，仁宗赵祯于天禧元年（1017）九月被册为皇太子，以参知政事李迪兼太子宾客。乾兴元年（1022）真宗去世，遗诏赵祯即皇帝位，尊刘皇后为皇太后，“权处分军国事”。据《宋史》后妃传，“初，仁宗即位尚少，太后称制，虽政出宫闱，而号令严明，恩威加天下”，“后称制凡十一年”。元《茅山志》卷二十五载《宋天圣皇太后受上清箓记》，记述天圣甲子（1024）刘太后受上清箓之事。天圣丙寅（1026），李迪等人奉命来到茅山，筹建刘太后受箓碑，并在华阳洞摩崖题名，即如上述。

（6）华阳洞陈渊三兄弟题名

据《江苏通志稿》金石八：

丹阳陈渊、浚、涣，庆历八年。

拓本高八寸，广六寸。正书，三行，行字不等。

（7）华阳洞方峻等题名

据《句容金石记》卷四载方峻等人题名如下，并在题名后附一题记：

宋皇祐庚寅孟冬辛未，太常博士邑民长方峻奉祀于茅山崇禧观。壬申，同庐山程迪、元寂大师、邢继周、存真道人、伊居喆谒五云祠，过玉霄华阳宫，款灵洞，观养龙池，上积金岭。癸酉，陟大茅峰，经华姥坛。戊寅罢散。降圣节道场以归。子容侍行。（皇祐庚寅，皇祐二年，公元1050年）

右刻，正书，字径二寸。七行，左行。第一行至第五行，行十四字，第六行十二字，第七行十一字。第六行末有左右平列“陈辅、郭微”二名，明系后增。江宁严观《江宁金石记》已收此刻，但其所收题名，每录一行，而不全载，如此刻亦仅录其首行，而邑民长讹作范民长，岂不知方峻皇祐初为句容令耶?

陈按，方峻：据《弘治句容县志》卷六：“方峻，庆历间为句容令，廉慎有为，爱民兴学，重修夫子殿宇，自为文以记之。”

（8）华阳洞程迪题名

《江苏通志稿》金石八载：

程迪题名：皇祐庚寅孟冬乙卯，庐山程迪摩崖书华阳洞口，莆田方政记。

拓本高一尺七寸，广九寸。正书，左行，三行，行八字，字径约二寸。

皇祐庚寅，北宋皇祐二年（1050）。

（9）华阳洞曾审言等题名

《江苏通志稿》金石八载：

曾审言等题名：曾审言、荆子贤、顾子高、游彦平、郭虚中，大观丁亥仲夏晦日同游。

拓本高七寸，广五寸。正书，五行，行五字，字径约八分。

《句容金石记》卷四载“曾审言等题名”，同上。后有题记：

右题名见孙渊如观察《寰宇访碑录》。按大观丁亥，宋徽宗元年（1107）也。正书，五行，行五字，字径一寸。

陈按《句容碑刻录》载“华阳洞曾审言等题名”，同上。拓本长 27.6 厘米、宽 27 厘米。字幅约 3 厘米 ×2 厘米。

（10）华阳洞曾审言、郑维题名

据《句容碑刻录》载：

心谒三茅君 / 曾审言、郑维。

楷书，二行，行五字。

（11）王钦题名

据《句容碑刻录》载：

□闽王钦到此。

楷书，单行，接“曾审言、郑维”左旁。

（12）华阳洞游九言、易如刚题名

《江苏通志稿》金石八载游九言等题名：

游九言、道士易如刚/华阳洞，庆元乙未游。

拓本高一尺九寸，广六寸，正书，二行，行字不等，字径二寸许。

陈按，此题名中的“乙未”，误，实为“乙卯”。庆元乙卯为南宋庆元元年，1195年。

《句容碑刻录》载游九言、易如刚题名：

华阳洞，庆元乙卯秋。游九言、道士易如刚。

《句容金石记》卷五载：

游九言、道士易如刚。华阳洞，庆元乙卯来。

下附二题记：

元和韩履卿《崇宝铁斋金石文跋尾》云：右刻在华阳洞顶，正书，二行。按游九言，字诚之，建阳人。筮仕古田尉。开禧中，知光化宰，充荆鄂宣武参谋官。端平中，特赠直龙图阁，谥文靖。有《默斋遗稿》。

此刻字径寸半，金石诸书多不载。予所得拓本系两纸，每纸一行，行八字。初疑其不属，然细审，字体一律，又证以吕纂郡志，载有明道先生书院记、安抚司签厅壁记、府学御书阁记、杨忠襄公墓碑、能仁寺佛殿记，皆游九言庆元间撰，人与时合，遂粘合为一。今观韩跋，益释然也。

易如刚：南宋道士。饶州（今属江西）人，字仁甫，幼孤，入龙虎山习正一道。修成“灵宝飞步法”，其道法精严。先主茅山玉晨观，又为昆山普照观开山住持。南宋宁宗嘉泰年间（1201—1204），应召入朝，奏对称旨，制授茅山崇禧观左街监义，五迁至左右街都道录，太乙宫都监。宁宗手书观额及制堂匾牌额赐之。嘉定四年（1211），赐号“通妙先生”。十四年（1221），又赐号“通妙葆真先生”。宋理宗时，眷遇亦隆。后请还山而卒。传“灵宝飞步法”于张崇一。（《道教大辞典》，1994 年版）

（13）华阳洞陈孚先、滕及题名

《江苏通志稿》金石八载：

陈孚先滕及题名：陈孚先、滕及同游，崇宁壬午，孟夏留题。

拓本高八寸，广五寸。正书，左行，三行，行五字，字径寸许。

陈按，陈孚先：新安休宁（今安徽休宁县）人。绍兴二十四年进士。（崇宁壬午，宋徽宗崇宁元年，公元 1102 年）

（14）华阳洞毕之翰等题名

《江苏通志稿》金石八载：

毕之翰题名：毕之翰、李仲宝、朱偃，癸巳同游。

拓本高一尺，广三寸。正书，二行，行六字，字径寸许。

陈按，毕之翰，据《嘉定镇江志》载，毕之翰于宋皇祐四年（1052）任金坛县尉。（癸巳，北宋皇祐五年，公元1053年）

（15）华阳洞王采言等题名

据《江苏通志稿》金石八载：

王采言、张肃□、张正夫偕游。崇宁元年正月十二日。

拓本高四寸，广六寸。正书，五行，行四字，字径寸许。

据《句容碑刻录》载：

王采言等题名：王采言、张肃之、张正夫偕游此。元丰元年正月十六日题。

此题名三人生平无考。北宋诗人文同有《送张正夫监簿归汉州》诗：知己非不遇，其如才命违。宦名疑在梦，亲禄只徒归。道路盘危栈，家山指落晖。好将绵竹颂，重拂入关衣。

陈按，以上《江苏通志稿》和《句容碑刻录》所记此题名时年有差异。据拓片图版证明《句容碑刻录》所记正确。（北宋元丰元年，公元1078年）

（16）华阳洞裴造题名

《江苏通志稿》金石八载：

裴造题名：裴造来别诣真宇 / 时皇祐己丑孟夏 / 廿四日，侄珉侍行。

拓本高一尺，广一尺。正书，三行，行七字。（后附两人名：晦之、祖仁）

《句容碑刻录》载此题名，后有附记：

北宋欧阳修《集古录跋尾》卷十中有涉裴造之事："右《黄庭经》二篇，皆不著书人姓名。余初得后本，已爱其字不俗，遂录之。既而又得前本于殿中丞裴造。造，好古君子也，自言家藏此本数世矣，与其藏于家，不若附见余之《集录》，可以传之不朽也。余因以旧本较其优劣而并存之，使览者得以自择焉。世传王羲之尝写《黄庭经》，此岂其遗法欤？治平元年十月十三日致斋东阁书。"（皇祐己丑，皇祐元年，公元 1049 年）

（17）华阳洞魏中庸等题名

据《句容金石记》卷四载此题名，后附题记：

华阳洞魏中庸等题名：魏中庸、方峻、魏思文、张瑰、胡恢、李仲宝。

元和韩履卿《崇宝铁斋金石文跋尾》云："右题名六人，在华阳洞顶，正书，无年月。按方峻：皇祐元年，以朝奉郎、太常博士为句容令，廉慎爱民，重修孔庙，入《名宦传》。张瑰：全椒人，洎孙，字唐公，英宗时，历知应天府、河南河阳。胡恢：金陵人，善篆隶，韩魏公令篆太学石经，官华州推官。馀三人无可考。”

（18）华阳洞乔宇等题名

据《句容碑刻录》载：

华阳洞乔宇等题名：太原乔宇、京口程镃、何贯、孙珤、欧阳璩同游。正德辛未四月七日题。

正书，三行，行字不等。拓本长 67.2 厘米、宽 60.8 厘米。

乔宇：字希大，山西乐平人。成化二十年（1484）进士，授礼部主事，累官至吏部尚书。与明代哲学家王阳明为文友、道友。撰《三茅述异记》。嘉靖十年（1531）卒，享年 68 岁。孙珤：贡士，见《乾隆镇江府志》。（正德辛未，正德六年，公元 1511 年）

（19）华阳洞王溱题名

据《句容碑刻录》载：

开州王溱游此。正德庚辰三月十日。

王溱（1484—1532），字公济，号玉溪，濮阳人。正德辛未进士，历任沁水知县、监察御史、平阳知府、南康知府、河东盐运使等。著作有《玉溪诗集》。（见《嘉靖开州志》）（正

德庚辰，正德十五年，公元1520年）

（20）华阳洞吴光玄题名

据《句容碑刻录》载：

吴光玄重开华阳洞题名："弘治癸丑，元符宫道士吴光玄重开华阳洞，复建朝真亭。助财信士曹潜、潘璨同□。"

拓本长85.5厘米、宽38.9厘米。正书，三行，行字不等，字径约5厘米。（弘治癸丑，弘治六年，公元1493年）

（21）华阳洞丁昪等题名

据《句容碑刻录》载：

华阳洞丁昪等题名："罗山丁昪，京口胡崇胤、徐浩、眭干、张佣、胡采、眭翀、徐概，锡山王辉随行。太傅邃庵杨老先生同游。时庚辰冬十月二十二日题。"

拓本长98.7厘米、宽53.9厘米。正书，四行，行字数不等。（庚辰，即正德十五年，公元1520年）

罗山即今河南罗山县。太傅邃庵即明朝大臣杨一清。

（22）华阳洞李乔木题名

据《句容碑刻录》载：

李乔木题名："明嘉靖庚子春仲，梧一泉李乔木偕子纲梁、子□游此。”

拓本长 67.2 厘米、宽 37.7 厘米。正书，三行，行 7 字，字径约 5 厘米。

据《乾隆梧州府志》载，李乔木，字惟迁，正德二年（1507）丁卯科乡举，司理潮州，后荐为南宁同知，又官工部员外郎。《王阳明全集·顺生录之七·别录七·奏疏七》记载：“臣又访得潮州府推官李乔木者，才力足以有为，而又熟知土俗夷情，服于水土。但系梧州籍贯，稍有乡里之嫌。臣看得广西军卫有司衙门所属官员及各学教职，亦皆多用本省士人。今田州虽设流官知府，而其所属乃皆土夷，自无乡里之嫌可避，亦与各教职无异者。乞敕吏部改用林宽于别地，俯采臣议，将李乔木改升田州同知，庶可使之久于其任，以责成功，则地方之幸，臣之幸也。”（嘉靖庚子，嘉靖十九年，公元 1540 年）

（23）华阳洞蒋山卿题名

据《句容碑刻录》载：

华阳洞蒋山卿题名：“监察御史洛阳乔佑按部兹土，约予为茅山之游。润州给事中钱亮、中书舍人韩懋仁偶至，偕登绝顶，下观华阳洞而还，□孝常侍。嘉靖辛丑四月参政吴郡蒋山卿题。”

拓本长 87.5 厘米、宽 60 厘米。正书，七行，字径约 6 厘米。

蒋山卿：字子云，仪征人。明朝正德甲戌（1514）进士，授工部主事。明世宗即位后，任刑部主事，后官至广西布政司参政。史载蒋山卿才华横溢，“下笔千言，才情焕发，朋辈每为敛手”。著有《南泠集》《休园集》。据《四库全书总目提要》载，《南泠集》为“门人乔佑校刻”。

乔佑：洛阳人。嘉靖十八年（1539），乔佑为巡按辽东监察御史。依题名所云之“按部兹土”，此时乔佑当为巡按南直隶监察御史。

钱亮：嘉靖十一年（1532）进士，改庶吉士。嘉靖十七年（1538）为都给事中。（嘉靖辛丑，嘉靖二十年，1541年）

（24）华阳洞罗龙渊题名

据《句容碑刻录》载：

华阳洞罗龙渊题名：“嘉靖癸卯三月望日，海岳山人罗龙渊□壶盒□游□□。”

拓本长79厘米、宽56.2厘米。行书，四行。

在《句容碑刻录》中，解读将题名中的“癸卯”二字和“渊”字打框空缺。现据《句容碑刻录》中此题名图版，以拙见补此三字。

罗龙渊，生平不详。明代山人，是明代社会中的一个特殊群体。有学者研究，明代的山人群体兴起于成化年间，以科场失意的士人为主要成分。他们具有较高的文化层次，但没有获得理想的功名，遂游走四方，广泛结交，属文绘画，以谋生计。（嘉靖癸卯，嘉靖二十二年，1543年）

（25）华阳洞“栖玄”两大字题刻

据《句容碑刻录》载：

华阳洞大字题刻：“栖玄”。

在“栖玄”二大字的左旁刻有小字：

明嘉靖辛酉仲秋□□，/圣寿祝釐句曲山中□□/华阳洞维时视风使□/宁吴遵□溪黄□宪同/游也。休宁何其贤书。□□

拓本长174.2厘米、宽77.2厘米。“栖玄”二大字为楷书体。小字行书体，五行，行七字八字不等。

何其贤：字少愚，号白岳山人、天都外史，徽州府休宁人。明嘉靖二十九年（1550）知宁远县事。善水利。官至南京江西道监察御史。

（嘉靖辛酉，嘉靖四十年，公元1561年）

（26）华阳洞梁柱臣题名

据《句容碑刻录》载：

华阳洞梁柱臣题名：“隆庆壬申三月十日，岭南梁柱臣来游。”

拓本长35.5厘米、宽25.2厘米。楷书，三行，行五字，字径约6厘米。

梁柱臣：字衡南，龙头人，明嘉靖年间举人，知马龙州。万历元年时，职务为文林郎、大理寺右寺正。（隆庆壬申，明

隆庆六年，公元 1572 年）

（27）华阳洞李时题名

据《句容碑刻录》载：

华阳洞李时题名："晋城指挥李时 / 同祈□杨□史 / 璟蒋佐游此 / □□□□□"

拓本长 44 厘米、宽 32.7 厘米。四行，楷书。无题刻年月。

（28）华阳洞史应吉题名

据《句容碑刻录》载：

华阳洞国子生史应吉题名："朝山国子生史应吉游华阳洞，刻此。直隶□都籍，陕西安定人。□万历六年三月吉日。"

拓本长 38 厘米、宽 27 厘米。楷书，四行，行八字，字径约 3 厘米。

国子生史应吉，生平不详。国子生又称国学生、监生，是指在国子监受业的学生。明代国子学始设于公元 1365 年（时朱元璋尚未称帝），洪武十四年（1381）改建在南京鸡鸣山下，翌年改学为监，称国子监。明代国子监为国家最高学府，称"国学"。凡入国学者，都称之为"监生"，其生源有举人、贡生、品官子弟、捐资等。国子学始于西晋。据《通典》记载："咸宁二年（276），起国子学。法《周礼》，国之贵游子弟、国子受教于师者也。"郑玄释"贵游子弟"为"无官司之王公子弟"，

即无官爵之王公子弟。元康三年（293）定立学官品阶，五品以上才能入国学。（万历六年，公元 1578 年）

（29）华阳洞孙一元题诗

据《句容碑刻录》载：

华阳洞孙一元题诗："偶过东南地肺，云中坐对三峰。抒得瑶华独玩，月明归去骑龙。正德丁丑孙一元题。"

拓本长 60.8 厘米、宽 39.6 厘米。六言诗，草书，字径约 4 厘米

孙一元（1484—1520），字太初。有《太白山人漫稿》五卷传世。《明史》有传。

从《句容碑刻录》拓本图版来看，孙一元刻此六言诗，覆盖前代人的题刻之上。前代人的题刻，仅有少数字依稀可辨，楷书，字径 2—3 厘米，前面可见"丹杨"二字，中间"梅、伸、道士"等字，末有"泰、甲子、同游"等字，书风清逸，笔力挺健。据《句容碑刻录》考证，此小字题刻的年代为南宋嘉泰甲子年（1204）。明代孙一元题刻的六言诗，草书体，用笔纯熟流畅，功力不凡。然而竟在前朝人士的题刻之上覆盖凿刻，殊为不妥。（正德丁丑，正德十二年，公元 1517 年）

（30）华阳洞杨一清题诗

据《句容碑刻录》载：

吁嗟此洞天，乃在人寰里。神仙不可穷，胜游聊尔耳。邃庵。

拓本长67厘米、宽54.2厘米。五言绝句。楷书，四行，行六字，末行四字。字径约8厘米。

《句容金石记》卷十载杨一清此题诗："吁嗟此洞天，乃在人寰里。神仙不可穷，胜游聊尔尔。"后附一题记：

《明史》：杨一清，字应宁，其先云南安宁人，从父景居巴陵。少能文，以奇童荐为翰林秀才，宪宗命内阁择师教之。年十四，举乡试登成化八年进士。父丧，葬丹徒，遂家焉。后官至特进左柱国华盖殿大学士，加正一品俸。卒赠太保，谥文襄。《茅山志》又载其《游山漫兴》七律一首，附录于左。诗云：

丹梯百丈断还连，亘古名山此洞天。鸟怯高岩栖不定，云归杳霭势无前。兴来直欲临流坐，醉后无妨枕石眠。不独山人能爱客，野花啼鸟亦欣然。

陈按，《句容金石记》载此题诗的末句"胜游聊尔尔"，最后一字"尔"，误，实为"耳"，由拓片图可证。

（31）华阳洞陈寰题诗

据《句容碑刻录》载陈寰题诗：

几度华阳洞，登游惬道情。天风动云来，吹起雅歌声。嘉靖十三年七月，琴溪陈寰作，时同羽士沈凌云，盖予忘势求志久矣。

拓本长 52.1 厘米、宽 41.1 厘米。五言绝句。楷书，五行，行九字、十字不等。

陈寰：明代画家。字原习，号琴溪。正德辛未（1511）进士，选庶吉士，入翰林。丰神秀朗，弹琴作画，触手便工，又善大书。后迁南京国子监祭酒，致仕。

（32）华阳洞汤庆题诗

据《句容碑刻录》载：

茅山观前春日清，华／阳洞口彩云生。求仙／炼药元无意，□□／□□□□□／勅平海回游华阳洞□／嘉靖辛丑三月□□／镇守江淮总□□□／沂东汤庆书。

拓本长 56.5 厘米、宽 46 厘米。七言绝句，楷书，八行。

汤庆（1495—1546），字公祺，号沂东，邳州人。据《明世宗肃皇帝实录》卷二百三十八载，嘉靖十九年六月“添设镇守江淮总兵官”，“参将署都指挥佥事汤庆升左军都督府都督佥事，充总兵官，提督江淮等处巡捕。”上述诗题于嘉靖辛丑三月，正是在汤庆被任命为提督江淮巡捕总兵官后。此职治所在镇江，“提督沿江上下兵防，西自九江安庆，东及淮扬苏常诸郡，凡备倭守备卫所及有司巡捕官悉节制之”。即负责自九江以下长江防务，清剿匪患，阻击倭寇侵扰。（嘉靖辛丑，嘉靖二十年，公元 1541 年）

（33）华阳洞蒋山卿题诗

《句容碑刻录》载此题诗，题为："华阳洞蒋山卿题名之二"：

奉同乔侍御□□游华阳洞／几时开洞□□□□□□□□／十年药云中五色□□暗泉／常滴沥□□□□□楚霜／台使何因雾披□□□□／嘉靖廿年辛丑□四月南泠／蒋山卿书于石壁。

拓本长61.3厘米、宽38厘米。楷书，七行，字径约3厘米。此题刻字迹漫漶，大多难以辨识。

乔侍御，即前蒋山卿题名中的乔佑。侍御为监察御史的泛称。

（34）华阳洞王大用题诗

据《句容碑刻录》载：

玉皇仙吏从天下，檗谷老人特地来。千古茅山漫陈迹，华阳洞开□□□。真州王大用□。

拓本长50.7厘米、宽33.8厘米。七言绝句。楷书，四行，字径约4厘米。

王大用（1479—1553），字时行，别号檗谷，学者称其"檗谷先生"。真州（今江苏仪征）人。正德戊辰（1508年）进士，授工部主事。改刑部主事，转刑部员外郎，擢广东兵备佥事，以精通兵事官至南京刑部右侍郎。

（35）华阳洞郑漳题诗

据《句容碑刻录》载《华阳洞郑漳题诗》，由四首七律组诗如下：

八月寻山爽气赊，断云踈木乱啼鸦。洞门芝草封青藓，羽士笙箫散彩霞。陟险兴穷龙虎窟，步虚身到玉皇家。仙人更在三峰外，杖屦招邀日未斜。

芙蓉天畔放晴葩，上界攀登鸟道斜。俯景心能宽宇宙，举头手可摘匏瓜。区分地肺通群箓，脉护金陵作帝家。身际昇平何所事，愿依乔岳祝重华。

群山回合鸟无哗，石窦云根万树斜。龙井有泉通玉液，洞房何地觅丹砂？闲磨旧蚀寻真刻，静倚孤标看落霞。仙侣不嫌秋日暝，凤笙吹过碧桃花。

山行迥与尘嚣隔，秋爽重怜足力赊。身世于人还独健，乾坤何地不吾家。日薰台殿凝洲岛，风转钟铃自岁华。长领白云岩际宿，几回霄汉梦仙槎。

明嘉靖庚戌秋仲下旬，闽人东滇郑漳。

拓本长 81.7 厘米、宽 55.3 厘米。楷书，十七行，行字不等，字径约 3 厘米。

郑漳：字世绩，福建闽县人。明正德丁丑（1517）进士。据《明世宗实录》卷三七四载，嘉靖三十年六月乙亥（1551 年 6 月 18 日），“升应天府府尹郑漳为南京刑部右侍郎”。嘉靖三十一年（1552）六月致仕。郑漳华阳洞题诗时在嘉靖庚戌秋仲，即嘉靖二十九年农历八月，此时在应天府府尹任上。

（36）华阳洞顾可学题诗

据《句容碑刻录》载：

华阳洞：郁郁华阳洞，□□□至今。松盘千岁颠，云落半山阴。玉柱通天近，泉幽入地深。鹤鸣新月上，独立□□□。大明嘉靖庚申岁仲秋□日惠岩山人顾可学题。

拓本长 69 厘米、宽 47.2 厘米。楷书，七行，行字不等，字径约 5 厘米。

顾可学（1482—1560），字舆成，号惠岩，南直隶无锡县（今无锡市）人。弘治十八年（1505）进士。正德中，官至浙江参议。后以炼丹能延寿迷惑嘉靖皇帝，所得赏赐贿赂严嵩，得以升迁。嘉靖二十四年（1545）除工部尚书，寻为礼部尚书，加太子太保。《明史》有传。被称“佞幸”。嘉靖三十九年八月卒，谥荣僖。著有《覆瓿集》等。（嘉靖庚申，嘉靖三十九年，公元 1560 年）

（37）华阳洞杨孙元题诗

据《句容碑刻录》载：

古洞藏真道已成，今人何幸此题名。悠悠白鹿千年事，只许华阳并著声。小塘杨孙元。

拓本长 50.2 厘米、宽 33.5 厘米。楷书，四行，行字八字十字不等，字径约 4 厘米。

以上镌刻于华阳洞摩崖的题名、题诗，句容博物馆均收藏有拓本。

（38）茅山玉柱洞乔叔通题名

据《句容金石记》卷四载此题名，并附题记：

乔叔通崇宁四年十二月。

右题名见孙渊如观察《寰宇访碑录》。严子进《江宁金石记》亦收之。“崇宁”为北宋徽宗年号，四年则乙酉也。乔叔通，《宋史》无传。

（39）茅山蓬壶洞石豫题名

据《句容金石记》卷四载，后有一题记：

睢阳石豫自金陵来，瞻仰洞天作礼而去。崇宁元年正月九日。

元和韩履卿《崇金石文跋尾》云：右题名在茅山蓬壶洞，正书，三行，行八字，左行。按石豫，字安正，宁陵人，为转运判官。《天发神谶碑》后有跋语数行，亦崇宁元年题也。

陈按，蓬壶洞又名仙人洞。清著名学者孙星衍咏此洞：“垂乳甘可餐，流膏滑难触。心疑转仙境，旷荡见平陆。”蓬壶洞内，洞中有洞，曲径通幽，遍布钟乳石，美轮美奂。洞内地下河水流湍急，在洞外可听到水流响声，当地人叫作“响水坝”。1985年底至次年初，南京军区工程兵在华阳洞清淤探查工程中，对与华阳洞相邻的玉柱洞和蓬壶洞也一并作了清理。

（40）玉晨观钱端英题名

据《江宁金石待访录》卷三载，钱端英在茅山玉晨观题名有二：“茅山玉晨观题名：钱端英，正书，绍兴二年闰月，在句容境。”“茅山玉晨观题名：钱端英，正书，淳熙十三年四月，在句容境。”（绍兴二年，1132 年；淳熙十三年，1186 年）

（41）茅山青玉峡题刻

据《乾隆句容县志》卷四载：“青玉峡：在（茅山）丁公山东，奇石林立，即深秀轩故址。宋绍兴时，参知政事张文简公纲读书其地。”

张纲（1083—1166），字彦正，润州丹阳（今江苏丹阳市）人。据《宋史》列传一百九十四载，张纲“入太学，以上舍及第。释褐，徽宗知纲三中首选，特除太学正，迁博士，除校书郎”“论事与蔡京不相合，挤之去，主管玉局观。久之还故官，兼修《国朝会要》，校正御前文字。迁著作佐郎、屯田司勋郎”。官至参知政事，谥号“章简”。绍兴二十八年致仕，退居茅山，号“华阳老人”。著作有《华阳集》四十卷。

据《江苏通志稿》金石八载：“青玉峡题刻八段，在句容茅山”。八段题刻分别如下：

① 陈遘、陈洙题名：“遘、洙至”。

拓本高八寸，广三寸。正书，一行，字径三寸许。

华阳洞题名有陈遘、陈洙二人题名。

②丹阳浚、涣题名:“丹阳浚、涣，庆历戊子冬日 / 登大茅峰。”

拓本高三尺四寸，广一尺。正书，二行，行字不等。

按华阳洞有陈渊、浚、涣题名，浚、涣即其人。

③ 朱真、梅挚题名：“朱真 / 梅挚”。

拓本高五寸，广五寸。正书，两行，行二字，字径二寸许。

梅挚，《宋史》有传。

④ 梅挚再题名：“梅挚同□……”

⑤ 当涂史子闻题名：“当涂史 / 子闻。”

拓本高六寸，广三寸。正书，左行，二行，行三字，字径一寸。

⑥ 赵共老等题名：“赵共老赵□成 / □□□□永□ / □□淳熙十□ / 月十□日同来”。

拓本高二尺，广一尺五寸。正书，左行，四行，行字不等。

⑦“青玉峡”三大字：

拓本高二尺，广一尺，正书，一行，字径六寸。

按青玉峡，前人未著录，打碑人袁姓访得。

⑧“碧岩洞”三大字

拓本高二尺，广八寸。篆书，两行，字大小不等。

下编

茅山部分名碑考述

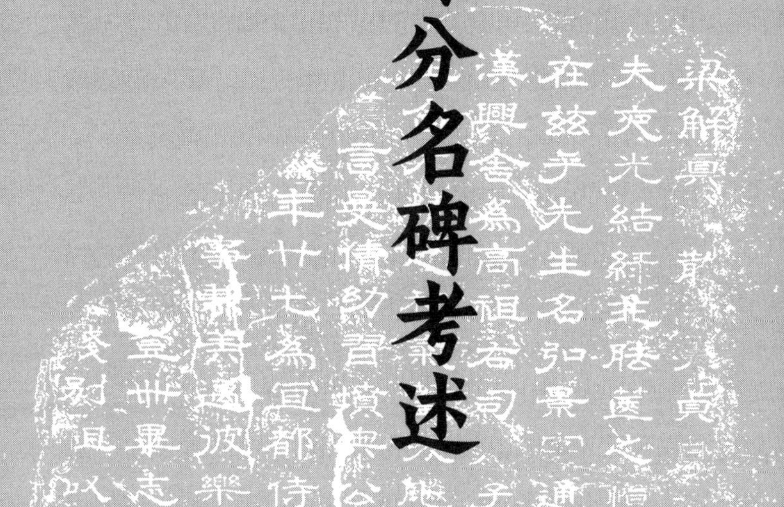

茅山两天监井栏题字

《书法》二〇一二年第五期刊载的《海内孤本〈许真人井铭〉》文末道："除去南唐徐铉篆书《许真人井铭》外，其实句容当地还有两件许长史修道炼丹井栏。"并引述《镇江古今建筑》的一些说法，有不够准确之处。本文就茅山两天监井栏等略作考述。

一、许长史井

茅山是道教名山，山体大部分在江苏句容市境内，主要道观在句容辖区内。句容目前是镇江市代管的县级市，位于南京市东南，县城距南京、镇江市区各四十五公里。

许长史井在茅山玉晨观旧址处，这是东晋道教代表人物许谧（许长史）在此处营宅修道时开掘的一口水井。据元《茅山志》卷十七记载："玉晨观……东晋杨真人、许长史父子并此得道。"至南朝梁天监十三年（514），梁武帝下诏在此处为陶弘景建造新道馆——朱阳馆。后此处道观屡有兴废。宋大中祥符元年（1008），敕改名此处的道观为玉晨观。

据陶弘景《真诰》卷十九《真经始末》载："伏寻《上清真经》出世之源，始于晋哀帝兴宁二年（364）太岁甲子，紫虚元君上真司命南岳魏夫人下降，授弟子琅邪王司徒公府舍人杨某（按即杨羲），使作隶字写出，以传护军长史句容许某（按即许谧），并第三息上计掾某某（按即许谧第三子许翙），二许又更起写，修行得道。"许谧曾任"护军长史"等多种官职，世称许长史。在他的组织策划下，杨羲托称魏夫人等众仙真降临，授予杨羲《上清经》三十一卷及诸真传记。杨羲在"接真传谕"过程中，将众真仙的诰语以"隶字"[①]记录下来，然后传示许谧、许翙父子，二许再另行抄写，依照修行。许长史父子和杨羲合作创作的《上清经》，后来经过陆修静、孙游岳、陶弘景等道士的传承阐扬，形成了一个重要道派——上清派。陶弘景十分尊崇上清派的创始人许长史等三人，称许长史为"上清真人"。许谧在茅山北雷平山旁营宅后，在宅南开掘的水井，即陶弘景撰《上清真人许长史旧馆坛碑》中记载的"宅南一井，即长史所穿"。此井遗迹位于玉晨观旧址前不远处。

由上述及其他有关记载来看，许长史在茅山的修道经历中未曾涉及炼丹，许长史在宅南开掘的水井也没有用于炼丹的记载，只是一口日常生活用井。徐铉篆书《许真人井铭》中的"丹井存焉"，说许长史井为"丹井"是不准确的。

二、天监十五年井栏题字

梁天监十五年井栏自被发现以来，各种金石著作多有著录，但名目不一，颇为混乱。如称《井床残字》《石阑文》《石井栏题字》《石井栏题记》等。兹将此井栏题字称为《天监十五年井栏题字》。

清康有为在《广艺舟双楫·购碑》中记载："《石井栏题字》，天监十五年，江苏句容。"据清学者孙星衍记载："井在句容城北城守营署后。文凡七行。予以乾隆五十年四月三日因王荫可言访得之。"清王昶《金石萃编》卷二十六，在"井床残字"条记载："石高一尺七寸五分，横广三尺七寸五分，七行，行四字至六字不等，正书，在句容县。梁天监十五年，太岁丙申，皇帝愍商□之渴乏，诏茅山道士□永若，作亭□井十五口。"

清《光绪句容县志》记载："梁石井栏题字（正书今存）：'梁天监十五 / 年太岁丙申 / 皇帝愍商 / 旅之渴乏乃 / 诏茅山道士 / 永若作井 / 及亭十五口。'《吕志》云：'井在句容城守署，栏刻三十五字。乾隆甲辰阳湖孙观察星衍始访得之。'瀛[②]按：栏高二尺，口围七尺，下周九尺，字迹漶漫，隐约可辨，笔意似《瘗鹤铭》。见存学宫。"

现代书论家祝嘉在《论"南北二铭"》[③]一文谈天监十五年井栏："天监井栏有两个，一字多隶意，后由端方运走，为日本人所得。文是：'梁天监十五年，太岁丙申，皇帝愍绠汲之渴乏，爰诏茅山道出钱救苦，作亭，掘井十五口。'凡七行。一字和《鹤铭》相似，好像出于一人之手。文是：'梁天监十五年，太岁丙申，皇帝愍商□之渴乏，□诏茅山道士□□永若，作亭，□□十五口。’也是七行。以时以地，与陶（弘景）也很符合。前者见于《金石聚》，后者见于《金石萃编》。”

据上述祝嘉所说，有记载的茅山天监十五年井栏有二：其一是字可完整识读者（此井栏下落不明），其二是字迹漫漶残缺者。但祝嘉说前者流入日本，不对，实是后者。流入日本的十五年井栏正是《金石萃编》记载的孙星衍在句容城访得者。《萃编》作者当未见过字迹较完好的井栏，将“绠”误作“商”，“出”误作“士”，“救苦”误作“永若”，另外还有六个缺字。

当代上海的王壮弘《增补校碑随笔》中，在“石井栏题记”条记载道：“天监十五年。正书。乾隆五十年孙星衍访得，石原在江苏南京。罗氏《石交录》卷二载：‘天监井栏，经端忠敏移至京邸后，近年复经估人手，售于日本京都藤井氏。今陈列于有邻馆’。”

清末端方[④]在任江苏巡抚、署两江总督期间，从句容县城把天监十五年井栏运到南京，再转移至北京，后经估人之手，辗转东北，于一九二二年至一九二四年间被日本京都藤井氏攫走，存于京都有邻馆至今。诸种金石著作（如《金石萃编》）著录天监十五年井栏均指此。

天监十五年井栏题记内容，记述了掘井作亭的时地、缘由、出资及掘井数量。据史志记载，天监十四年（515），茅山地区久旱不雨，百姓生活困苦。陶弘景为此十分焦急，在这年六月与爱徒周子良联名作《请雨词》，上章求雨，巧了，还真下了雨。其实旱久了总会下雨。天监十五年（516），鉴于上年大旱的教训，经由梁武帝下诏，茅山道团出资出力，在茅山附近地区沿路掘井作亭，共掘井十五口。这是利民善举，与许长史井无关。因掘井是经过皇帝下诏的，故在井栏上题字纪念，而这十五口井的井栏题词内容自然是相同的。至今天监十五年井栏仅存其一，却又流落日本，令人扼腕。

《天监十五年井栏题字》自公诸于世以来，著录评论者纷然。康有为在《广艺舟双楫》中，把《瘗鹤铭》和《石井栏题字》（《天监十五年井栏题字》）并列评为“妙品下”，称：“……《石井栏题字》，皆有奇逸。”清人严观评论《天监十五年井栏题字》说：“其书法沉毅中含逸致之状，绝似《瘗鹤铭》，岂亦出贞白先生之手乎？”祝嘉在《论“南北二铭”》一文中说：《天监十五年井栏题字》“字和《鹤铭》相似，好像出于一人之手”，并认为“以时以地，与陶（弘景）也很符合”。自此井栏发现以来，主《瘗鹤铭》陶书说者十之七八，这为探讨《瘗鹤铭》的撰书者指出了路径，提示我们《瘗鹤铭》出自茅山道士之手。

三、天监十六年井栏题字

天监十六年石井栏，是笔者于 1981 年 5 月在句容市茅山玉晨观旧址处村民家发现的。据村民反映，此井栏是在 1958 年从玉晨观旧址前的废井中挖出的。在井栏外壁竖行题刻楷书大字：“此是晋世真人许长史旧井，天监十四年更开治，十六年安阑。”六行，行四字，共二十四字。字多漫漶，大体可辨识。据此题记内容，玉晨观旧址前的水井，原是东晋上清真人许长史开掘的旧井，梁天监十四年（515）重加开治整修，两年后的天监十六年安装上石井栏。天监十六年井栏与十五年井栏二者的形制、石质完全相同，二者显然是在天监十五年同一批雕造的。作此题记，就是为了纪念这次整修湮没已久的许长史旧井之事。南唐徐铉篆书《许真人井铭》所指的井，即此许长史旧井。

天监十三年（514），在许长史故宅处所建朱阳馆工程，陶弘景“仍使潘渊文与材官师匠营起朱阳馆”。[⑤]天监十四年（515）朱阳馆落成，陶弘景便从茅山南部的住处移住朱阳馆，就在这年整修朱阳馆前的许长史旧井。整治许长史旧井是朱阳馆整体工程的一部分，开治许长史旧井及安装石井栏等事务，无疑是陶弘景最为重视之事。据陶弘景《真诰》记载，陶弘景对许长史故宅遗迹作过实地考察，其中重点是寻访许长史井。他了解到，在刘宋大明七年（463），当地人对许长史井作过整修。梁天监十七年，陶弘景在许长史故宅处撰立的《上清真人许长史旧馆坛碑》文中特别提到：“宅南一井，即长史所穿。”这都说明他对许长史遗迹，特别是对许长史井最为关注，无疑他必定亲自手书“许长史旧井”井栏上的题记。

从题字书法来看，其用笔以方笔为主，兼用方圆，笔气浑厚劲健。结体四周疏放，核心紧密，空白留内，体势宽绰雄伟。字体大小不一，长扁参差，整体有行无列，错落有致。这些特点与天监十五年井栏有共性。

结语

魏晋时期的书法，书体、书风发生了重大的革新转型，由隶书生发出的真、行、草诸体，如山花烂漫，呈现千岩竞秀的局面。到南北朝，楷书等书体经过书家的继承和发展得以巩固，这个时期的书法多以碑铭形式传世，成为一千多年以来传承书法的宝贵资源。然而，南朝的碑铭存世寥寥无几。康有为在《广艺舟双楫·宝南》中说：“夫晋、宋风流，斯文将坠，欲求雅迹，惟有遗碑。然而南碑又绝难得，其有流传，最可宝贵。”“得梁一碑，胜齐、隋百种。”现存于世的茅山两天监井栏题刻是南朝梁代的重要碑刻，其在书法史上的重要价值不言而喻。

茅山两天监井栏题字书风，正如康有为在《广艺舟双楫·余论》中论六朝书法所说：“结体之密，用笔之厚，最为显著。”但两天监井栏题字与梁代通行的结体紧结的书风（如贝义渊《萧憺碑》）明显不同，鲜明地表现了梁茅山地域特色，代表了梁代一个独特的书法流派。两井栏题字与邻近茅山的焦山《瘗鹤铭》书风相似，显然是一家眷属。这种独特风格，不可能出现在碑书整齐划一、千字一律的唐代。有些学者习惯于去文献资料中寻找答案，而忽视如两天监井栏题字等实物资料对考订《瘗鹤铭》的实证意义，漫天撒网任猜想，结果没有一条是能站得住的证据。事实证明，单纯考索文献是一条走不通的路。

【注释】

①当时所谓“隶字”，即今所说的楷书。当时隶、正书体的名实尚未确定。

② 张瀛：字蓬仙，又字壶山。江苏句容人。清末贡生。《光绪句容县志》任分纂。著有《壶山杂录》《书经讲义》《易经讲义》。

③ 此文载祝嘉《书学论集》，金陵书画社出版，一九八二年版。

④ 端方（1861—1911），清末满洲正白旗人，字午桥，号匋斋。曾任江苏巡抚、署两江总督等。著有《匋斋吉金录》等。

⑤ 据宋·贾嵩《华阳陶隐居内传》引陶弘景《登真隐诀》。潘渊文是陶弘景倚重的弟子。

（本文载《书法》2012 年 10 期，文中有部分删节）

茅山天监十六年井栏题字

南朝梁天监十六年井栏，是我于 1981 年 5 月在江苏句容市茅山发现的。井栏上题字的内容与东晋嗣上清第三代真师许谧、九代宗师梁陶弘景相关。本文就题字内容及其书法艺术等问题作进一步考述。

一、天监十六年井栏形制、题字

天监十六年井栏，是在茅山玉晨观所在的北镇街村民张锦根家的猪圈里发现的。据张锦根说，井栏原来埋没在村东面的玉晨观旧址南面约二十米的废井处，离地面一米多，废井南面紧靠大水塘。在 1958 年扩修水塘时，村民把此井栏挖出，后被张锦根搬到家中。当时我把井栏运到县图书馆，1992 年移至茅山大茅峰九霄万福宫陈列至今。

天监十六年井栏，形制圆桶形，从上往下渐广。石质为赭红色火山岩，当地人叫作麻石，表面粗糙，布满孔洞，凹凸不平。井栏高 63 厘米、口径 88 厘米、腹径 102 厘米、底径 100 厘米。口圆唇，厚 14 厘米。口沿下外壁凿一周凹沟，凹沟至口沿约 10—11 厘米。沿凹沟一周均等凿四个圆形穿孔，圆孔直径 4.5 厘米左右，可穿粗绳索。在井栏外壁题刻大字："此是晋世真人许长史旧井，天监十四年更开治，十六年安阑。"楷书体大字，六行，行四字，共二十四字。虽然石质粗糙多孔，以及人为损坏，字迹漫漶，但全文尚可识读。据题字内容，此井是东晋著名道士许谧（许长史）开掘的，梁天监十四年（515），陶弘景对这口井进行了"开治"整修，天监十六年（517）在井上安装上此井栏。安装井栏并题字是为了纪念许长史，表达对许长史的敬仰。

二、许长史与陶弘景

西晋末年中原战乱，北方士族南渡，其中女道士魏华存携经书《黄庭经》来到江南。《黄庭经》的存思内视的神仙思想对江南士人有极大的吸引力。东晋至南北朝时期，从南方到北方掀起由士族阶层中的道教徒发起的道教改革浪潮，南方是这次改革的主要地区。东晋江南丹杨郡句容县士族许谧家族与居住同里的士族葛洪家族，同为奉道世家。这两大家族与同郡相邻的士族陶家（陶弘景族上）及晋陵（今常州）士族华侨家族世代通婚，也都奉道。这样，东晋时期以许、葛两大家族为轴心，通过婚姻与师承、仕宦等关系，在首都建康（今南京）附近的茅山地区出现了一个士族奉道集团。在这一时期他们产生了创作道教新经典的高涨热情。葛氏、许氏家族创制了三组新的道教经典，其中许谧与杨羲合作在茅山创作的《上清经》，以此为初创，后来发展成为影响深远的道教上清派。

关于许谧的生平事迹，陶弘景撰《上清真人许长史旧馆坛碑》记载：

真人姓许，讳穆，世名谧，字思玄，本汝南平舆人。后汉灵帝中平二年，六世祖光，字少张，避许相谀佚，乃来过江居丹阳句容都乡之吉阳里，后仕吴为光禄勋，识宇亮拔，奕叶才明。祖尚，字元甫，有文章机见，吴中书郎。父副，字仲先，器度淹通，风格清简，晋剡令、宁朔将军、下邳太守、西城侯。长史，副第五子也，正生，少知名，简文在藩，为世表之交，起家太学博士。朝纲礼肆，儒论所宗，出为余姚令，勤恤民隐，惠被邻邑。征入凯闱，纳言帝侧。升平末，除护军长史，本郡中正，外督戎章，内铨茂序，遐邦肃律，乡采砥行。太和中，迁给事中、散骑常侍，蝉冕辉华，事归尚德。简文践极，方优国老，倏值晏驾，于焉告退，专静山庐，以修上道。君虽播绂朝班，讽议庠塾，而心摽象外，志结霞门。第四兄远游，永和四年，嘉遁不反。君尚想幽奇，岁月弥轸，恒与杨君深神明之契。兴宁中，众真降杨，备令宣喻，龙书云篆，佥然遍该，灵谟奥旨，于兹必究，年涉悬车，遵行愈笃。太元元年，解驾违世，春秋七十有二。

许谧（305—376），少知名，儒雅清素，博学有才章。他曾经当过“护军长史”等多种官职，因世称许长史。许家本是天师道吉阳治基地，许谧本信奉天师道，但随着黄庭神仙思想传入江南，遂更热衷神仙方术。晋陵人华侨来到有姻亲关系的许谧家，着重钻研仙道存思术。不久，他感通真仙降临，向自己授以口谕，并把真仙的谕旨传达给许谧。后华侨通神传谕突然中断，于是许谧请来杨羲接替华侨。据《真诰·真胄世谱》记载，杨羲（330—386），吴郡人，面白貌美，擅长书画，通晓经史。他在幼年时就已初显通神灵气，许谧与他“早结神明之交”。

据《上清真人许长史旧馆坛碑》记载：“至晋海西太和元年，句容许长史在斯营宅，厥迹犹存。”东晋太和元年（366），许谧去距家20多公里的茅山北部雷平山旁营宅修道，此处住宅即陶弘景所说的“山馆犹是雷平山许长史廨”。杨羲是在东晋兴宁三年（365）来到许家，感通“众真降临”，这就是说，杨羲来到许谧家的第二年，许谧就带着杨羲及儿子许翙来到在茅山建的住宅住下来。在茅山，许谧与杨羲、许翙三人合作进行了数年创作《上清经》的工作。陶弘景在《真诰》卷十九《真经始末》记载：

伏寻《上清真经》出世之源，始于晋哀帝兴宁二年太岁甲子，紫虚元君上真司命南岳魏夫人下降，授弟子琅邪王司徒公府舍人杨某（按指杨羲），使作隶字写出，以传护军长史句容许某（按指许谧），并第三息上计掾某某（按指许翙）。二许又更起写，修行得道。

杨羲袭用华侨故技，托称魏夫人等仙真降临，向自己口授经文，记下后传示二许，另行抄写，遵照修行。这样，杨、许三人最终创制上清众经31卷、诸真君传记及修行要诀。在一杨二许去世后，许翙之子许黄民收集保管杨、许创作的《上清经》经符秘箓。晋安帝元兴二年（403），因桓玄叛乱，京畿纷乱，许黄民奉杨、许的经文真迹出走浙江剡县，后经文留驻剡县马朗家。在晋、宋之际，《上清经》多被道士传抄窜益，特别是晋末道士王灵期对经文大加造制，《上清经》广泛传播开来。

齐梁道士陶弘景自幼就向往神仙道教，稍长对杨、许《上清经》产生了浓厚的兴趣。在南朝齐永明年间任诸王侍读时，师从著名道士孙游岳，学习杨、许《上清经》诰诀。据陶弘景从子陶翊《华阳隐居先生本起录》记载：

先生以甲子、乙丑、丙寅三年之中，就兴世馆主东阳孙游岳咨禀道家符图经法。虽相承皆是真本，而经历摹写，意所未惬者，于是更博访远近以正之。戊辰年始往茅山，便得杨、许手书真迹，欣然感激。至庚午年，又启假东行浙越，处处寻求灵异。

陶弘景在师从孙游岳的过程中，对于孙所传授的经过多人摹写的经典“真本”，有“意所未惬者”，于是决定外出寻找杨、许手书真迹。他于南朝齐永明六年（488）来到杨、许《上清经》创作地茅山，得到杨、许的一部分手书真迹，万分欣喜，此后两年便埋头钻研这批真迹。至永明八年（490），请假去浙东各地，继续寻访流落在民间的杨、许《上清经》真迹。

陶弘景于永明十年（492）归隐茅山，选择在茅山南部的积金岭西一带作为居住地。他率领弟子营建道馆，招聚徒众。又开拓田产作为经济来源。经过四十多年的苦心经营，使茅山成为道教上清派的基地。杨、许三君是上清派的始创者，陶弘景作为杨、许上清经法重要的传人，在茅山完成了道教上清派的创建。杨、许三人在创作《上清经》的过程中，许长史起到了组织引领的重要作用，因此，陶对许长史尤为尊崇。

三、陶弘景与许长史井

陶弘景自从归隐茅山后，一直寻找许长史的营宅旧址，特别是许长史旧井遗迹。陶弘景在《真诰 · 稽神枢第三》中作的一段注文说：

雷平山在小茅北，基址相连，田公泉今具存。左右甚多水柳树，故名柳汧，此泉即前所云浣衣不用灰者。长史宅自湮毁之后，无人的知处。至宋初，长沙景王檀太妃供养道士姓陈，为立道士廨于雷平西北，即是今北廨也。后又有句容山其（当为“民”字）王文清，后为此廨主，见传记，知许昔于此立宅。因博访耆宿，至大明七年，有术虚老公徐偶，云其先祖伏事许长史，相传识此宅只在今廨前乌柏树处，应是似犹有斋堂前井存。于时草莱芜没，王即芟除寻觅，果得砖井，土已欲满，仍掘治，更加甓累。今有好水，水色小白，或是所云似凤门外水味也。于是审知是故宅，从来空废，无敢居者，既云金乡至室，便为伏龙之膏腴矣。

许长史故宅自从湮没后，渐不为人所知。刘宋大明七年（463），句容籍道士王文清访问当地见多识广的老者，听句容术墟村老翁徐偶说，因他的先祖是服侍许长史的仆役，故知晓并指认许长史故宅的确切地址，是“在今廨前乌柏树处”，“廨于雷平西北”。雷平山，现当地人叫作雷公山，是茅山北部的一座小山头，许长史故宅处在今玉晨观旧址，位于雷平山西北不足三百米处。王文清看到乌柏树处许长史砖井尚存，已被淤土填满，上面杂草芜没。当时由王文清主办，对许长史井进行了整修，用砖作了补砌修整。

陶弘景对许长史在茅山的雷平山旁所居之地极尽称颂。他在《上清真人许长史旧馆坛碑》中说：“长史所居，尤为标胜。方将驷云虬而高骋，驱奔鹤以追风，望洪涛之浩汗，眷故都以浸远。”《真诰·稽神枢第三》载：“近所标静舍地，此金乡之至室，若非许长史父子，岂得居之。后世当有赤子贤者，乃得居此乡，尔子孙事秘之，不可轻泄。”陶弘景接这段作注说：“按此所标，即应是后云长史所营屋宅处也。金陵之地乃广，则此为最胜之地，非真仙不得居，故唯长史、掾可居耳。赤子贤者，莫测为谁，或是姓赤，或是大人，或将来英贤应运者，乃当复得居之，既方是后世子孙时事，则非今所宜预言。兼以此地福重，不欲宣广，使人滥住，致有犯秽故也。”陶弘景说许长史在茅山的住宅处，“此地福重”，是福地中的“最胜之地”，警示后世居住此地的“赤子贤者”，对此庄严胜地不宜宣扬，不使俗人滥住，以免遭污秽。

梁天监七年（508）四月，陶弘景为炼丹从茅山出走浙闽沿海，天监十二年正月回到茅山，次年在许长史故宅处“仍使潘渊文与材官师匠营起朱阳馆”（《登真隐诀》），天监十四年（515）朱阳馆工程竣工，这年陶弘景从茅山南部的积金岭东涧迁住朱阳馆。潘渊文在建成朱阳馆后，又起建一些附属建筑，主要有按陶弘景要求建造的昭真台、青坛、白塔，整修许长史旧井。陶弘景于天监十七年撰立的《上清真人许长史旧馆坛碑》中说“宅南一井，即长史所穿”“二许怀真，栽基浚井”，指明整修的“宅南一井”是许长史所建。我于 1981 年发现的天监十六年井栏，是从许长史故宅前的废井中出土的，天监十六年井栏正是安装在此“宅南一井”上的。

陶弘景于天监十四年（515）迁往朱阳馆，距刘宋大明七年（463）王文清整修许长史井已有 52 年，许长史旧井需要再次整修。《天监十六年井栏题字》说“此是晋世真人许长史旧井，天监十四年更开治”，是陶弘景在天监十四年指派潘渊文对许长史旧井进行了开治整修。这一次整修许长史旧井，相对于刘宋时王文清整修的那一次，这是第二次，所以说是在天监十四年“更开治”。此石井栏在这次“更开治”许长史旧井两年后的天监十六年安装。

天监十四年是陶弘景十分繁忙的一年。在朱阳馆建的昭真台，是陶用来封存经过千辛万苦搜集来的杨、许《上清经》手书真迹；建青坛、素塔是陶佛、道双修的标志；“更开治”许长史旧井也是陶极为重视的大事。天监十五年（516），经由梁武帝下诏，茅山道团负责在周边造井十五口，并在每口井上安装石井栏。这批井栏造好后，统一在每口井栏上题刻：“梁天监十五年，太岁丙申，皇帝愍绠汲之渴乏，爰诏茅山道出钱救苦，作亭，掘井十五口。”天监十六年井栏的石质、形制与天监十五年井栏完全一致，显然二者是同一批雕造。显然，在天监十五年，陶弘景利用造那批十五口石井栏的机会，特为“许长史旧井”加造了这口井栏。

许长史旧井井栏上的题字书者是谁？无疑为陶弘景。陶弘景作为杨、许《上清经》的最重要的传人，在他的很多著作中表达了对许长史的崇敬，自称是许长史的弟子。在《许长史旧馆坛碑》中，碑题“上清真人许长史旧馆坛碑，弟子华阳隐居丹杨陶弘景谨造”二十四字就是他手书的。再者，陶弘景是南朝梁代最著名的书法家。梁袁昂《古今书评》和梁武帝《古今书人优劣评》都对陶弘景书法有很高的评价。天监十六年井栏上的题字，仅有24字，他不至于指派弟子题写，更不可能请外地书手。

四、《天监十六年井栏题字》书法

魏晋是汉字书体急剧转型的时期。肇端于东汉末期的楷书，到南朝得到了继承和巩固。这个时期由于处在风气初开的阶段，还没有如后来唐代受森严的楷则法度的束缚，因此富有创造性，生动多变化，其中梁碑尤为显著。正如康有为《广艺舟双楫·宝南》称：“得梁一碑，胜齐、隋百种。”天监十六年井栏题字作为现存于世的梁碑，且为陶弘景所书，其重要价值不言而喻。以下就《十六年井栏题字》中的一些字的写法略作解析。

“阑”：外廓“门”写得开阔外撑，“门”内的“柬”紧结凝聚，使“门”内留出较大空白。这样的结字特点可概括为阔四周、紧中宫、空白留内的手法。

“是”：上面的“日”写得紧密，横画伸长，捺画向右下徐徐涩进，步步停顿，接近尾处略顿蓄势出锋，遒劲有力。

“真”：上部的“直”写得紧密，下部的横画长挺坚实，最后两笔开张舒展。此字甚显神秀超逸。

“人”：写笔画少的字往往难在结构上。此字虽然只有两笔，却写得力足气满。撇、捺向两边极尽开张之势，特别是捺的运笔逆势涩进，一波三折，势如屈铁，出锋处显峭快。

“史”：上部的“口”扁而紧；中间的竖长撇下笔厚重，向左下方长掠；捺画长挺，笔力劲健。此字既整体结构稳固，又恣肆开张。

“天”：上部的两横短促紧凑，而撇、捺向两边纵笔伸展，旷放势远，与左右两边的字相呼应。此字与“是”“真”“史”等字同为紧上疏下的结字手法。

有一些字是左右结构，如“许”“治”，字体左右两部分之间空间大，体势开阔，也同于扩四周、空白留内的结字手法。

《天监十六年井栏题字》是大字楷书，用笔以方笔为主，方圆并用。字的主笔画往往尽长延伸，行笔逆势涩进，线条坚浑。结体特点中宫紧密而多留空白，核心紧结，四周开阔，体势宽博雄浑。结字根据各字的笔画多少和结构特点，作最佳的艺术处理。把宽绰与结密巧妙地结合起来，字字疏密相宜，既不全疏，也不全密。在宽绰中见结密，密处不觉拥挤，疏处不觉空虚。字字神完气足，充满内在的张力，达到了完美的艺术效果。书风气格高古端重。从整体看，字体大小不一，长扁参差，错落有致。如“舊”字，体量大，体势纵长，而其相邻的字体甚小。再如“真”字，修长挺立，如玉树临风，而右边的“此”字体扁小，如玉兔伏地。正因为字体的大小长短差异大，使整体分布有纵无列，错错落落，相互呼应，极变化之妙，得自然天成之趣。固然，六朝碑铭字体不乏大小不一者，但像《十六年井栏题字》字体大小之悬殊者，唯有《瘗鹤铭》《天监十五年井栏》相类。

陶弘景在茅山道团内向弟子传授道法的几十年中，培养出很多书法高手。陶师徒曾经在山内及周边地区书写过很多碑帖，形成了具有独特书风的群体，《天监十六年井栏题字》《天监十五年井栏题字》《许长史旧馆坛碑》等碑铭，就是这个群体的代表性的作品。

茅山天监十六年井栏发现记

1981 年 5 月的一天，我去茅山搞文物调查，在山脚下一户村民家里发现南朝梁天监十六年井栏，至今回想起来仍然激动不已。

江苏省句容市的茅山是道教名山。茅山上清派在道教史上占有非常重要的地位，自公元三世纪至十二世纪中国道教的历史就是围绕茅山展开的。东晋道教代表人物许谧（许长史）父子与杨羲在茅山合作创作新道经《上清经》，此后涌现了一代代著名的道教上清派宗师。陶弘景作为道教上清派（亦称茅山宗）的实际创建者，在道教界享有崇高的威望。他自南朝齐永明十年（492）归隐茅山，至梁大同二年（536）在茅山仙逝，在茅山修道四十多年。他是一位百科全书式的杰出人物，在医药、金丹冶炼、天文历算、地理方物、经学、文学、书法等方面都有重大成就。自古以来，在茅山曾经遗存大量的道教文物，而与陶弘景有关的遗迹遗物尤多。然而，时至 20 世纪 80 年代初，已很难寻觅。

这天一早风起，天空阴云密布。我登上茅山主峰大茅峰，面对峰顶九霄万福宫破败不堪的景象，感慨万端。接着往山北寻访，经华阳洞，进元符万宁宫，所见处处是断壁残垣，荒寂无相，墙上“破四旧”的字迹赫然在目。一路穿过层林，山风呼呼作响，松林发出急促的窸窸窣窣声。往北过白云观，进入森森林海。霎时间，山风骤然狂啸，只听得由远及近，响声大作，如波涛汹涌澎湃，如千军万马骤至，我不禁悚然心惊，这大概就是古人所说的松涛吧？联想起史书关于陶弘景在茅山修道的记载“特爱松风，每闻其响，欣然为乐”（《梁书·陶弘景传》），遥想弘景先生那仙风道骨的风采，那倾听松风的神情逸趣，油然产生历史的沧桑感。

当我来到茅山北端的山村北镇街时，已是午后近晚。村东是道教上清派始创者杨羲、许谧父子修道故址，梁天监十四年（515），陶弘景迁住在此处建的朱阳馆，如今村民在这里建了住宅。这时回县城的公交末班车已过，看天空浓云低垂，霏霏雨丝一阵紧过一阵。我停歇下来，感到疲惫渴乏，寻思到村民家找水。我走进村中一户农家小院，与户主打过招呼，看到旁边猪圈里有两头壮猪，哼叫着抵拱一个沾满粪污的石井栏。

井栏形体庞大，形状奇古，石质为火山岩，表面粗糙，遍布洞孔。近前察看，透过表面的污秽，隐然似有字迹。我一阵惊喜，急忙用水冲洗，果然现出几行字迹：“此是晋世真人许长史旧井，天监十四年更开治，十六年安阑。”楷书大字，共二十四字。后经考知，这是陶弘景在许长史井上安装的井栏上的题记。无疑，井栏题字具有非常重要的历史价值与艺术价值。

我决意把井栏运到县城去，于是递上我所在文化部门的介绍信，与户主协商。我向他解释保护国家文物的政策和意义，表示即刻要把井栏运走。户主是一位老汉，自报家门叫张锦根。老汉连连点着头听完我的讲解，自豪地说，他在本村村民中最懂得保护文物的道理，当即毅然决断，让我把井栏运走。停顿了一下，他又入情入理地说："你看天色已晚，又下着小雨，今晚你就住在我家，明天一早运走不迟。"而我心急如火，他虽然不解我为何如此急迫，还是忙去找拖拉机手。拖拉机手是一位黝黑粗壮的青年，拉住我悄悄地说，他比张老汉更懂得保护文物的意义，说着与几位青年一起动手，麻利地把井栏捆扎好，装上车。我坐上拖拉机，与井栏相伴，拖拉机驶上崎岖的山间小道。这时夜幕已经降临，一路上，拖拉机颠颠簸簸地行进，咔咔嗒嗒隆隆作响，冷风裹着密集的细雨紧相随行。这样艰难地行进了五十余里，途中几经停顿，到达县图书馆已经接近子夜时分了。把井栏安放下来，这才感到全身酸软，骨节阵阵作痛。我双手抚摩着这历经人世沧桑的石井栏，长长地舒了一口气。

陶弘景撰《上清真人许长史旧馆坛碑》

《上清真人许长史旧馆坛碑》，是南朝梁陶弘景于天监十七年（518）在茅山朱阳馆撰立的，地址在今江苏省句容市茅山镇北镇街村东端玉晨观旧址处。

此碑首行“上清真人许长史旧馆坛碑。弟子华阳隐居丹杨陶弘景谨造”，这一行24字系陶弘景手书，以下全文由陶弘景弟子孙文韬书。孙文韬在书正文之前，特别注明碑首的24字，“此一行隐居手自书”。此碑原刻计26行，行56字，共1466字（不包括《碑阴记》）。后来的一些拓本经过剪裱，不复原刻排列。所见蔡世松《墨缘堂帖》重摹本，将原碑首的一行分成了两行半。《旧馆坛碑》原刻于明嘉靖初遭火毁失，有少数拓本流传。

历来有不少史志金石著作收录此碑。如清翁大年得潘稼堂传来的旧拓而著《旧馆坛碑考》，对此碑的书撰者、刊刻年代等考述颇详。关于碑的刊刻年代，有些著录说法不同，诸如梁天监七年、十三年、十五年之说。如宋张敦颐著《六朝事迹编类》

卷十四载："梁《上清真人许长史旧馆坛碑》，丹阳陶弘景撰并书，天监十三年立。碑阴刻《华阳颂》，普通三年五月五日立。唐紫阳观主刘行矩等重勒。在句容玉晨观。"张敦颐所记错误之处：一是说《旧馆坛碑》是陶撰并书，实为陶弘景仅书首行，正文是孙文韬书；二是《旧馆坛碑》非"天监十三年立"。《旧馆坛碑》碑文中说得清楚：天监"十七年乃缮勒碑坛"，此碑实立于梁天监十七年（518）。

《上清真人许长史旧馆坛碑》的《碑阴记》题下序曰："此碑梁普通三年太岁壬寅金石刊，至唐大历十三年太岁戊午凡二百六十六年，文字将湮，中山刘明素，字暎微，重加洗刻也。"《碑阴记》中对陶弘景的生平行迹等作了简要记述，文末注明日期是："普通三年五月五日略记。"《茅山志》卷二十载有《九锡真人三茅君碑文》，结衔题"梁普通三年岁在壬寅五月壬辰朔十五日丙午，三洞弟子领道士正吴郡张绎立，茅山道士孙文韬书，袁道舆刻字"，书者为孙文韬，立碑日期是普通三年（522）五月十五日，与《旧馆坛碑》"碑阴记"的五月五日仅相隔十天，地点都在茅山道观。显然，"碑阴记"亦是由孙文韬书写上石的。后来到唐大历十三年（778），因碑上字迹漫漶，刘明素重加洗刻。

文中主要记述许谧的生平事迹，并其家世及子孙等情况。许谧（305—376），讳穆，世名谧，字思玄，东晋著名道士，许迈之弟。许氏是丹阳郡句容士族，其先祖汝南平舆人。六世祖许光于东汉中平二年（185）率家族迁来句容，与葛洪家族同居句容都乡吉阳里。[①] 作为士族，许氏家族自迁来句容至东晋累世仕宦。许谧于东晋升平末（361）除护军长史，太和（366—

370）中迁给事中、散骑常侍，世称许长史。据《真诰·真胄世谱》载：许谧“虽外混俗务，而内修真学，密授教记，遵行上道，挺分所得，乃为上清真人。”碑文中说：许谧“恒与杨君深神明之契。兴宁中，众真降杨，备令宣喻，龙书云篆，佥然遍赅，灵谟奥旨，于兹必究，年涉悬车，遵行愈笃。”自东晋兴宁二年（364），许谧、许翙父子与杨羲在茅山合作创作新道经《上清经》达数年之久。许长史是创制《上清经》的发起者和组织者，后被道教上清派尊为上清真人。至刘宋《上清经》在江东广泛传播开来。齐梁时期，陶弘景搜集整理杨、许《上清经》真迹，归隐茅山，建立上清道团，弘扬上清经法，成为杨、许上清经法最重要的传人。他在《旧馆坛碑》中特别表达了对许长史的敬仰。

天监十四年四月，陶弘景夜梦仙真告知他将被召为仙官。他的弟子周子良于七月冥通，称神告说陶赴仙府的期限或许还要五年，或许十年。陶弘景先以五年计，要赶在前五年内了却几件大事，首先是考虑自己在茅山、浙东等地搜集的杨、许三君《上清经》手书真迹，如何才能永久保存，要有个妥善的归宿。正如他在《旧馆坛碑》中所说：“以隐居积蕴，三真经诰，久栖华阳，宜还旧宅，供养修理，乃敕工匠，建兹堂靖。”陶弘景于天监十四年十月迁住朱阳馆后，便在朱阳馆建“昭真台”，用于封藏杨许三君《上清经》手书真迹。天监“十七年，乃缮勒碑坛，仰述真轨”。所谓碑坛，元《茅山志》卷三十三记载：“玉晨观（许长史故宅处）入门有二坛，其左即长史坛，刻云：贞白先生立；其右云：是隐居埋名坛也。”入门二坛中的“长史坛”，即《旧馆坛碑》中记载的“东位青坛”，当为许长史旧馆坛碑的安置之处。

《旧馆坛碑》，陶弘景所书首行和孙文韬所书正文均为小楷，字体宽绰方严，在统一中有变化，小中见大。清人杨守敬十分推崇《旧馆坛碑》小楷，评论说“南朝小楷，以陶隐居《旧馆坛》为杰作。《旧馆坛碑》，唯首一行是陶隐居亲笔，然通体亦自高古绝伦”（《学书迩言·评碑》）。据《续纂江宁府志》卷九载，为此碑文附的题记说：“按碑首一行下题云：‘此一行隐居手自书’，然则其全碑当为隐居之徒所作。寻厥笔迹，与碑首一行不甚远。隐居笔法，烜赫当代。此碑虽非隐居真迹，具体而微，实有合于《书品》骨体甚峭，《述书赋》紧密自然之论，山阴矩矱其在斯乎？”元和韩履卿《崇宝铁斋金石文跋尾》评论此碑说：“观其用笔，方整峭厉，实开欧、褚之先声，一洗六朝险陋之习。”在南朝二王书风笼罩的社会风尚中，陶弘景及其弟子传承杨羲书风，以方整宽结的书风别开一路，影响后世，唐初欧、褚至颜真卿沿袭了这一路，开创了一个新的书法流派。

《旧馆坛碑》作为著名的古代碑刻，为历代金石家所重。有的学者在考证《瘗鹤铭》时，以《旧馆坛碑》作为参照，认为《旧馆坛碑》书风与瘗鹤铭相同，以证《瘗鹤铭》为陶弘景书。如顾炎武《金石文字记》说：“今考此铭（瘗鹤铭）字体，与《旧馆坛碑》正同，其为隐居书无疑。”清代林侗《来斋金石考略》中说：瘗鹤铭“可见者不满百字，观其笔意，与《旧馆坛》石大小不同，丰度则一也。”顾炎武和林侗指出《瘗鹤铭》与《旧馆坛碑》字体书风正同，是通过对二者之间书风气韵的对照，从而得出二者同出一人之手的结论。也有相反的意见，如明代陈继儒《妮古录》说：“黄伯思以瘗鹤铭为陶隐居书，似矣。独谓以《朱阳贴》(按指《旧馆坛碑》)参之绝类，则予所不许……目其寒峭取姿，与铭体方严一一相反，安得强合。”清杨宾《铁函斋书跋》云：瘗鹤铭“若陶隐居书，余曾见《许长史旧馆坛碑》，方严峭厉，整密似从黄初《劝进》《受禅》诸碑来，与瘗鹤铭殊不类。”

需要注意的是，对于《瘗鹤铭》与《旧馆坛碑》二者字体对照，应如何观察？《旧馆坛碑》是长篇碑文，在有限的碑石版面上书写小楷字，要求字体工谨方严，不能放纵。而书《瘗鹤铭》是在广阔江天中的山体摩崖上书写大字，尽可放纵挥洒，故其字势有行书笔意，尽显纵逸之气。因此，二者虽然由同一人书写，字的面貌也会有所不同。再者，还要看陈继儒所依据的是陶书的首行，还是孙书的正文？又《旧馆坛碑》经重摹翻刻，原刻的字形已有所走样，这对观察此碑也有所影响。

顾炎武和林侗判断《瘗鹤铭》为陶弘景书的依据，是《瘗鹤铭》与《旧馆坛碑》书风字体正同。可是，《旧馆坛碑》除首行外，长篇正文是陶弘景的弟子孙文韬书，即《旧馆坛碑》的书者实为孙文韬，那么，《瘗鹤铭》的书者理应是孙文韬。

注①据顾炎武（《日知录》卷二十二）：“以县统乡，以乡统里”“都乡之制，前史不载。按都乡盖即今之坊厢也。”清人法式善《陶庐杂录》说：按明建制，“在城曰坊，近城曰厢，乡都曰里”。1995年句容市文博部门在县城东郊的吉里村旁发掘一座东晋墓，出土一方名叫“许椿”的六面姓名印。许椿其人当为许谧家族的成员。

附录：上清真人许长史旧馆坛碑

弟子华阳隐居丹杨陶弘景谨造。此一行隐居手自书。

悠哉旷矣，宇宙之灵也，固非言象所传，文迹可记，默然则后之人奚闻乎？含吐万有，化育群生，本其所由，义归虞[①]昧。至于形域区分，性用殊品，事限观听，理穷数识者，傥或可论山之高，海之广，夫何故以其有容焉。大天之内复有小天三十六所，并拓宇地空，亘涂水脉，辟闱风岫，通气云巘。此山本号句曲，其下是第八洞宫，名曰金坛华阳之天，周回一百五十里，分置三府。前汉元帝世，有咸阳三茅君，得道来掌此任，故称茅山，具详传记。至晋海西[②]太和元年，句容许长史在斯营宅，厥迹犹存。宋初，长沙景王就其地之东起道士精舍。梁天监十三年，敕贸此精舍，立为朱阳馆，将远符先征，定祥火历，于馆西更筑隐居住止。十四年，别创郁岗斋室，追玄洲之踪。十五年，建菩提白塔，以均明法教[③]。十七年，乃缮勒碑坛，仰述真辄[④]。真人姓许，讳穆，世名谧，字思玄，本汝南平舆人。后汉灵帝中平二年，六世祖光，字少张，避许相诛侠，乃来过江居丹阳句容都乡之吉阳里，后仕吴为光禄勋，识宇亮拔，弈叶才明。祖尚，字元甫，有文章机见，吴中书郎。父副，字仲先，器度淹通，风格清简，晋剡令、宁朔将军、下邳太守、西城侯。长史，副第五子也，正[⑤]生，少知名，简文在藩，为世表之交，起家太学博士。朝纲礼肆，儒论所宗，出为余姚令，勤恤民隐，惠被邻邑。征入凯闱，纳言帝侧。升平末，除护军长史，本郡中正，外督戎章，内铨茂序，遐邦肃律，乡采砥行。太和中，迁给事中、散骑常侍，蝉冕辉华，事归尚德。简文践极，方优国老，倏值晏驾，于焉告退，专静山庐，以修上道。君虽措绂朝班，讽议庠塾，而心摽象外，志结霞门。第四兄远游，永和四年，嘉遁不反。君尚想幽奇，岁月弥轸，恒与杨君深神明之契。兴宁中，众真降杨，备令宣喻，龙书云篆，佥然遍该，灵谟奥旨，于兹必究，年涉悬车，遵行愈笃。太元元年，解驾违世，春秋七十有二。子侄礼窆虚柩于县西大墓，京陵之踪未远，飞剑之墎在焉。谨案真诰，君挺命所基，缘业已久，乃周武王世九宫上相长里薛公之弟也，兼许肇遗功，复应垂祉后胤。故乘运托生，因资成道，玉札所授，为上清真人，爵登侯伯，位编卿司，理仙抚治，佐圣牧民矣。真传未显于世，莫能具述。（杨君讳羲，事具真诰）长史第三子讳玉斧，世名翙，字道翔，正生，母陶威女，先亡，已得在洞府易迁宫中。君清颖莹洁，特绝世伦，郡举上计掾，不赴。糠粃尘务，研精上业，即弘景玄中真师也。恒居此宅，缮修经法。杨君数相从就，亟通真感。太和五年，于兹告逝，时年三十。真诰云，后十六年，当度东华为上相青童君之侍。帝晨受书，为上清仙公与谷希子并职（帝晨之位比世侍中）。君长兄揆，世名甽；次兄虎牙，世名联，并亦得道。揆今有玄孙灵真，在山敕立嗣真馆，以褒远祖之德。皇上乘弘誓本力，来君此土，焘育苍祇，范铸群品，导法栽俗，随缘阐教，以隐居积蕴，三真经诰，久栖华阳，宜还旧宅，供养修理，乃敕工匠，建兹堂靖。既仰祇帝则，兼阐大猷，东位青坛，西表素塔，坛塔之间，通是基址，埋瓴掩瓦，投插便值，紫烟白雾，缠徊荫盖。宅南一井，即长史所穿，井南大塘，乃郭朝遗制。源出田公之泉，路通姜巴之轨，旁枕雷平，前瞰下泊，东际连岗，北横长岭，柳汧阳谷，俱会西垂，四域之内，皆谓金陵地肺者也。长史所居，尤为标胜，方将驷云虬而高骋，驱奔鹤以追风，望洪涛之浩汗，眷故都以浸远。古人有言，匪作奚传，敢刊石颂，永属来贤。

浑枢鹜气，方祇吐灵，依性分境，传识赋形，化通八宇，功浃四溟，巡迹电灭，测体渊渟。旋区岳立，亘海云舒，搏风泳水，蹠实凭虚，亦有幽匠，开石架庐，情高身远，天府地居，萦峦已曲，画壤肺浮，五阐面启，九涂环周，长隰旁岭，交汧比流，乃称龙伏，寔谓金丘，昔在西汉，三茅来宾，爰暨东晋，二许怀真，栽[⑥]基浚井，栖道接神，允膺辅圣，锡兹侍宸。参差年代，细缊名氏，书诰具宣，精晖未弭，甑甃将沦，沉阶已毁，拱树霜摧，修庭草委，肇馆华阳，岁缠二纪，永观前猷，聿遵鸿轨。帝曰茂哉，尔焉斯止，经之营之，轮乎涣矣。胜殿密响，泻瓶扬芬，瑶宫碧简，绚采垂文，璚函玉检，绮幕绣巾，兰缸迥耀，金炉扬熏。桐柏双教，方诸兼学，并证心清，俱漏身浊。虽有离无，且华且朴，结号虚皇，筌法正觉。药征质莹，禅感慧通，行飞歘怳，扪景带虹，振苦排鄣，还明反聪，物言是力，我见无功。纷纭今古，汗漫两仪，三相幻惑，舟壑自移，缘来则应，不虑不为，式题龟录，人天鉴知。

据《江苏金石志》卷二、元《茅山志》卷二十。

【注释】

①《茅山志》卷二十，“虞”作“冥”。

②《茅山志》无“海西”二字。

③“十五年，建菩提白塔，以均明法教”，在《茅山志》中无此句。

④在《茅山志》中作“轨”。

⑤在《茅山志》中作“王”。应为“正”字。

⑥“栽”，在《茅山志》中作“裁”。

陶弘景墓砖铭文考

1986年秋，我在句容市茅山镇北镇街村西的一户村民家中，发现房墙上一些砖的侧面有模印铭文。这些砖的表面严重风化，铭文字迹大多残损。在我发现后引起村民的好奇，有儿童在凸起的字迹上摩擦刻划，砖文受损严重。据这户村民说，这三间房墙是用在村西田间古墓中挖出的青砖砌成。此墓在玉晨观旧址[①]西约1.5公里，据村民说，在墓中挖出少量铜器、陶瓷器，墓门处砌有铭文砖。我当时就墙体较低处的不同砖文拓印了十余条，随后写出报告，发表于江苏《东南文化》1987年第3期。本文通过砖文内容，对此墓与陶弘景的关系等问题作一些考述。

一、“华阳隐居幽馆”墓砖铭文

墓砖铭文拓片计13条，分列如下：

1. 梁天监十八

2. 梁天监十八年造甓

3. 梁天监十八年造甓十九

4. 八年造甓十九年立虚墎

5. 华阳隐居幽馆

6. 胜力菩萨舍身

7. 释迦佛陀弟子

8. 太上道君之臣

9. 行大乘之六度

10. 修上清之三真

11. 憩灵岳以委迹

12. 游太空而栖神

13. 玄武延躯

以上砖文前4种为纪年文字，把1—4砖文连接起来，即“梁天监十八年造甓十九年立虚墎”，共14字。由这条完整的纪年砖文可知道，砌这座墓的用砖在梁天监十八年（519）烧造，用于次年砌建墓圹（立虚墎）。纪年砖上的“甓”字，今写作“砖”。“砖”的本字是“甎”，还有“甓”“塼”等别体字，古时写作“甓”较常见。如黄庭坚《呈外甥孙莘老》诗中“甓社湖中有明月，淮南草木借光辉”，就是用“甓”的写法。另外，纪年砖上的“墎”字，本为“郭”的异文，假借为“窟”，窟穴的意思，此处指墓穴。

据《茅山志》卷八记载：

隐居幽馆在雷平山西南。宋元祐初，中贵人罗淳一学道山中。尝意隐居（墓）之藏有丹砂异书，一日穴墓（打开），往观焉。唯铁绳悬一空棺，内有一剑并盂镜各一而已。其圹甃甓环绕，相次成文，隐起甓上，其文曰：“华阳隐居幽馆，胜力菩萨舍身。释迦佛陀弟子，太上道君之臣。修上乘之六度，□□□之三真。憩灵岳以委迹，游太空以栖神”。书迹神妙，当是隐居手书。墓既开，道士辈遂摹此符文以示世人，淳一后亦得尸解之道。元祐六年长乐林希子中所传如此。

据以上记载，宋元祐初年，茅山脚下的“华阳隐居幽馆”（以下称“幽馆”）被掘开，当时在茅山学道的中贵人（皇帝宠信的太监）罗淳一到了现场，看到墓壁砖上有“隐起”的文字，书法神妙，认定是陶弘景手书。从墓砖铭文内容等情况来看，宋人与我发现的铭文砖同是从“华阳隐居幽馆”墓中出土的。宋时只是把墓掘开，取出少量墓砖，至 20 世纪 60 年代当地村民把墓砖全部挖出。今发现的墓砖铭文中的 8 种（砖文拓本图版 5–12）与《茅山志》所载宋人发现的 8 种砖文相同，只是宋人未记载纪年砖文。

据《陶贞白集 · 附录》中《瘗剑履石室砖铭》记载的此墓 8 条砖文是：

华阳隐居幽馆，胜力菩萨舍身。释迦佛陀弟子，太上道君之臣。行大乘之六度，修上清之三真。憩灵岳以委迹，游太空而栖神。

《瘗剑履石室砖铭》记载的 8 条砖文与《茅山志》卷八所记 8 条对照，其中 3 条个别字有所不同。前者的“行大乘之六度”，后者写作“修上乘之六度”；前者“修上清之三真”，后者缺前 3 字；前者“游太空而栖神”，后者为“游太空以栖神”。以今发现的砖铭文与上述两者相对照，可证《瘗剑履石室砖铭》所记完全正确，《茅山志》的记载个别字有误。其中把“大乘”

错写成“上乘”，或是故意为之。另外，实物拓本图 10 的“修”和图 12 的“栖”字，在《茅山志》中分别写作“修”和“棲”，皆相通。

墓砖铭文中的“华阳隐居幽馆”，是说华阳隐居（陶弘景的号）得道成仙后在幽冥界的居所，即陶弘景预为自己“尸解”后的遗骸进行安置的墓室。大概在春秋战国时期，人们开始想象地下有一个亡灵的去处，或叫“黄泉”[②]，或叫“幽都”[③]。王逸注《招魂》云：“幽都，地下后土所治也，地下幽冥，故称幽都。”这与《礼记·士丧礼》等所载之“幽宅”相同，是相对于人生前的居所而言。“华阳隐居幽馆”是相对于陶弘景生前居住修道的道馆而言。道馆源于神仙派道士出家隐修的精舍（或称靖室）。与汉末兴起的五斗米道等组织形式不同，“晋宋之际道教在组织形式上出现了具有重要意义的变化，即道馆制度的兴起”，“道馆与佛教寺院类似，是更为成熟的宗教组织形式”。[④]陶弘景归隐茅山伊始，带领弟子在积金岭西部一带建道馆华阳上馆和华阳下馆，后又在茅山建曲林馆、嗣真馆、朱阳馆等。

宋黄庭坚《山谷题跋》卷一《跋王荆公书陶隐居墓中文》也有涉及陶弘景“幽馆”的记载：“熙宁中，金陵、丹阳之间，有盗发冢，得隐起砖于冢中。识者买得之，读其书，盖山中宰相陶隐居墓也。其文尤高妙，王荆公常诵之，因书于金陵天庆观斋房壁间，黄冠遂以入石。”在北宋熙宁（1068—1079）年间，有人盗掘古墓，挖出墓中的“隐起砖”，识者解读砖文，知是从陶弘景墓中出土的。砖文高妙，王安石十分欣赏。黄庭坚的记载因是间接得知，只说了陶弘景墓的大概方位在今南京至丹阳之间。茅山东接丹阳县，是黄庭坚所说的这个范围。此墓被掘开的时间在熙宁年间，比《茅山志》记载的宋元祐（1086—1093）初年罗淳一所见早十余年。

《茅山志》记载宋罗淳一见到的墓砖铭文“隐起甓上”，黄庭坚《山谷题跋》说“得隐起砖于冢中”，二者都说到墓中的铭文砖为“隐起砖”。什么是“隐起”？王瑛《唐宋笔记语辞汇释》解释：“隐”为“映现”“呈现”，释“隐起”为“凸现出”“浮现出”。以实物相印证，今发现的从“幽馆”出土的所有铭文砖上的文字笔画都是凸起的，此即《茅山志》和黄庭坚所谓的文字“隐起甓上”。

古代砖铭制作方法有三类，分为模印法、刻划法、书写法。陶“幽馆”的砖铭是用的模印法，其制作工艺是：先在木质范具上阴刻文字，再把制坯泥压印在模具中。从模具中脱出的泥坯晾干后，装进窑内烧制，出窑后的砖上字的笔画凸起，铭文即“隐起甓上”。

二、陶弘景归隐茅山

陶弘景（456—536），字通明，丹杨秣陵（今南京）人。出身江南士族家庭，早年学儒家经典，以才学闻名于世。他一生经历南朝宋、齐、梁三个朝代，齐时曾任巴陵、安成、宜都诸王侍读，至36岁才授予他“奉朝请”（六品文官）闲散之职。眼看自己的人生规划已不可能实现，决定归隐山林。

陶弘景在幼年时就向往山林，向往神仙。他的从子陶翊《华阳隐居先生本起录》说："戊辰年（南朝齐永明六年，公元488年）始往茅山，便得杨、许手书真迹，欣然感激。至庚午年（永明八年，公元490年）又启假东行浙越，处处寻求灵异。"他对道教经过系统考察和深入研究后，最为崇信上清派，决定以东晋杨羲、许谧、许翙创作《上清经》的住地茅山作为归隐修道之地。南朝齐永明十年（492）五月，他向皇帝上表辞官，带着弟子、仆从离开京师，迳往茅山而去。他们由秦淮河坐船至方山埭，经湖熟坐船入破岗渎[⑤]，向东到今句容市春城镇附近登岸，向南大约15公里便到达茅山，"乃中山立馆，自号华阳隐居。"[⑥]"人间书札，即以隐居代名。"[⑦]从此开始了他后半生四十多年的修道生涯。

陶弘景选择在茅山积金岭西一带营建住所，亲自勘察设计，带领弟子及仆役披荆斩棘，艰苦创业，并委派首席弟子陆敬游具体负责基建工程。经过七年努力，修建了道路，建成华阳上馆、下馆等道馆及其他设施，师徒终于有了安居之所。又置田亩，耕作种植，足可丰衣足食。陶弘景甚感欣慰，特别对陆敬游赞赏有加，于齐永泰元年（498）赐予陆敬游"栖静处士"号，特撰策文《华阳隐居授门弟子陆敬游十赉文》，"遣总事弟子戴坦秉策执简膝授前学弟子吴郡陆敬游"，文中记述了师徒艰苦创业的情形：

于是褫带青墀，挂冠朱阙，携手东驱，创居兹岭。脉涧通水，徙石开基，登崖斫干，越壑负卉。筋力尽于登筑，气血疲乎趋走。肤色憔悴，不以暴露为苦；心魂空慊，宁顾饥寒之弊？栋宇既立，载罹霜暑。于时七稔，经始甫讫。今日之安，尔有勤焉。[⑧]

陶弘景动情地述说率弟子初隐茅山创业的艰苦经历。他对创业工程的艰巨性显然始料未及，亲见爱徒陆敬游等弟子徙石开基、披荆斩棘的艰辛劳苦，心生无限的怜惜，对陆敬游特作嘉许和奖赏。

积金岭位于大茅峰与中茅峰之间，东西走向。积金岭西部是平缓的山岗，这里现有著名的元符宫。山岗南沿下临开阔的低洼谷地。谷地的东面是山岗名老虎岗，华阳洞即在岗下。谷地西边是一座小山叫望母山（现山上有新四军抗日烈士纪念碑）。自华阳洞口往西有一条深涧，名叫楚王涧，蜿蜒抵望母山脚下。由望母山南沿有一条进山的道路。陶弘景在《真诰·稽神枢第一》中作的注文记述道：

此即隐居今所住东面一横垄也。此垄纯绝石，石形甚瑰奇，多穿穴，侧旁磐纡下深，乃有无底处，屡投赡物，在中间玲玲之响久之。此云多金物，亦当是久来真仙所投也。西南有大石壁，耸而坼开，内有洞，入数丈渐狭小，不复容人，乃飙飙有风。外数步便有一涌泉，冬夏清流，即下解所资。近外涧口又有一涌泉，水势乃驶上者，冬温而夏冷。今正对逻前小近下复有一穴，涌泉特奇，大水大旱，未尝增减，色小白而甘美柔弱，灌注无穷。但恨在山西，自不得东流耳，亦别开决作东流用之。又渡此岭东南有一石穴，水东流，极好，其处隐障，甚可合丹，即后所云菌山之前也。正患去径路近，车声人响，殆欲相闻。今若断此路，不复听车声人行，便是第一处，方当思为其宜。茅山住止，惟有隐居今所住及南洞口长史宅处乃极好，所恨迥旷。

且此一山通无虺蝮毒螫，时有青蛇，都不犯物，虎亦甚少，自古来未闻害人。山居不问道俗，皆少温病。山德宽容，不到险阻，但恨无青林冬夏常郁，如东间诸山耳。自隐居住来，爊养成秀，于形望大好。山出好术并杂药。绝宜松柏，而本无人植，不容自生，今亦分布，岁种之耳。

从以上陶弘景对积金岭西一带环境的描述可了解，陶弘景所指的在“大石壁”下，内有洞，即今所称老虎岗下的华阳洞。在洞口外面有三股涌泉汇流入楚王涧，楚王涧终年水流不断。陶弘景选择在积金岭西部建道馆，是看到这一带环境地势优越，水源丰富，适宜居住修道。据宋贾嵩《华阳陶隐居内传》卷中引用《登真隐诀》云：陶弘景在华阳“上馆以研虚守真，下馆以炼丹治药”。上馆在今元符宫一带。下馆在楚王涧西端的崇禧万寿宫旧址处（《茅山志》卷十七）。明代人都穆[⑨]《游茅山记》一文中说：“至崇禧万寿宫，其东有东西楚王涧，自华阳洞西三水合流，趋宫之前。相传昔楚威王游憩于是。沈灵官清缘率道士出迓，宫盖梁贞白华阳下馆。”崇禧万寿宫是著名的茅山三宫之一，于20世纪50年代废，在此处掘为水库。近年又在旧址旁边新建崇禧宫。在华阳洞前，20世纪80年代还存有一条通经洞口的古人留下的砖砌小道，站在洞口往上看摩崖石刻，必须仰面，相当壮观。在这一带若尽可能保持原生态是不是更好？

华阳洞摩崖，估高约6米，宽约5米。摩崖上部刻有“华阳洞”3个巨幅楷书体大字，字径逾1米。摩崖上还镌刻有题名20多方，其中最早有唐咸通九年（868）句容县令李茂文的题名。“华阳洞”三个大字无书者署名，史志亦无记载，字体风格为颜体。陶弘景在《真诰·稽神枢第一》中称华阳洞摩崖为“大石壁”，说明陶在世时此洞尚未叫作“华阳洞”。《真诰》里所谓“华阳洞天”，不是指今天说的老虎岗下的华阳洞。至唐代华阳洞才名闻朝野，成为皇家举行金箓斋投龙简的名洞，后历代因袭。唐玄宗崇道，以茅山为中心，征召道士，封号赐物，先后两次受茅山上清箓，由第十二代宗师司马承祯、第十三代宗师李含光分别担任度师。唐代大书法家颜真卿十分钦敬李含光，在大历六年（771）8月自抚州返京途中来到茅山。又于大历十一年（776）应上清第十四代宗师韦景昭请求，撰写纪念李含光的碑文，并于第二年5月书丹刊石，立于茅山紫阳观，是为著名的《李玄静碑》。颜真卿在碑文中记述唐玄宗以李含光为度师受上清法箓的情形：“先时玄宗将求大法，请先生为师，先生竟执谦冲，疾辞而退。洎七载春，玄宗又欲受三洞真经，以其年春之三月，中官赍玺书云，其月十八日克受经诰。是日于大同殿洁修其事，遂遥请先生为元师，并赐衣一袭，以申师资之礼，因以‘玄静’为先生嘉号焉。仍诏刻石于华阳洞宫以志之。”[10]他这次来到茅山书《李玄静碑》，本对玄宗诏刻石于华阳洞宫特别关注，并在道士的请求下，题写“华阳洞”三字乃顺理成章。观察颜书《李玄静碑》中的“华阳洞”三字，与洞上摩崖的“华阳洞”三字相对照，二者形神极似。综上述判断，摩崖“华阳洞”三字当为颜真卿手书。

茅山自秦汉以来就是一座宗教气氛浓厚的名山。秦汉以后人们逐渐认定茅山“华阳洞天”是有神仙驻守的仙境。陶弘景《真诰·稽神枢第一》中描述华阳洞天的情景道：

大天之内有地中之洞天三十六所，其第八是句曲山之洞，周回一百五十里，名曰金坛华阳之天。洞墟四郭上下皆石也，上平处在土下，正当十三四里而出上地耳。东西四十五里，南北三十五里，正方平。其内虚空之处一百七十丈，下处一百丈，下墌犹有原阜垅偃，上盖正平也。其内有阴晖夜光、日精之根，照此空内，明并日月矣。阴晖主夜，日精主昼，形如日月之圆，飞在玄空之中。句曲之洞宫有五门，南两便门、东西便门、北大便门，凡合五便门也。虚空之内，皆有石阶，曲出以承门口，令得往来上下也。人卒行出入者，都不觉是洞天之中，故自谓是外之道路也。日月之光既自不异，草木水泽又与外无别，飞鸟交横，风云蓊郁，亦不知所以疑之矣。所谓洞天神宫，灵妙无方，不可得而议，不可得而罔也。

茅山华阳洞天是大天之内地中洞天三十六所中的第八洞天，内有日月映照，有昼夜之分，草木水泽，飞鸟交横、风云蓊郁等，一如人世间。这个“洞天神宫”无比美妙，是一个有神灵仙真居住的广大神秘空间。

陶弘景作《华阳颂》之《形位》篇首句云“总神列三府”，“三府”是指大茅君、中茅君、小茅君的神仙官府机构，分别叫太元府、定录府、保命府。据《茅山志》载，西汉咸阳人茅盈、茅固、茅衷三兄弟来到茅山修炼，得道成仙，世称三茅真君。他们在茅山修炼，功德卓著，影响深远，故句曲山转名叫茅山。相传三兄弟成仙后，大茅君任司命真君，以赤城山（今浙江天台山的一部分）为治所；中茅君任定录真君，以句曲山（今茅山）

为治所；小茅君任三官保命真君，以良常山（今茅山北部的一座山峰）为治所。据《周氏冥通记》卷一载："定录、保命二府同在一域，而名界有分，各天真守之。二君并姓茅，是兄弟，兄守定录，弟守保命。"中茅君定录府和小茅君保命府同在茅山"华阳洞天"境内，二府又分各自的辖区。每年的三月十八日和十二月二日，已经调驻赤城山的大茅君茅盈都要回到茅山来与两位弟弟相聚[11]。在陶弘景《真灵位业图》中，中茅君是神灵界七个等级中的第六位阶的主神，小茅君列在中茅君的左位。中茅君茅固在《真诰》中任茅山华阳洞天宫府的首长，又为整个真灵界七个位阶之一的主神。

与虚拟的"华阳洞天"不同，茅山的"福地"却实有所指。陶弘景在《真诰》中，对茅山福地有详细的记述，摘录几段如下：

越桐柏之金庭，吴句曲之金陵，养真之福境，成神之灵墟也。……（右弼王王真人喽，令密示许侯，此即桐柏帝晨所说，言吴越之境唯此两金最为福地者也。）（卷十一，括号内为陶弘景注）

句曲山，其间有金陵之地，地方三十七八顷，是金陵之地肺也。土良而井水甜美，居其地，必得度世见太平。（卷十一）

金陵，古名之为伏龙之地。河图逆察，故书记运会之时，方来之定名耳。至于金陵之号，已二百余年矣。（寻金陵之号，起自楚时，至秦皇过江厌气，乃改为秣陵。汉来县旧治小丹阳，今犹呼为故治也。晋太康三年，割淮水之南属之。义熙九年，移治斗场。元熙元年，徙还今处，此是江东之金陵耳。传所言

二百余年者，是吴孙权使人采金，屯居伏龙山，因名金陵，自然响会，所以叹河图之逆兆也。)（卷十一，括号内为陶弘景注）

金陵之左右，泝谷溪源，陵之左有山也。右有源泝名柳谷，陵之西有源泝名阳谷。《名山内经福地志》曰："伏龙之地，在柳谷之西，金坛之右，可以高栖。"正金陵之福地也。（卷十一）

按今小茅东北一长大山名大横山，云本名郁岗山，山即在今所谓伏龙之东。……近东南取长史宅，至雷平间，甚有可住处。义兴蒋员茑等今并立田舍于岗下，近去长史宅四五里。（卷十一，此段为陶弘景语）

许长史今所营屋宅，对东面有小山，名雷平山。（卷十三）

审知是（许长史）故宅，从来空废，无敢居者。既云金乡至室，便为伏龙之膏腴矣。（卷十三，陶弘景语）

按此所标，即应是后云长史所营屋宅处也。金陵之地乃广，则此为最胜之地，非真仙不得居，故唯长史、掾可居耳。赤子贤者，莫测为谁，或是姓赤，或是大人，或将来英贤应运者，乃当复得居之，既方是后世子孙时事，则非今所宜预言。兼以此地福重，不欲宣广，使人滥住，致有犯秽故也。（卷十三，陶弘景语）

通过《真诰·稽神枢》的记载，可了解茅山福地的大概范围。茅山福地名为"金陵之地"，此处的金陵古名为"伏龙之地"。吴孙权曾经派人屯居此地的伏龙山采金，因名金陵。在此福地，从上古至秦汉都有过仙人居住。据明代都穆《金薤琳琅》卷十记载："予尝游茅山，至玉晨观，其前有雷平池，池南为伏龙岗，玄静葬其上。"玉晨观在许长史所营屋宅处（现茅山镇北镇街村东），宅南是雷平池，池南是伏龙岗，上清十三代宗师李玄静、十四代宗师韦景昭葬于伏龙岗。许长史宅东南不远处是雷平山（现当地叫雷公山），宅东面四五里是郁岗山（现叫青龙山，乾元观所在山）。以上涉及的地域广阔，有三十七八顷，许长史宅是其中的"最胜之地"，是"金乡至室"，是"伏龙之膏腴"。陶弘景称此处福重，非真仙不得居，只有许谧、许翙这样的真仙才当居住。所以对此处不宜宣广，不应让凡人滥住，以免招致玷秽。

三、丹事苦旅

据陶弘景《登真隐诀》记载："天监三年，上将合神仙饭，奉敕论牡荆。"除了神仙饭，萧衍还想要仙丹，要求陶为自己研制仙方。陶本来就有进行炼丹实验的愿望，恰巧萧、陶二人在同一天晚上都做了与炼丹有关的梦。据《内传》卷中记载：

天监三年，夜梦有人云："丹亦可得作。"是夕，帝亦梦人云："有志无具，于何轻举，式歌汉武？"帝久之方悟。登使舍人黄陆告先生："想刀圭未就，三大丹有阙，宜及真人真心，无难言也。"先生初难之："吾宁学少君邪？"帝复以梦旨告焉。乃命弟子陆逸冲、潘渊文开积金岭东，以为转炼之所，凿石通涧，水东流矣。

萧衍要求陶为自己炼仙丹，陶一开始面露难色，说道："吾宁学少君邪？”[12]萧衍又以“梦旨”神意相告，于是陶弘景接受了皇帝交给的炼丹任务。其实，陶此前已在华阳下馆做过一些炼丹实验，但均无进展。他正在为炼丹问题纠结时，夜梦说“丹亦可得作”，于是有了信心。陶弘景明白，对于皇帝交给的炼丹任务，虽然有压力，但皇帝能为炼丹提供有利的条件，充分供应炼丹所需药物等。从此他在生命的后半期踏上了一条漫长而艰辛的炼丹实验之路。

丹经对炼丹地点的要求十分严格，如要在环境幽僻的深山，远避世俗人众，山中须有充足的洁净的流水，且向东流等。陶此前在楚王涧西的下馆炼丹，“但恨在山西，自不得东流耳”。所好在积金岭东“有一石穴，水东流，极好，其处隐障，甚可合丹”。[13]石穴水流向东，与华阳洞西面的楚王涧相对，称为东涧。贾嵩《内传》记载说“凿石通涧水东流”，我曾实地观察，没有也不可能把华阳洞西的流水凿石引向东流。天监四年（505）春，陶弘景决定在东涧开辟炼丹场地，把华阳上馆和下馆分别交给弟子王法明、陆逸冲掌管，自己带上潘渊文、许灵真、杨超远搬到东涧住下，就此进入极隐秘状态，专心炼丹。《内传》卷中记载陶炼丹的情况道：

是岁有事于炉燧，明年元日，开鼎无成。重九复燧，亟多不偶。限竟开鼎，复无成。先生平居，凛然如斋戒，自摄心转炼，弥能谨笃。至于燃鼎用阳燧，日中取火，盖其精如此。性少睡，未尝昼寝，夜坐往往及晓。常于月明读书，及是为积烟所熏，火下欲不见字。帝知之，送波律烛。[14]

陶弘景《登真隐诀》记载：

四年初营，自起火至限竟，用砻谷糠凡一千二百斛。药屋入夜复虑精物干触，必宜闭户，其烟气蓬勃可知矣。

陶弘景于天监四年(505)开炉炼丹，第二年(506)正月开鼎，观察这次炼丹的结果，认为没有达到丹法的要求。在这年重阳再次点火，结果仍不顺利。这两次炼丹仅就鼎下烧的砻糠就达1200斛。陶弘景亲自在丹房里操作，忍受烟熏火燎，眼睛受到损害。梁武帝听说后，特命人送来波律烛[14]。陶弘景并不以辛苦为意，只因两次开炉未获成功，心中不免焦急。他认真地查寻炼丹不成的原因，思考下一步的打算。

《登真隐诀》云："此事朝野声迹显著，人人皆有望，此最犯戒忌之大也。"陶弘景认为，炼丹须在声迹旷绝的深山，远避人群。炼丹有诸多禁忌，若要避免这些禁忌，就需要换一个适宜炼丹的环境。于是他做出了一个出人意料的决定：秘密离开茅山，前往偏远的建安（郡治今福建建瓯）、晋安（郡治今福建福州）一带寻找开辟炼丹场地。他把这个计划向梁武帝作了报告，萧衍回复道：

知欲徙卜，想谘请幽胜，谋及蓍龟。但迁徙之日，为当使人，为当使鬼？犹蹑跻因地，其不灭也。[15]

梁武帝回信对陶弘景的这个决定颇不以为然，实则不同意他外出。但陶决心已定："专意直往，不复疑异，惟是心计，旁无知觉。""天监七年夏四月，先生改名南游。"[16]《内传》卷中说他：

称静斋五旬，一皆断绝，乃以夜半出山，天大晦冥，人莫能见。负笈以从者二人，改名氏曰王整，官称外兵。初欲入剡，或度天台至浙江，值潮波甚恶，乃上东阳，仍停长山。闻南路有海掠不可行，稍进赤岩。宿瞿溪石室，梦人告云："欲求还丹，三永之间。"乃自思惟，知是永嘉、永宁、永康之际。因是出访村人，咸云过此室上百余里至永康，兰中山最为高绝。诘朝乃往。经纪山，良可居，惟田少，无议聚糠。后入楠溪青嶂山，爱其稻田，乃居。

陶弘景于天监七年4月，托言"静斋五旬"，[17]在一个漆黑的深夜，带上两个随从，悄然潜出山外。一路上化名王整，官号外兵，[18]向浙江沿海方向行进。原计划先去剡县（今浙江嵊县），后翻过天台山到达浙江边，不料遇上波涛汹涌，无法渡江，于是顺江上行，到达东阳郡长山县城（今浙江金华）。这时听说南路海盗猖獗，遂往赤岩。在夜宿瞿溪石室时，梦到有人说："欲求还丹，三永之间。"醒来思忖，认为这是神意指示自己在永嘉（郡治在永宁县，今浙江温州市）、永宁（县治今温州市）、永康（县治今浙江永康，时属东阳郡）之间寻找炼丹地点。经询问村民，知永康南的兰中山高峻壮美，于是来到兰中山。但是这一带地方稻田少，无法得到充足的炼丹所需的稻谷糠，只好转移。据《周氏冥通记》记载：这时，"忽值永嘉人谈述彼山水甚美，复相随度峤，至郡投永宁令陆襄。"陶弘景一路上不肯惊动官府，惟有这一次由兰中山到永嘉郡后，投奔永宁县令陆襄。陆襄送陶到天师治堂住宿，陶遇到寄居在治堂的12岁少年周子良，收下周子良为徒。在此陶弘景发现楠溪青嶂山一带有很多稻田，遂在这里住了下来，租田自己种稻。可是，此地连年闹灾，收成不好，加上盗贼猖獗，陶弘景师徒生活十分艰难。在这一带坚持了两三年，总是不见好转，于是决定仍然按照最初的计划南下建、晋地区。据《内传》卷中记载：

会荒伦，连岁不谐，兼寇掠充斥。乃曰：“尝闻《五岳图》云，霍山是司命府，必神仙所都。”乃自海道往焉。过牛岑，出海口，东望扶桑，乃慨然叹曰：“平生侠，无学而不学，今日一皆休矣。”霍山连略当六七百里，隐隐如阵云，岩崿惊拔，特异他处。先生足蹑真境，心注玄关，大有灵应感对，事秘不书。亦人稀田寡，复以无糠为患。复自海道还永嘉，至木溜，形势殊好。会上使司徒慧明迎还旧岭。道中书敕相望，仍欲先生至都下。先生至晋陵，辞以疾，乃还华阳。

陶弘景在《登真隐诀》中记述了师徒奔波的经历：

壬辰年六月，便乘海还永嘉。木溜屿乃大有古旧田墟，孤立海中，都无人居，甚可营合。八月，至木溜，见其可居，始上岸起屋。十月，司徒慧明至。于时，愿得且停木溜，与慧明商榷，往复积日，永不敢许，于是相随而还也。

《五岳图》所说的霍山在晋安郡境内，是著名的仙山，是茅山宗尊奉的祖师茅盈的仙府所在地。陶弘景来到霍山地带，看到霍山觉有灵应感通，然而这里人稀田少，不能解决炼丹所需的稻糠，无奈决定回永嘉。天监十一年（512）六月陶一行由海路返回永嘉。八月行至接近永嘉海岸船过木溜屿时，陶发现这个海岛有不少废弃的农田，无人居住，正是适宜炼丹的好地方，于是登上木溜屿，造屋砌灶，准备在这里长住，决心炼成九转还丹。不料在海岛木溜屿仅住两个月，到十月，梁武帝派的特使司徒慧明找到岛上来了。陶与司徒慧明协商，希望在岛上再住一段时间，但司徒一口回绝，坚决不允，无奈只好与司徒慧明一起踏上回茅山的归途。途中特转道鄮县礼阿育王塔，据《茅山志》卷十记载：

泛海诣霍山，经年还木溜屿。武帝有敕迎还旧山，因诣鄮县礼阿育王塔，自誓受五大摄戒。

陶弘景在鄮县（今属浙江宁波）礼阿育王塔，自誓受五戒，皈依佛教。鄮县阿育王塔[19]，相传里面藏有佛祖释迦牟尼真身舍利，陶弘景在此阿育王塔前发愿受戒，与在佛祖本人面前等同。这样，他在本为道士身份的同时，又成为佛家弟子，表明他是佛、道兼修的双重身份。陶弘景一行在返回茅山的路途中，不断接到梁武帝催促速回的敕书。萧衍传信希望陶弘景径直来京师会面，但陶走到距茅山东面六十多公里的晋陵（今江苏常州）时，称病不肯去京师，直接回到茅山。梁武帝渴望陶来京相会，因有很多话题，从朝政到文学书法，无不想与陶讨论。据记载："国家每有吉凶征讨大事，无不前以咨询。月中常有数信，时人谓为山中宰相。"[20]在他们之间不仅有频繁的书信往来，梁武帝还经常派人往茅山送去内府的法书古物，请陶鉴定真伪。他们之间关于书法的答启文本，传世有陶启五，梁武帝答四。因陶的五篇启牍是与梁武帝往还评鉴书法的书信，唐代统称其为《论书启》，论者认为这是反映陶书法思想的重要文献。

陶弘景师徒于天监十二年（513）正月回到茅山。[21]"既归，入住东涧"。[22]他这次长达数年的东南之行，本决心要成功地炼出仙丹，结果愿望没能实现，无疑使他感到失望。然而，他做事一贯认真，性爱探索，凡是想要干的事情，无不"打破砂锅问到底”，回到茅山后继续炼丹。天监十四年（515），他从积金岭东涧迁住在许长史故宅处建的朱阳馆，次年移住在馆东郁冈峰下建的药物静院。据《登真隐诀》说：“昔李明于此下合九鼎丹，以外玄洲发掘基址，屡得破瓦器，乃其旧用。”李明是秦代人，茅山宗尊奉他为真人，曾在茅山郁岗峰下修炼，遗存有一口井，相传是李明炼丹井。陶弘景迁住此处后，便在朱阳馆和郁岗斋室之间来回穿行。

据《内传》卷中记载：“自南岳还，鼎事累营皆不谐。乃非都无仿佛，每开鼎皆获霜华。门人佥谓此为成。”但每次开鼎，陶对结果都不满意，对照《丹经》要求，认为还有很大差距。到天监十八年（519），炼丹似有转机。据《内传》卷中记载：“累年所得，一皆埋藏，而十八年飞华虽无杂色，光彩特异，欲试作黄白，以验成否。”天监十八年开的一鼎，从光彩看，似乎达到了标准，但他仍然不放心，并不视为成功。他作为道士自然相信修道成仙，但他素有崇真求实的精神，经过长期的炼丹实践和思考，对于服用仙丹可白日飞升的功用产生了疑问。据《内传》卷中记载：

是夕摄心乞感，忽见有人来，朦胧如烟云中，语云：不须试，试亦不得。今人多贪，忽闻金玉可作，便求，竟毁天禁。正此是成，但未都具足。仍复作叹声云：世中岂复有白日升天人，渐服自可知。言讫，飒然东去。于是乃不试。

陶弘景由于“摄心乞感”而生的神灵指出，因为“今人多贪”，故令丹法黄白术失效，这就表明没有了白日升天的可能性。同时他对自身的问题作了反思。据《内传》卷中记载：

至是乃叹曰："昔闻幽说，云仙障有九，名居其一。使吾不白日登晨者，盖三朝有浮名乎？南真高尊，既非轻举；小掾萧邈，复是变解。玄师旧辙，诚宜仰遵也。"

陶弘景内心处在深深的矛盾之中。前人关于丹法功效的记载清清楚楚，白日升仙的例证言之凿凿，而自己长期以来为炼丹费尽心血，为什么一直未能成功，无法实现"白日登晨"的理想？他找到了一个重要原因，就是自己在经历的宋、齐、梁三朝名声过大。但转念想到自己崇仰的两位高级仙真南真（魏华存）和小掾（许翙），都是尸解成仙的，想到这里顿感释然。他表示要仰遵这两位仙真的"旧辙"，走他们的成仙之路。

陶弘景炼丹虽然屡经挫折失败，但是对炼丹仍然十分执着。这一方面是由其性爱探究的秉性使然，另一方面是因为梁武帝交给他的炼丹任务尚未完成。普通五年（524）再燃炉火，次年开鼎，这是他炼的第七炉丹。对于这一鼎炼出的仙丹，陶弘景宣称是成功了，终于可以给梁武帝一个交代。《南史·陶弘景传》对这次炼丹记载说："后合飞丹，色如霜雪，服之体轻。及帝服飞丹有验，益敬重之。"

在今人看来，古代炼丹术从总体上说缺乏科学基础的支撑，但是，令古代炼丹术士想不到的是，他们的炼丹实践为后世近代化学开了先河。

四、陶弘景与周子良

东晋许谧（许长史）家族曾是天师道吉阳治基地，与句容相邻的曲阿（现丹阳市）、晋陵（今常州市）的道门人士有密切的关系。曲阿人李东是“许家常所使祭酒，先生（按指许迈）亦师之。家在曲阿，东受天师吉阳治左领神祭酒。”[23]许谧与四兄许迈都曾拜李东为师。许迈是东晋著名道士，与王羲之交厚。许谧早年也信奉鬼神道派的天师道，后更热衷仙道，于是去距吉阳里20多公里的茅山脚下建宅（玉晨观旧址）修道。许谧广交江南仙道之士，其中有华侨、杨羲。据《真诰》载，晋陵人华侨也属于江南士族，他对家传的俗神信仰没有兴趣，特来句容许家吉阳治求天师道法，不久转而着重钻研神仙道术。他在许家听到大量在茅山一带流传的神仙故事，渐渐沉迷其中，竟产生了神灵降临的幻觉。据《真诰》卷二十载：“渐渐真仙来游，始亦止是梦，积年乃夜半形见。裴清灵、周紫阳至，皆使通传旨意于长史。而侨性轻躁，多漏说冥旨被责，仍（乃）以杨君代之。”裴清灵、周紫阳等仙真降授华侨诰语，然后华侨把仙真的旨意诰语传达给许谧。不久发生华侨“漏说冥旨”的错误，被神仙责罚，使他进行的接灵传旨突然中断。今人或问，华侨通灵突然中断的真实原因是什么呢？似可作这样的分析：华侨通灵传旨进行了一个阶段之后，自身对于各种仙道知识、信息的运用、加工和提炼已经枯竭，再也无法进行下去了，不得不以神灵责罚为名，封闭了自己的感通思路，从幻觉中挣脱出来，离开了许家，于是许谧请来杨羲接手接仙传旨。华侨通灵接真虽然失败，但对接替他的杨羲起到了强烈的诱导作用。据《真诰》卷二十载，杨羲生于东晋咸和五年（330），“本似是吴人，来居句容，真降时犹有母及弟。君为人洁白，美姿容，善言笑，工书画。少好学，读书该涉经史。性渊懿沉厚，幼有通灵之鉴。与先生（按指许迈）、长史（许谧）年并悬殊，而早结神明之交。”杨羲开始通灵传旨之时，年 36 岁，通灵地点依随许谧的住处变动而定，主要是在茅山建的住宅。杨羲本有才华，对修存思内视术极有天赋，并吸取了华侨的经验教训，成功地进行了接灵传谕的造经活动。他声称有魏夫人等众神仙降临，向他传授大量的经文口谕，随即将经文口谕记录下来，交给许谧、许翙父子，二许重新抄写，遵照修行。杨、二许三人合作进行的这种降真传谕活动持续了好几年，最终创制了道教新经典《上清经》。杨羲的通灵传谕术为后来的周子良袭用。

关于周子良的事迹，元代张雨据《周氏冥通记》等撰《玄品录》记载道：

周子良，字元和，茅山陶隐居之弟子也。本豫州汝南县人，寓居丹阳建康西乡清化里。祖文朗，宋江夏王国左常侍。所生父耀宗，文朗第五子，郡五官掾，早卒。继父耀旭，扬州议曹从事。母永嘉净光，怀娠五月，梦室中仙圣皆起行，四面来绕已身。以建武四年丁丑岁正月二日人定时生。十岁随母还永嘉。天监七年，隐居东游海岳，度峤至永嘉。憩于天师治堂，而子良始已寄治内住，时年十二，因求入山，服节为弟子。始受《仙灵箓》《老子五千文》《西岳公禁虎豹符》，便专心于香灯之务。凡好书画，人间杂伎，经心则能。后随往南霍及反木溜，十一年从还茅岭，进受《五岳图》《三皇内文》。十二年秋，其家中表亲族来投山居，乃出就西阿别解住。子良密受灵旨，降真接仙，而隐居未尝有疑。盖自十四年乙未岁五月二十三夏至日，忽尔寝卧弥纶，良久乃起，是为感降之始。其年十月二十七日[24]，日昳后，平卧尸解，时年二十。隐居料理箧蕴，而永无遗记。十一月甲子旦，因往燕口洞，果得一大函书，遂登崎岳钩取，拜请将还，即是从来受旨所封。函中皆散纸杂糅，乃依日月次第，类为《周氏冥通记》四卷。隐居又撰《周玄人传》于记前，进之武皇帝。子良盖三生学道，初生周达家，次生刘伟家，其学道精勤之福，方流今身。已经三过上仙籍，其中或犯非法而复落去，故经生死乃遂。始得保命府改名太玄，字虚灵，为保籍丞，后更奏东华，为保晨司，而刻名紫玉之简者矣。众真降教玄旨，具于本记中也。（《玄品录》卷四）

周子良于南朝齐建武四年（497）正月二日生于浙东余姚，生父周耀宗任过郡掾吏。周子良出生仅一年就被送给在余姚精舍修道的姨妈徐宝光抚养，自幼生长在奉道气氛浓厚的家庭环境中。据陶弘景在《周氏冥通记》卷一的一处附注说："周家本事俗神祷，俗称是帛家道。""子良祖母姓杜，为大师巫，故相染逮。外氏徐家，旧道祭酒。姨母化其父一房入道。"子良的姨母徐宝光十岁出家，随师学道。周子良自幼跟随姨母生活，耳濡目染，道教的神灵观念在他幼小的心灵扎下了根。

自从陶弘景在永宁天师治堂收周子良为徒后，周子良跟随陶弘景经历了数年辗转跋涉，于天监十一年十月从木溜屿启程，第二年正月回到茅山。天监"十二年秋，其家中表亲族来投山居，乃出就西阿别解住"。[25]"西阿别廨"位于积金岭西部的低缓山岩上，现元符宫附近。周子良的亲属多人来到茅山，陶弘景把周子良及其亲属一起安排在"西阿"一处住所。在这次来茅山的亲属中，有姨妈徐宝光、生母徐净光、弟弟周子平、舅父徐普明（道士）。另外还有几个人在周子良身边生活。周子良在天监十四年（515）五月二十三日的记录中，写有赤豆、郎善、令春、留白等人名，其中说郎善家在永嘉，寄身于陶弘景先生处。由此可见，当时浙东不断有人来到茅山投奔陶弘景。

陶弘景这次为炼丹奔波于东南沿海约五年之久，结果炼丹未成，而“自南岳还，鼎事累营皆不谐”。[26]这无疑使他十分苦恼，这种苦恼的情绪反映在他的一次梦中。据《周氏冥通记》卷三记载，陶弘景对天监十四年七月二日周的记录所作的注说：

隐居此年四月，自得梦，应被召，云：“宫府已整，唯作印未成。”意甚恻恻，径向周说。

陶弘景在天监十四年四月的一次梦中，仙真告知他将被召为仙官，府署已经建好，只是官印尚未制作好。他醒后思忖梦中神告，知自己将要赴任仙曹，也就是将要离开现实的人生，他的内心不免沉重而矛盾，于是直接向爱徒周子良说了此事。周子良与恩师感情深厚，不免着急，急忙告诉姨妈徐宝光，经商量决定向仙真奏请，盼能延长恩师在世时日等。姨妈悄悄备好供品，由潘渊文写好上奏牒文，周子良与潘渊文一起代师傅向仙真奏请。随后陶弘景得知后，询问周子良，周说确有此事，再问详情，却支支吾吾不肯说，陶也不再追问。

陶弘景自收周子良为徒至天监十四年，约有7年，对周子良关爱有加，多次赐予他道经，悉心传授上清经法。周子良本就聪慧，神思专注，具宗教敏感。特别是杨羲、华侨通灵接仙的事迹，对他产生了强烈的精神诱导作用。他身居“华阳仙境”

处的茅山，认定定录、保命二府的仙官日夜在山中巡行，尤其是自从师傅把梦中神告之事告诉他后，使他产生了仙官降临自己面前的幻觉，催化他快速地进入通灵状态，仅在陶弘景梦中神告一个月后的五月二十三日，周子良便开始了冥通接仙。

“忽而寝卧弥纶，良久乃起，是为感降之始。”[27]这一天是夏至日，将近正午时分，周子良睡在积金岭西的住所床上，在迷迷糊糊中，一位叫“赵威伯”的仙官来到面前，谈到有关周子良个人及其他事情。陶弘景在《周氏冥通记》中作的注说，仙官赵威伯在别的文本中称作“赵丞”。此后仙真仙官频繁降临，其间他一再向仙真询问关于师傅赴任仙职的消息。在《周氏冥通记》中，有天监十四年七月二日夜的记录说，这天夜里，定录君、保命君及赵丞等七位仙真仙官降临，对周子良作了一番诰语后，赵丞、定录君先后说道：

丞曰：陶隐居事，近亦不无此议。卿姨屡有请，二君乃无异。但恐余处不必允耳。定录曰：陶某名录多阙穿处不的由，纵见由我，我亦不得自任。中旬间当与思和往诸司命间论之。意此必无苦，勿卒忧悒。[28]

这是周子良为陶弘景夜梦被召之事而奏请仙真所得到的答复。七月十三日傍晚，定录君和赵丞等降临，告知周子良去司命府请示的结果，具体谈了关于陶弘景赴任仙府的问题：

定录曰：“昨与思和至太元府，仍诣南夫人论陶某事，乃得由少时。”子良问申几时，又曰：“未测几时，或五年、十年。事虽关我，亦由上府，继东华，隶司命，未敢为定。”赵丞仍曰：“且已被东宫之命，令且住召陶某事。”子良问：“召为何职？仙官鬼官？”丞答：“蓬莱都水监高光坐治水之事，被责，似欲以陶代之。既且停召，当更选耳。此是仙官，隶司阴府，掌水事。以陶有劳，故得补之。如陶意似不大欲为此位，既仙，陶当不知。卿可以事白陶也。”少许时又曰：“夫人生祸延福凑，皆有因所至，非神所之所。如陶今夕心意，岂复忆此。虽云欲荡情散虑，恐亦未能都去。如何复言合丹事云云。”㉙

这次仙真降授，吩咐周子良“卿可以事白陶”。故周子良才将仙真所诰一并抄录纸上，待天亮（七月十四日早上）交给师傅，陶弘景这才知道仙府对自己仙职安排的种种考虑。仙真说陶在仙界的档案名册多有缺失，赴仙曹任职的时日延期，延至何时尚不能确定，或许五年，或许十年。打算让陶担任的仙职是“蓬莱都水监”，特别说明这是仙官。赵丞预测陶对此职务不甚满意。七月九日夜仙真王紫阳降临，与周子良对话：

王君曰：“茅定录及周紫阳所诫，实为深矣，足为子之实录也。此句曲山中亦有三四人入下仙品，欲知之乎？”子良因问：“家师陶公何如？”答曰：“假令尔如其者，则期真不难也。陶久入下仙之上，乃范幼冲等也。”㉚

陶弘景对仙真关于自己在仙曹品级的说法甚感困惑，在“王君语”条下加附注道：

一本作中仙之中，后黵作下仙之上，未解所以。既云久入，今当由怠替致降二阶邪？范幼冲为童初监，出《真诰》中，未知真仙品与都水监何如耳？已说句曲有四人，欲知之乎？而竟不得问是谁，甚为可恨。

陶弘景说曾经看过一个文本，是把自己列入“中仙之中”，而这次王紫阳却说自己是“久入下仙之上”，这就降了两级，不知何故，但他作了自我反省，检查自己是否由于修行怠惰所致。他还想了解将要赴任的仙职“蓬莱都水监”在仙曹的品级几何？与范幼冲[31]相比孰高孰低？同时，他也十分关心弟子们修道成仙的问题，对于周子良没有及时向仙真询问哪四人入下仙品深感遗憾，发出“甚为可恨”的感叹。

尽管陶弘景知道自己五年或十年后赴任仙职，并且“都水监”之职与他的理想目标有很大落差，但是他没有消极等待，而是积极作为。据陶弘景于天监十七年（518）撰立的《上清真人许长史旧馆坛碑》[32]记载：

梁天监十三年，敕贸此精舍，立为朱阳馆，将远符先征，定祥火历，于馆西更筑隐居住止。十四年，别创郁岗斋室，追玄洲之踪。十五年，建菩提白塔，以均明法教。十七年，乃缮勒碑坛，仰述真躯。

皇上乘弘誓本力，来君此土，焘育苍祇，范铸群品，导法栽俗，随缘阐教。以隐居积蕴，三真经诰，久栖华阳，宜还旧宅，供养修理，乃敕工匠，建兹堂靖。既仰祇帝则，兼阐大猷，东位青坛，西表素塔，坛塔之间，通是基址。埋瓴掩瓦，投插便值，紫烟白雾，缠徊荫盖。

天监十四年（515）朱阳馆落成后，陶弘景又建了多项工程：建昭真台，把他搜集保存的杨、二许《上清经》手书真迹封存起来；建青坛、素塔，这是陶道、佛双修的标志；天监十四年（515）整治朱阳馆前的许长史旧井，并于天监十六年安栏题记；在朱阳馆东郁岗峰下建郁岗斋室。陶还热心为当地百姓做善事，天监十四年六月，茅山地区久旱不雨，百姓困苦，他特与爱徒周子良联名作“请雨词”，上章求雨；天监十五年（516），茅山道团出资出力，在茅山地区沿路掘井十五口，并作亭安栏，题刻纪念。[33]

陶弘景于天监十四年（515）十月十九日从茅山南部的积金岭东涧迁住朱阳馆，[34]周子良也从积金岭西廨随来朱阳馆住下。不久，周子良说，定录君告诉他住朱阳馆不好，于是陶在馆西为他建造了一处住房。周子良于天监十四年五月二十三日开始通灵，到第二年十月二十七日“尸解”，时年二十，至十一月三日日昳（过午的太阳）葬于东岗（朱阳馆东面的岗地）。据《周氏冥通记》说，周子良是应仙曹之命，赴任仙职“保晨司”，位在中仙。陶弘景当得知周子良“尸解”时，急忙赶来，所见现场一片狼藉，哀叹莫名，并沉痛自责，说自己疏忽，没有及早发现周子良的动态，追悔莫及。陶弘景因不能与众神灵交通，故随着周子良的离世，有关自己赴仙曹任职的进一步的信息再也无法得知了。周子良去世后，人们在朱阳馆附近的燕口洞发现了一匣未及焚烧的文稿，散纸杂糅，陶弘景亲手进行了整理。这是周子良在过去一年多与众仙真降授对话的记录稿。陶弘景将这些文稿按照月日次序进行编排，加上注释，作成了一部四卷本的《周氏冥通记》。天监十六年十二月底，陶弘景派潘渊文把《周氏冥通记》呈送梁武帝。因书中内容是众仙真降授所诰，故编纂体例与《真诰》相同。书中前面有陶弘景撰写的《周子良小传》，还有天监十六年十二月二十六日陶弘景作的《进〈周氏冥通记〉启》和梁武帝的批答。陶在进书启中写道：“但某覆障疑网，不早信悟，追自咎悼。”梁武帝批答道：“省疏，并见周氏遗迹真言，显然符验。前诰二三明白，益为奇特。四卷今留之，见渊文并具一二，唯增降叹。”

周子良与杨羲虽然同为通灵接仙，但是他们各自接仙传谕的内容并不相同。杨羲吸取了《黄庭经》的身神思想、上清神学，融会贯通，创作出道教新经典《上清经》。在《周氏冥通记》中，众位仙真仙官降授的内容大多与个人之事有关，另有阐述道教神仙理想的内容，以及一些佛经义理，如“功果”“缘业”等。《周氏冥通记》的意义在于其是继《真诰》之后又一种关于道教徒神秘体验的宝贵资料，为研究上清派存思内视术提供了重要资料。

杨羲和周子良所进行的通灵传谕术，是以虔诚庄重的态度进行的。今人推想他们通灵接仙的大概情况：他们作为上清派道士，在存思冥想的修炼过程中，下意识地关闭了对外界的感觉，进入了封闭的内视状态，造成所祈望的仙真神灵及其他有关事物真切地出现在面前的幻觉，使他们平时积累起来的仙道知识、修道经验和各种信息，连同个人的、集体的无意识，包括零散的不经意的，都被调集、激发和整合起来，得到灵感的创造性的发挥、加工、提炼。组成一个个奇异鲜活的场景和情节。这种再创作产生的成果，借助于幻觉中的神灵回授给自我，随即记录下来。杨羲每当通灵接仙时，便把仙真诰语急就草书于纸上，如《真诰·运象篇第一》记载：“右三条，杨君草书于纸上。”华侨、杨羲和周子良一脉相承，他们通灵接仙的方式有两种：一是在睡梦中仙真降临口授诰语，猛然醒来随即记下仙真谈话的内容；二是在醒时状态下，因幻觉而“真切”地看见仙真降临自己面前，与自己交谈，这种形式更便于记录仙真的诰语。这两种形式由华侨通灵的情形可证：华侨“遂入道，于鬼事得息，渐渐真仙来游，始亦止是梦，积年乃夜半形见。”[35]据《周氏冥通记》记载，周子良冥通发生在梦中的共有46条，发生在醒时状态下的有63条。他记录仙真降授诰语与杨羲“草书于纸上”的情形相同。据《真诰·翼真检第一》载：“又按杨书中有草行多儳黵者，皆是受旨时书，既忩遽贵略，后更追忆前语，随复增损之也。有谨正好书者，是更复重起以示长史耳。”由此可见，杨羲及周子良在通灵接仙时，将仙真降授的内容当即速记，满纸涂改勾连，然后加以整理。

五、华阳隐居幽馆砖文内容

陶弘景为自己预建“幽馆”，于天监十八年（519）烧造了建墓用的大量青砖，其中铭文砖十余种，每一种铭文砖烧造了很多块。这些砖铭文的内容，首先一条是“华阳隐居幽馆”，是指待陶弘景去世后安葬形骸的墓室，如前所述。以下就其他砖文内容分别作一些解读。

砖文“梁天监十八年造甓十九年立虚墎”：前述陶弘景在天监十四年四月夜梦神告，自己将要赴任仙府，他考虑要提早为身后事作准备。到七月，通过周子良通灵得知自己赴仙府任职的时间，或许还有五年，或许还有十年。他先作五年的打算，从天监十四年算起，到天监十九年便满五年。这样，到天监十八年(519)时就必须把建墓的砖烧造出来,以便十九年建墓圹。在天监十八年制作砖模具时，他把“天监十八年造甓”和“十九年立虚墎”书刻在模具上。然而到第二年，梁武帝把“天监”年号改为“普通”，“天监十九年”应为“普通元年”（520）。可是，这些纪年砖已经烧制好，在建“华阳隐居幽馆”墓圹时，没有重新烧造纪年砖，实际上“天监十九年”并不存在。

砖文“修上清之三真”：陶弘景作为道士，表明自己所修行的道派是杨羲、许谧、许翙二真人开创的道教上清派，修行和弘扬杨羲、许谧、许翙三真创作的上清经法。

砖文“太上道君之臣”：“太上道君”是道教上清派尊奉的重要神仙。随着《上清经》的出世，东晋出现的仙道新派别提出了与天师道不同的全新的神学，其中包括一套新的神灵谱系。《大洞真经》所称的“高圣太上玉晨大道君”，在许多场合简称为“大道君”“太上大道君”或者“玉晨道君”“玉晨大道君”等。《洞渊集》关于“大道君”云：“玉晨道君者，乃大道之化身也。……道君即审道之本，洞道之元，为道之炁，即师事元始天尊，称受道弟子焉。犹是老君禀而师之矣！居上清真境禹余天中。”[36]太上道君为元始天尊的弟子，老君之师，居住“上清真境禹余天中”。陶弘景撰《真灵位业图》(全称《洞玄灵宝真灵位业图》)，根据多种道书仙传，将其中近七百名神灵的名讳称号，以图谱的形式一一列出。按从上天到地下的次序，将众神依次排列为七个位阶，每一个位阶都有一位居中的主神，其左位、右位分别排列若干名神灵。太上道君是第二位阶中的主神，全称叫“上清高圣太上玉晨玄黄大道君”，这个名称在《大洞真经》中称为“上清高圣太上玉晨大道君”，陶弘景在其中加了“玄黄”二字，是为了表征乾坤二仪初分的时空状态。陶弘景在《登真隐诀》下卷简称其为“太上高圣君”或“太上玉晨道君”，在书写“幽馆”砖文时简化为“太上道君”。陶弘景作为创建上清派的一代宗师，修道的目标绝不只是成为“蓬莱都水监”那种低级的仙官。事实上，从陶弘景“华阳隐居幽馆”出土的墓砖铭文来看，并没有“蓬莱都水监”的名号，而是有大量的“太上道君之臣”铭文砖。这表明陶弘景认为自己有资格成为第二位阶主神“太上道君”的臣属，其依据是什么呢？是上清第八代宗师孙游岳的夜梦茅君神告。陶弘景在南朝齐永明年间，就兴世馆主东阳孙游岳咨禀道家符图经法。孙游岳有众多弟子，惟对陶弘景最为器重。元《茅山志》卷十《八代宗师传》说：孙游岳“先生尝梦茅君曰：‘青华小童复降句曲，汝弟子中，善护持之。’永明间，陶弘景入山，先生异其丰神超迈，且闻身有斗文，因省所梦曰：青华小童岂非斗中真人耶？即尽嘎其法。”依据此说，陶弘景本来就是“青华小童”转世。在上清派神仙谱系里，青华小童就是“上相方诸宫青童君”，是上清派崇尚的仙人。在《真灵位业图》中，青华小童与杨羲、许谧、许翙三真人同居于上清级，在茅山宗所谓上清经法“上天七传”中担任第五传。既然陶弘景是青华小童转世，这就使陶有了权威的充分的依据，凭高级仙真青华小童转世的身份列在神灵界第二位阶主神太上道君左右位序列，理所应当成为“太上道君之臣”。

砖文“释迦佛陀弟子”“胜力菩萨舍身”：陶弘景在表明

自己将升仙成为“太上道君之臣”的同时，又宣称自己是“释迦佛陀弟子”。据《茅山志》卷十载：陶弘景于天监七年“至永嘉楠江青嶂山，梦佛授记，名胜力菩萨”。陶弘景“梦佛授记”发生在居住青嶂山期间，天监八年（509）前后。所谓“梦佛授记”，是在梦中佛祖给他“授记”，即告知他成佛的时间、地点、名号等，确认他“名胜力菩萨”。陶弘景写“胜力菩萨舍身”这条砖文，表示自己以“胜力菩萨”的身份舍身于佛门。“胜力”是在佛经中出现过的佛名，如曹魏天竺三藏康僧铠所译《佛说无量寿经》卷下云：“佛告弥勒：不但我刹诸菩萨等往生彼国，他方佛土亦复如是。……其第六佛名曰胜力，彼有万四千菩萨皆当往生。”陶弘景“梦佛授记，名胜力菩萨”，佛祖授予他“胜力菩萨”名号，即为“胜力菩萨”转世，以“胜力菩萨”的身份自可成为佛祖“释迦佛陀弟子”。

砖文“行大乘之六度”：陶弘景书写这条砖文，表明自己奉佛修行的主要内容是大乘佛教的“六度”。六度，亦译为“六到彼岸”，是六种从生死此岸渡人到达涅槃（寂灭）彼岸的方法或途径，是大乘佛教修行的主要内容，其基本精神是救苦救难，普度众生。六度内容包括：布施（檀那）、持戒（尸罗）、忍辱（羼提）、精进（毗梨耶）、禅定（禅那）、般若（智慧）。据《大乘庄严经论》卷七载，六度是一个循序渐进的整体，由不爱财方能持戒，由持戒方能忍辱，由忍辱方能精进，由精进方能禅定，由禅定方能趋向涅槃之般若。陶弘景虔诚事佛，遵行戒、定、慧的法则，修心见性，以证入空净圆融之境。

砖文“憩灵岳以委迹”“游太空而栖神”：这两条表达了

陶弘景一生的志趣和追求。由于受到家庭和社会环境的熏陶，他在幼年时就萌生了对神仙的向往。据萧纶《解真碑铭》载："有乡人得葛洪《神仙传》，见淮南八公诸仙事，乃叹曰：'读此书便使人有凌云之气。'于是寝兴讽诵，晨昏不辍。"据《内传》卷中载："先生有乘云御龙心。自云：年十二时，于渠阁法书中见郄愔以黄素写太清诸丹法，乃忻然有志。"《华阳陶隐居集》一书收录了陶弘景15岁时写的赋体散文《寻山志》，表达了向往超然世外、入山隐修的情怀。

按照神仙学说，从凡人到神仙有一个过渡空间，这就是仙山。他们认为求仙者要想成仙，就必须远离尘世，住进仙山灵岳进行修炼，这样才有可能实现修道成仙的理想。秦汉以来，中原战乱不断，北人纷纷南下，其中有一些仙术之士会聚江南，遂使江南兴起神仙方术之风。后来修仙者渐渐形成一种共识，认定江南某些风景优美、人文气氛浓厚的山有"洞天""福地"，是神仙居住的仙山。句容县的句曲山（茅山）就是这样的仙山，认定茅山有"华阳洞天"仙境，这个传说影响很广，令修道之士神往。萧纶《解真碑铭》中说陶弘景："到于句容，登于茅岭，以此地神仙之宫府，灵异之栖托，往不知返，遂卜居焉。"陶弘景要在"憩灵岳以委迹"中，实现成为"太上道君之臣""释迦佛陀弟子"的理想，达到"游太空而栖神"的精神自由的境界。

砖文"玄武延躯"：在村民墙上拓印这条砖文时，缺末字。得到麦先生有关大作提示，末字正为"躯"。据《真诰·协昌期第二》载：

范幼冲，汉时尚书郎，□解地理，乃以冢宅为意。魏末得来在此童初中，其言云："我今墓有青龙秉气、上玄辟非、玄武延躯、虎啸八垂，殆神仙之丘窟，炼形之所归，乃上吉冢也。"其言如此。

范幼冲吉冢术是一种厌胜镇墓方术。由于"冢墓百忌害气之神"，特制定"吉冢之法"，用以镇除冢墓的"害气之神"。这种"吉冢之法"，对于墓中的设置、"四灵"布局等，都有特定的规制。如"侯王之冢，招摇欲隐起九尺，以石方圆三尺，题其文，埋之土三尺也。"若能掌握"吉冢之法"，"必能审此术，子孙无复冢墓之患，能知坟墓之法，千禁万忌，一皆厌之，必反凶为吉，能得此法，永为吉冢，不足宣也。"[37]陶弘景对范幼冲的吉冢之法作了细致的研究，在梁天监十八年为自己造"幽馆"墓砖时，按照建"上吉冢"的要求，书写制作"四神"四种铭文砖，铭文分别是："青龙秉气、朱鸟辟非、玄武延躯、虎啸八垂。"此四神铭文砖当分别置于相对应的四个方位。当时我在村民墙上发现砖铭文时，因限于条件，没能在墙体的上部和内壁寻找，仅发现四神铭文砖中的"玄武延躯"一种。

"玄武"是中国古代神话中的北方之神，后成为一种道教信仰，同青龙、白虎、朱雀（又称朱鸟）合称为四方四神，在道教神仙谱系中有很高的地位。《礼记·曲礼上》："行前朱鸟而后玄武，左青龙而右白虎。"孔颖达疏："玄武，龟也。"我国古代天文学中的二十八宿测候法，将北方七宿（斗、牛、女、虚、危、室、壁）看作龟蛇的形象，位于北方，属水，称为玄武。《后汉书·王梁传》："玄武，水神之名。"李贤注："玄武：北方之神，龟蛇合体。"《席上腐谈》称：玄武即乌龟之异名。

龟，水族也，水属北，其龟黑，故曰玄。龟有甲能捍御，故曰武。且龟是世间最长寿的生物，具有长寿延年的象征意义。

六、道佛儒兼修

陶弘景于天监十一年在鄮县礼阿育王塔，皈依佛教，从此修道和奉佛同时进行。据邵陵王萧纶《解真碑铭》载：陶弘景在茅山“大造佛像，爰及写经、起塔、招僧，备诸供养。自誓道场，受菩萨法，梦登七地，又得嘉名，具以启闻，蒙敕许可。”[38]唐人释法琳《辩正论》卷六载：“《陶隐居内传》云：在茅山中立佛、道二堂，隔日朝礼，佛堂有像，道堂无像。”[39]陶弘景在临终前向弟子作出“遗令”曰：

既没，不须沐浴，不须施床，止两重席于地，因所著旧衣，上加生裓裙及臂衣袜冠巾法服。左肘录铃，右肘药铃，佩符络左腋下。绕腰穿环结于前，钗符于髻上。通以大袈裟覆衾蒙首足。明器有车马。道人、道士并在门中，道人左，道士右。百日内夜常燃灯，旦常香火。[40]

他要求道士与和尚共同为自己办理后事丧仪，要求遗体装束用佛、道两教的服饰，所有仪式细节都要符合道、佛双修的要求，符合他“太上道君之臣”和“释迦佛陀弟子”的双重身份。对于陶弘景奉佛，道教内有人提出异议。既要成仙，同时又要成佛，这二者的关系如何调处？陶弘景如何回答呢？

在南北朝时期，儒、释、道三教兼修蔚然成风。南朝的帝王贵族大多对三教兼收并蓄，陶弘景就是三教兼修的代表人物。

他早年“训诂七经”[41]，青年时期曾为修身、齐家、治国、平天下的儒家人生理想而奋斗。后来归隐茅山修道，成为实际创建道教上清派的一代宗师。同时他对佛教有深刻的研究，在《真诰》等著作中，时有阐发佛教义理的内容与儒、佛、道兼修的论述。他认为“夫万象森罗，不离两仪之育；百法纷凑，无越三教之境”，[42]主张“崇教惟善，法无偏执”。[43]他在《真诰·叙录》中说：“仰寻道经《上清》上品，事极高真之业；佛经《妙法莲花》，理会一乘之致；仙书《庄子·内篇》，义穷玄任之境。此三道足以包括万象，体具幽明。”陶弘景在《答朝士访仙佛两法体相书》中，着重阐发了道教仙学，兼论佛法，旁及儒家。他以形神论解释三教的义理及其相互关系：

斯族复有数种，今且谈其正体。凡质像所结，不过形神。形神合时，是人是物；形神若离，则是灵是鬼。其非离非合，佛法所摄；亦离亦合，仙道所依。今问以何能而致此？仙是铸炼之事极，感变之理通也。当埏埴以为器之时，是土而异于土，虽燥未烧，遇湿犹坏；烧而未熟，不久尚毁。火力既足，表里坚固，河山可尽，以形无灭。今为仙者，以药石炼其形，以精灵莹其神，以和气濯其质，以善德解其缠，众法共通，无碍无滞。欲合则乘云驾龙，欲离则尸解化质，不离不合，则或存或亡。于是各随所业，修道进学，渐阶无穷，教功令满，亦毕竟寂灭也。

陶弘景对儒道佛三者的关系的研究非常深刻，认为三者在本原和追求的最高理想上本是相通的，在本质上都追求人与自然的和谐，都追求真、善、美，慈悲为怀。三教修行的具体方法和途径也可以兼容，互相补充。他认为“众法共通，无碍无滞”，尤其是道、佛二教都侧重于开通个体的自由，具有更多的相通之处。

陶弘景对那些昏聩浅薄的学道者作了严厉的批评，也是对于那些对陶佛道双修有异议的人的驳斥。他在《登真隐诀·序》中说："屡见有人得两三卷书，五六条事，谓理尽纸上，便入山修用，动积岁月，愈久愈昏。此是未造门墙，何由眄其帷席！"他一生都在追求理想的人生目标，认为修道者的理想，不仅要修道成仙，而且在成仙后还要上升到更高境界，即佛教追求的脱离轮回的涅槃。

在南北朝时期三教融合论流行的情况下，道教界有一些道士对佛教的涅槃思想产生了浓厚的兴趣，反而淡化了对道教的肉体飞升的最高追求。当时道教界有一位代表人物顾欢，他认为神仙"非穷妙之至名"，成仙并非终极目标，成仙后还要升级，"品极则入空寂"。[44]顾欢曾在陶弘景之前编辑过杨羲、二许的"真诰"，在南朝齐永明末年去世。陶弘景对顾欢非常推崇，引为知音。据陶弘景《登真隐诀·序》中说："既撰此粗立，乃辍书而叹曰：若使顾玄平（按即顾欢）在此，乃当知我心理所得，几于天人之际。往矣，如何，孰与言哉？方将寄之于玄会耳！"陶弘景主张为仙者要"各随所业，修道进学，渐阶无穷，教功令满，亦毕竟寂灭也"。这与顾欢"品极则入空寂"的思想十分契合。

陶弘景在对自己佛道双修满怀期许中，只是有一事让他时时挂怀纠结，那就是"缘业"问题。据《周氏冥通记》卷二记载，天监十四年六月一日夜，周子良通灵谈陶弘景"缘业"的问题。

问曰："陶氏才识何如？"答曰："德操渊深，世无其比。"又曰："然恐缘业未及，如何？"㊺

仙真说陶弘景自身存在的"缘业"尚未能消除，这是他实现道、佛双修的理想目标的一大障碍。"缘业"是佛教的概念，是所谓因果中的"因"，其中包括前世的"业"、世俗欲念等等，会转化成下一世的"果"。陶弘景临终前作《告逝篇》示门人，开头两句"性灵昔既肇，缘业久相因"，"缘业"生生世世随"业"流转，代代相因。他相信自己存在"缘业"障碍，决心要在今生今世清除这个障碍，以使自己顺利实现道、佛双修所追求的理想。为此，他到晚年对道、佛双修更加严谨专注。据贾嵩《内传》记载，他到了晚年"文章气调，弥更英逸。所居楼，虽入室弟子不许窥伺也"。他在晚年修行的重点，淡化了仙道的白日飞升之术，强化了对佛法的修行，以期消除"缘业"。他要在将成为上清高级仙真的同时，还要进一步实现脱离轮回的涅槃，达到灵魂所归的至高境界。

七、砖铭书法

铭文砖用于墓室，盛行于汉魏、两晋、南北朝，到隋代少见，唐代几乎消失。宋、元以降，砖铭的用途发生了根本的变化，基本上不再用于墓室。从南朝地域墓葬出土的铭文砖来看，数量并不多。陶弘景"华阳隐居幽馆"却出土大量的铭文砖，而且历史价值和艺术价值都非常高。"幽馆"墓砖铭文总体上属于楷书体，部分字含隶书笔意，如“太上道君之臣”“释迦佛陀弟子”中的字，撇、捺、钩保留有翻挑的笔法。个别字如“太上”二字为隶书体，字体形扁，笔势向左、右两边上翻，书写率意自然。另外，“幽馆”铭文砖的制作工艺是沿用秦汉以来的模印法，砖文字迹呈阳文。由于文字笔画凸起的效果，字体更显得圆劲刚健，带有一种浓厚的金石气息。

从“幽馆”砖文整体来看，很像天监十六年井栏题字书风，且以二者中同有的“真、天、监”三字作比较，形神一致，二者当同为陶弘景所书。前述宋人发现“华阳隐居幽馆”铭文砖时，判断砖文“书迹神妙，当是隐居手书”（元《茅山志》卷八），此说并非凭空臆断。“幽馆”是陶弘景预为自己建的墓室，他要求符合范幼冲关于“上吉冢”的规制。在烧造建墓圹的砖时，最重要的是要造好铭文砖，因此铭文内容的拟定和书写就是他关心的重中之重，陶弘景必定会亲力亲为，不可能让别人代写。

【注释】

① 玉晨观：地址在现茅山北部北镇街村东。此处原是东晋道教代表人物许谧营宅修道故址。梁天监十三年（514 年），梁武帝下诏买下此处，为陶弘景建朱阳馆。陶弘景于天监十四年迁住朱阳馆，最后在此道馆去世。后历代在此处翻建的道观屡有兴废，北宋时此处道观称玉晨观，一直沿用下来。

② 黄泉：《左传》“隐公元年”载郑庄公语。

③ 幽都：见宋玉《招魂》。

④ 任继愈主编《中国道教史》，上海人民出版社，1990 年版，第 166 页。

⑤ 破岗渎：东吴时期在句容地区开凿的一条人工运河，是当时联系京都建邺（今南京市）与太湖流域的“黄金水道”。据《建康实录》卷二记载：吴赤乌八年（245）8 月，“使校尉陈勋作屯田，发屯兵三万凿句容中道，至云阳西城以通吴会船舰，号破岗渎，上下一十四埭，通会市，作邸阁。仍于方山南截淮立埭，号曰方山埭。”“案其渎在句容（县城）东南二十五里，上七埭入延陵界，下七埭入江宁界。”此运河东段经城墙、吕坊寺、南塘庄入丹徒宝堰镇，是为上七埭，接通济河、简渎河，经延陵镇直达丹阳城南，水入江南运河；西段经鼍龙庙、毕墟、何庄庙、小其、淤乡等村为下七埭，水入赤山湖，经湖西柏岗埭，西接秦淮河，再经方山埭，北抵南京市入长江。破岗渎至南朝梁代废弃，陈朝时再修，隋代废止。在上世纪八十年代句容城东南 11 公里春城镇粮站处尚有破岗渎遗迹。

⑥《梁书·陶弘景传》。

⑦《南史·陶弘景传》。

⑧《华阳陶隐居集》。元《茅山志》卷二十一《华阳陶隐居授门弟子陆敬游十赉文》。

⑨ 都穆（1459—1525），字玄敬，号南濠。吴县（今江苏苏州）人。明弘治己未（弘治十二年，1499 年）进士。史载他精修博学，为时所重。奉使秦中，搜访、摹拓金石遗文。著有《金薤琳琅》《周易考异》《史外类抄》等。《游茅山记》一文载《古今图书集成》。

⑩《茅山志》卷二三《茅山玄静先生广陵李君碑铭并序》。

⑪ 参见《太元真人东岳上卿司命真君传》，《云笈七签》卷一〇四。

⑫ 据司马迁《史记》，李少君是汉武帝时以“仙方”骗得封赏的方士。

⑬《真诰·稽神枢第一》。

⑭ 波律烛：宋贾嵩《华阳陶隐居内传》卷中引《集卷》云：波律，外国香名，烧此可以明目也。

⑮ 宋贾嵩《华阳陶隐居内传》卷中。

⑯ 宋贾嵩《华阳陶隐居内传·传序》。

⑰ 静斋五旬：五十天内在斋室独处静修，断绝与外界的一切联系。

⑱ 外兵：外兵参军是幕府中处理军队事务的僚属。

⑲ 鄮县阿育王塔：在今浙江鄞县东，距宁波市约六十里的太白山麓，此山旧称阿育王山。晋太康三年（282），刘萨诃得一舍利塔，高一尺四寸，广七寸，内悬宝磬，中置舍利，传云乃佛祖释迦牟尼遗骨，为阿育王所造八万四千塔之一。东晋义熙元年（405）置塔于此山，建亭供养，名阿育王山，刘宋元嘉二年（425）改建寺院。梁普通三年（522）赐额阿育王寺。

⑳《南史·陶弘景传》。

㉑ 陶弘景带领周子良等一行人回到茅山的日期，实为天监十二年正月。《茅山志》卷二十载《许长史旧馆坛碑·碑阴记》说，陶弘景于天监“十三年正月至茅山”，误，因后世洗碑误将原碑的“二”刻成“三”。

㉒《茅山志》卷十。

㉓㉟《真诰·翼真检第二》。

㉔据《周氏冥通记》，周子良自天监十四年五月二十三日开始通灵，至天监十五年十月二十七日去世，不是卒于始通灵当年。

㉕㉗《周氏冥通记》卷一。

㉖宋·贾嵩《华阳陶隐居内传》卷中。

㉘㉙㉚《周氏冥通记》卷三。

㉛陶弘景《真灵位业图》所列神灵中，把范幼冲写成范幽冲，排在第六位阶主神中茅君的右位序列中。

㉜见《茅山志》卷二十。

㉝见《茅山两天监井栏题字》，《书法》2012年第10期。

㉞《周氏冥通记》卷四记载十月十八日定录君的诰语，陶弘景加附注道："此月十九日隐居始移朱阳住。"

㊱李思聪：《洞渊集》卷1《三清咏叙》；《道藏》第23册，第836页。

㊲《真诰·协昌期第二》。

㊳据《文苑英华》卷八七三所载《陶君碑》，这段引文在《内传》等所载此碑文中被删。

㊴现存贾嵩《华阳陶隐居内传》无此内容。

㊵《南史·陶弘景传》。

㊶梁陶翊《华阳隐居先生本起录》，《云笈七签》卷一百七。

㊷陶弘景：《华阳陶隐居集》卷下《茅山长沙馆碑》。

㊸陶弘景：《华阳陶隐居集》卷上《授陆敬游十赍文》。

㊹《南史·顾欢传》。

㊺《周氏冥通记》卷二记赵丞传达侍童与周紫阳问答语。

梁萧纶撰《解真中散大夫贞白先生陶隐居碑铭》

1986 年秋，我在江苏句容县茅山乡北镇街村东玉晨观（已废）一带搞文物调查，发现《梁解真中散大夫贞白先生陶隐居碑铭》（以下称《解真碑铭》）碑体的两残段。玉晨观旧址处原是南朝齐梁道士陶弘景居住的朱阳馆故址，两残石就是在朱阳馆故址处出土的。此碑文是梁武帝第六子邵陵王萧纶在陶弘景去世后撰写的。全文收录于《文苑英华》等古籍，《文苑英华》所载此碑题为《隐居贞白先生陶君碑》。

陶弘景一生经历南朝宋、齐、梁三个朝代，主要活动于齐和梁武帝统治时期。陶弘景长梁武帝萧衍八岁，二人是同乡。在南朝齐永明年间，他们二人都是京师文学界的名流。陶弘景曾先后担任齐巴陵王、安成王、宜都王等诸王侍读，到 36 岁时做到“奉朝请”闲职。由于在官场不得志，眼看自己的愿望无法实现，遂于南朝齐永明十年（492）上表辞禄，归隐茅山。后约两年，朝中的萧鸾大杀宗室，陶辅导过并怀有深厚感情的宜都王萧铿被害，这对陶是一个重大的打击。尽管萧鸾百般拉拢他，陶始终不为所动。后来随着梁朝新政权的建立，陶弘景与梁武帝萧衍及其几个儿子结下不解之缘。

齐末朝政黑暗，社会动乱。永元二年（500），任雍州刺史的萧衍在襄阳起兵，次年率军进攻京师，在到达京师西南的新林时，战事形势甚为严峻，萧衍心生犹豫，这时陶派弟子给萧衍送去一封鼓励的信。在这万分危急关头，萧衍得到陶的支持鼓舞，信心大增，重整军队，扭转了战局。公元502年的四月八日丙寅，萧衍在南郊举行告天大典，正式即帝位，定国号为“梁”，定这个日期和定国号“梁”，都是出自陶弘景的建议。开国伊始，人心未定，陶弘景的支持帮助对于萧衍来说至关重要，因此萧衍对陶弘景非常倚重。《梁书·陶弘景传》说：“高祖既早与之游，及即位后，恩礼愈笃，书问不绝，冠盖相望。”《南史·陶弘景传》说：“国家每有吉凶征讨大事，无不前以咨询。月中常有数信，时人谓为山中宰相。二宫及公王贵要参候相继，赠遗未尝脱时。多不纳受，纵留者即作功德。”陶弘景作为当时享有崇高声誉的宗教领袖，不仅受到梁武帝的礼遇，而且王公贵要趋之若鹜。特别是梁武帝的儿子萧统、萧纲、萧纶等，都以与陶交往为荣。

邵陵王萧纶在《梁书》中有传，说他“少聪颖，博学善属文，尤工尺牍。”在陶弘景去世后，萧纶饱含深厚的感情撰《解真碑铭》长篇碑文，夹叙夹议，翔实地记述了陶弘景的生平行迹、广博的才艺、众多的成就等。在碑文中说到陶与梁朝廷密切的关系：“我大梁休运应期，受天明命，三辰开朗，四海宁谧。先生奉表称庆，于是信问复通。自天监已来，尝有敕旨，供给药饵，不乏岁时，渥泽深恩，莫之与比。”称赞陶的才艺成就：“宝惜光景，爱好坟籍，笃志厉节，白首弥至。若乃淮南鸿宝之诀，陇西地动之仪，太乙遁甲之书，九章历象之术，幼安银钩之敏，允南风角之妙，太仓素问之方，中散琴操之法，咸悉搜求，莫不精诣。爰及羿射荀棋，苏卜管筮，一见便晓，皆不用心。张华之博物，马钧之巧思，刘向之知微，葛洪之养性，兼此数贤，一人而已。”萧纶此文，文采斑斓，洋洋洒洒，如滔滔江河，畅快淋漓，可见其广博的学识，文思如泉涌的才情。此文收入唐高祖李渊命欧阳询等汇编的《艺文类聚》，对唐朝以来的文学产生了一定的影响。如初唐文学家王勃《滕王阁序》中的名句“落霞与孤鹜齐飞，秋水共长天一色”，就是从萧纶《解真碑铭》中的“道风与星汉俱高，胜气与烟霞共远”导化出来的。

《解真碑铭》两残段上面所刻文字为隶书体。版面上划有方格纹，每个方格 5 厘米 ×3.2 厘米。格中字形体左右约 3.5—4 厘米，上下约 2—2.5 厘米。在这两石中，一石（下称甲石）：最长处 75 厘米、宽 55 厘米、厚约 20 厘米，所刻文字共有 10 行，行字数不等，最多的一行 22 字，最少的一行两字。另一石（下称乙石）：最长处 82 厘米、宽 81 厘米，石上所刻文字共 16 行，字数最多的一行 23 字，最少的一行 10 余字。以下照录两石上的文字（不加标点），分别与《文苑英华》所载相对应文字对照如下：

甲石文字：

梁解真中散大夫贞白先生陶隐居碑铭并序 / 夫夜光结绿非胠箧之恒珍逸羽翔鳞岂园池之近玩宁 / 在兹乎先生名弘景字通

明本冀州平阳人也先出自／汉兴舍为高祖右司马子青翟位至丞相后汉末南渡／生含元精之和气蓄凌飚之雅姿兼宣七善揔修九／万言曼倩幼习坟典公幹少诵诗赋方之于古／辍年廿七为宜都侍读揔知管记事牓道／辞事兼美迈彼乐职之篇踰乎景福／年登卌毕志山薮今已卅六／饯别祖以二疏栝兹／其道

《文苑英华》所载与甲石相对应的文字如下：

隐居贞白先生陶君碑：夫夜光结绿，非胠箧之恒珍。逸羽翔鳞，岂园池之近玩。宁在兹乎？先生名弘景，字通明，本冀州平阳人也，其先自汉兴，陶舍为高祖右司马，子青翟位至丞相，后至汉末南渡，生含元精之和气，蓄陵飚之雅姿，兼宣七善，总修九／万言。曼倩幼习典坟，公幹少诵诗赋，方之于古，辍年二十七，为宜都王侍读，总知管记事，牓道辞事兼美，迈彼乐职之篇，踰乎景福年登四十，志毕山薮。今三十六饯别，祖以二睐，招兹其道。

以上二者相对照，有多处不同。首先二者的题首不同，前者为“梁解真中散大夫贞白先生陶隐居碑铭并序”，后者为“隐居贞白先生陶君碑”；前者第三行“先出自”，后者作“其先自”；前者第四行“汉兴”后接“舍”字，后者在“汉兴”后接“陶”字；前者第五行“凌飚”，后者作“陵飚”；前者第六行“坟典”，后者作“典坟”；前者第七行“宜都”，后者作“宜都王”；前者第九行“毕志山薮今已”，后者为“志毕山薮今”；前者“疏栝兹”，后者是“睐招兹”。

乙石文字：

咸曰得人阮瑀之书记不足／久之益以为善除奉朝静恪居官

次夙夜／时不我借知几其神乎无为自苦也明年遂拜表自解／隐超然轻举异代同符尔乃杖策遐征游践名岳既而到于／闻其语未见其人今我义达无复□方□□□□□业故自称／枕石漱流山禽无挠采药偶□□兽不乱逍遥闲□放浪丘陵／闻之夏甫今则见之先生我大梁休运应期受天明命三辰／游南岳兹山也阙阆风之地轴若昆陵之天镇八桂旁临／汉帝之致礼□宗况于兹日弗能尚也养志山阿多历／□□以大同二年岁次丙辰三月壬寅朔十二日／之雷平山若轩辕之葬衣冠如子乔之藏剑舄／景爱好坟籍笃志励节白首弥至若乃濲南／爰及羿射荀棋苏卜管筮一见便晓皆不／霄之流芳乃作铭曰／不违仁昔游缨緌颉颃槢绅厌乎／峰临洞露缀兰阶云生桂栋

《文苑英华》所载与乙石相对应的文字如下：

是曰得人。阮瑀之书记不足，久之益以为善。除奉朝请，恪居官次，夙夜时不我借，知几其神乎？无为自苦。明年遂拜表解职。皓超然轻举，异世同符。尔乃杖策孤征，游践山岳。既而到于闻其语，未见其人，我今义通，无复其一，请同求志之业。故自称枕石漱流，水禽无挠，采药耦耕，野兽不乱，逍遥闲旷，放浪陵山，闻之夏甫，今则见之先生。我大梁休运应期，受天明命。三辰游南岳兹山也，譬阆风之地轴，若昆陵之天镇。八桂旁临，汉帝之致礼河宗，况于兹日，弗能尚也。养志山阿，多历徵应。以大同三年岁次景[①]辰三月壬寅朔日，雷平山，若轩辕之葬衣冠，如王乔之藏剑舄，景爱好坟籍，笃志励节，白首弥至。若乃淮南爰及卞射荀棋，苏卜管筮，一见便晓，皆不霄之流芳。乃为铭曰：不违仁，昔游缨綬，颉颃缙绅。厌乎峰临窈洞。露凝兰阶，云生桂栋。

乙石上的文字与《文苑英华》所载相对照，不同之处更多一些，不一一列举，仅举两例：前者第10行的“二年”，后者作“三年”，后者误。值得注意的是，前者“岁次丙辰”的“丙”，后者改为“景”。与我现发现的《解真碑铭》对照，《文苑英华》记载的此碑文多有舛误。由此可证碑刻作为第一手资料所起到的印证和纠正文献记载错误的作用。

据《唐书·高祖传》：唐高祖李渊的父亲名“昞”，袭封唐公，周安州总管、柱国大将军。《艺文类聚》收录此碑文时，将“岁次丙辰”的“丙”改为“景”字，是为了避李渊之父李昞的名讳。在今发现的萧纶《解真碑铭》中“大同二年岁次丙辰”的“丙”没有被改动，说明今发现的残碑是梁代书刻的原石，书者是梁朝人无疑。《文苑英华》所载碑文当是据《艺文类聚》转抄。

隶书体从秦代起，经过两汉到三国，其间西汉后期隶书达到成熟阶段，东汉则发展至高峰。汉隶字体，肥瘦大小、结构用笔，变化无穷，各尽其妙。但到了东汉末期，隶书过分讲求谨严和装饰性，结构缺少变化。与此同时，隶书的正统地位逐渐受到更为简便的新兴字体——楷书的冲击，因而隶书衰落势在必然。魏晋的隶书只不过是汉末的流风余绪，方棱、发扁的笔画，呆板造作的波挑，千篇一律的结构，再也无法重现汉隶淳古厚重的风韵。从南北朝到隋唐，楷书、草书、行书成为普遍通行的字体，但在社会上层仍然常有人写隶书，这大概是出于对复古、尊古的崇尚。特别是自“南齐以来出现了擅长‘篆隶’的书家群。”“篆隶书家群显露于齐、梁，不是孤立的书法现象，这时正是南朝主流书风由‘小王’向‘大王’转变之际，而两者都与南齐‘永明书学’重视‘小学’的学风相关。”[②]在齐梁时期虽然“篆隶”一度复兴，但是“南朝碑志上，绝少隶书。”[③]因此，《解真碑铭》的发现显得十分珍贵，为研究南朝隶书提供了难得的实物资料。另外，在《解真碑铭》中，有一些字是当时风行的杂体字。这类字多以古体篆隶为骨架，作各种各样的变化。这也为研究齐梁时期杂体字提供了实物资料。

《解真碑铭》用笔纤劲绵长，撇、捺向两边上翻。捺多作长波，收尾处重按上翘。字体极扁而轻盈。整体分布疏朗宽闲。此碑书法虽然缺少汉隶的淳厚，却具有清逸典雅的风致。据清刘熙载《艺概·书概》说：“《集古录》谓：‘南朝士人，气尚卑弱，字书工者，率以纤劲清媚为佳’。斯言可以矫枉，而非所以持平。南书固自有高古严重者，如陶贞白之流便是，而右军雄强无论矣。”我们今天可看到的南朝梁碑，如《始兴忠武王碑》等碑铭、墓志，字体斜划紧结，属于梁时占主流地位的二王书风。同时还可看到如刘熙载所说的具“高古严重”书风的陶弘景书法。《集古录》说南朝士人书家的审美取向以“纤劲清媚”为佳，然而至今遗存符合纤劲清媚风格的梁代碑铭墓志，极为罕见，今发现的《解真碑铭》就是这种纤劲清媚典型风格的代表性碑刻。《解真碑铭》撰文者为梁武帝之子，封为邵陵王，书者当为梁代上层社会认定的最高水准的隶书书家。其书风正体现了当时士人对书法的审美风尚，反映了梁代隶书体书法的风格特点和最高水平。

【注释】

①《文苑英华》卷八七三载此碑文，原注："计其时当作'丙'，疑唐人避讳。"

② 见刘涛《中国书法史·魏晋南北朝卷》第九章第二节。

③ 见刘涛《中国书法史·魏晋南北朝卷》"概述"。

附录：梁解真中散大夫贞白先生陶隐居碑铭

邵陵王萧纶撰

夫夜光结绿，非胠箧之恒珍，逸羽翔鳞，岂园池之近玩。宁期心于远大，盖不知其所以然也。是以颍阳高蹈，洗耳于唐朝，汉阴贞栖，灭迹于周代。盛德流风，有自来矣。应期而耀质者，其在兹乎。先生名弘景，字通明，本冀州平阳人，其先出自帝尧陶唐氏之后，尧治冀州平阳，故因居此。龙马见五色之符，钦明表八采之瑞，光被于天下，允厘于庶职。洪源夐远，系绪绵长。汉兴，陶舍为高祖右司马，子青翟，位至丞相，后汉末南渡，始居丹阳。七世祖濬，仕吴为镇南将军、荆州刺史，祖隆，宋南中郎参军事，父贞宝，司徒建安王国侍郎，并立履清约，博涉文史。先生含元精之和气，蓄凌飚之雅姿，兼宣七善，总修九德，行仁蹈义，岳峙渊渟。墙仞无以睹，清浊不能测。道风与星汉俱高，胜气与烟霞共远。六岁便解书，能属文，七岁读《孝经》《论语》《毛诗》数万言。曼倩幼习坟典，公干少诵诗赋，方之于古，彼有多惭。是以岐嶷流声，中黄著颂。有乡人得葛洪《神仙传》，见淮南八公诸仙事，乃叹曰：读此书使人有凌云之气。于是寝兴讽诵，晨昏不辍。年二十七岁，为宜都王侍读，总知管记事，牓道求贤，禁林招士，朝难其选，咸曰得人。阮瑀之书记，不足扶衡，孙楚之辞才，何以捧毂。齐代好治宫室，方修苑囿，青溪旧馆，更就起筑，仍奏表上颂，词事兼美，迈彼乐职之篇，逾乎景福之制，帝省览久之，益以为善。除奉朝请，恪居官次，夙夜惟夤，春朝秋请，是谓棫朴者也。先生本不希荣，常欲辞退，乃与亲友书曰：畴昔之意，不愿处人间，年登四十，毕志山薮。今已三十六矣，时不我借，知几其神乎，毋为自苦也。明年遂拜表自解，抽簪东郭之外，解组北山之阿，同稷丘之栖隐，慕留侯之却粒，便具舟楫，永言东迈。朝廷赐问，时贤饯别，祖以二疏，括兹四隐，超然轻举，异代同符。尔乃杖策遐征，游践名岳。既而到于句容，登于茅岭，以此地神仙之宫府，灵异之栖托，往而不返，遂卜居焉。先生曰：夫子云，隐居以求其志，行义以达其道。吾闻其语，未见其人，今我义达无复其方，请同求志之业。故自称隐居，亦犹稚川之抱朴，士安之玄晏。倚岩栖影，依林遁迹，交柯结宇，刬径为门，悬崖对溜，悲吟灌水，深壑峭岭，组织烟霞，枕石漱流，山禽无挠，采药偶从，野兽不乱，逍遥闲旷，放浪丘陵，嗒然若丧，确乎难拔。属齐末道丧，天命既否，水鬬洛谷，地震甲辰，先生静思冥数，预识其兆，于是远近书问，一皆杜绝，昔乃闻之夏甫，今则见之先生。我大梁休运应期，受天明命，三辰开朗，四海宁谧，先生奉表称庆，于是信问复通。自天监以来，常有敕旨，供给药饵，不乏岁时，渥泽深恩，莫之与比。先生七年暂游南岳兹山也，阐阖风之地轴，若昆陵之天镇。八表旁临，九纯间设，树有琅玕，草生车骑，遗世独往，是用忘归。十一年，有敕遣左右司徒慧明征先生还茅山，别给廨宇。轩君之降情天老，汉帝之致礼河上，况于兹日，弗能尚也。养志山阿，多历年所，摄生既至，冥祥亦降，猛兽不据，魑魅莫逢。庭无荆棘，远同阙里。阶吐神泉，遥扶疏勒。于是羽人徘徊，仙客上下，鸾凤游集，芝英丰润矣。大造佛像，爰及写经起塔、招僧。备诸供养。自誓道场，受菩萨法，梦登七地，又得嘉名，具以启闻，蒙敕许可。葛玄之梦见开士，朱鸾之远望尊仪，何以拟兹通感，足此徵应[①]。以大同二年岁在丙辰三月壬寅朔十二日癸丑，告别迁化，春秋八十有一。天子嗟惜，储皇轸悼。有诏称誉，追赠中散大夫，谥曰贞白先生，礼也。以其月十四日窆于丹阳郡句容县之雷平山，若轩辕之葬衣冠，如王乔之藏剑舄，比于兹日，可得符焉。先生器宇凝深，思议精赡，含章贞吉，不修廉隅，年将中寿，匪逾于矩。眉目疏朗，仪貌鲜洁，寔忘劝沮，多行德惠。宝惜光景，爱好坟籍，笃志厉节，白首弥至。若乃淮南鸿宝之诀，陇西地动之仪，太乙遁甲之书，九章历象之术，幼安银钩之敏，允南风角之妙，太仓素问之方，中散琴操之法，咸悉搜求，靡不精诣。爰及羿射荀棋，苏卜管筮，一见便晓，皆不用心。张华之博物，马钧之巧思，刘向之知微，葛洪之养性，兼此数贤，一人而已。门人桓法闿等，慕遥风于缑氏，结遗想于乔阳，勒玄碑而相质，腾绛霄而流芳。乃作铭曰：

留舄表化，弃剑凝神。徘徊紫气，照耀丹林。厥迹犹在，余风可遵。谁其嗣此，渊哉淑人。高行迈种，盛德日新。朗犹悬镜，郁似贞筠。身以弘道，行不违仁。昔游缨绂，颉颃缙绅。厌乎匡救，劳彼问津。亦既解组，乃袭山巾。远寻丘壑，高蹈风尘。情无缅世，隐不隔真。结宇崇岩，贞栖茂草。冰玉留年，精华却老。乃有令闻，荣跻寿考。白水过庭，危峰临洞。露缀兰阶，云生桂栋。日斜簷席，花落窗瓮。尚平未远，王孙不旋。海桑变易，陵谷贸迁。丰碑有竖，遗芳万年。（据元《茅山志》卷二十）

【注释】

①“大造佛像……足此徵应”这段在《茅山志》中脱漏，兹据《文苑英华》卷八七三补充。

《茅山志》载萧纶此文有一些字错讹。

茅山周边两梁神道柱额与陶弘景

南朝《梁文帝建陵神道柱额》《梁南康简王萧绩墓神道柱额》

陶弘景于南朝齐永明十年（492）归隐茅山后，栖隐茅山达四十多年，曾在茅山及周边撰书多种碑帖。梁武帝萧衍于天监初年为其父萧顺之所建陵墓，位于临近茅山东面的丹阳境内。梁武帝第四子萧绩于中大通元年（529）去世，萧绩墓在茅山所在县句容境内。萧顺之墓和萧绩墓都地处茅山周边，二者神道柱额的书风与其他梁皇室成员神道碑书风迥异。本文就二陵墓神道柱额与陶弘景的关系试作探讨。

一、南康简王萧绩墓神道柱额

出句容城西十里，在一处开阔地面的古墓道上，有一对高大的石柱，一对巨大的石刻狮形兽，名辟邪，这就是南朝梁武帝第四子萧绩墓前的石刻。从这里往北望，地势渐次隆起，远处巍峨的高山横亘连绵；往南地势平坦，与葱茏茂密的赤山遥遥相望，秦淮河水绕过赤山长流不息。

萧绩于天监八年（509）被封为南康郡王，曾任南徐州、南兖州刺史等职。据《梁书》记载说他：“寡玩好，少嗜欲，居无仆妾，躬事约俭。”于中大通元年（529）死于任上，时年25岁，谥“简”，世称“南康简王”。梁武帝特别钟爱此子，对其早逝十分痛惜，且当时正值国力强盛，因此萧绩墓石刻体量巨大而精美，是南朝陵墓石刻中最为宏伟的一处。六朝时期，聚族而葬形成了一种制度，帝王也不例外。梁朝皇帝和皇室成员的陵墓计有16处，除了聚葬于丹阳和南京郊两地以外，只有南康简王萧绩墓在句容县境内。

神道东西两石柱形制相同，通体雕饰华美。石柱由三部分组成：顶部罩一圆盖，盖上立一小辟邪；中部为柱身；下部是柱座。两柱身上部各有一块方形神道碑额，上面镌刻文字：“梁故侍中、中军将军、开府仪同三司、南康简王之神道。”三行，行七字，共二十一字，楷书体，字字清晰。无书者署名。东石柱额由右首起行，西石柱左起，取其对称。左起书写的例子还有《瘗鹤铭》。

《南康简王神道柱额》（下称《简王柱额》），以时以地和有关情况来看，书者当为当时茅山道团领袖陶弘景。

陶弘景归隐茅山时，离开京师（今南京）去茅山的路线，由秦淮河乘船向南，经方山埭、赤山湖，折向东进入句容城南的破岗渎（孙权下令开掘的人工运河，隋废），行至今春城镇附近登岸前往茅山。南康简王神道石刻地处南北长的平坦谷地中，这一带向来被称为风水佳地。破岗渎水路穿过这个谷地，陶弘景来往于京师与茅山之间，都是走这条路。史称陶弘景通晓山川地理，精通堪舆，路经此处自然会注意考察此谷地的风水。梁武帝的诸位皇子都与陶弘景往来密切，萧绩也不例外。梁武帝萧衍早年就与陶交游，称帝后与陶交往更加密切。由上述推断，梁武帝之所以选定此处作为爱子的墓地，最有可能是采纳了陶弘景的推荐。

梁武帝为爱子建墓，对书写神道碑额的人选自然有很高的要求。陶弘景是梁代最著称的书法家、书论家和鉴赏家，梁武帝也精于书法评论和鉴赏，他们二人经常通信讨论书法问题。从身份上来说，陶是具有崇高社会地位的宗教领袖。陶当时正隐修在距萧绩墓不远处的茅山。因此梁武帝就近请陶题写神道柱碑额是在情理之中。

1991年在镇江市举办的《瘗鹤铭》学术讨论会上，我在提交的拙文中，推断《简王柱额》的书写者为陶弘景。南京博物院专家金琦先生认为我的这个观点及理由能站得住。多年后看到《江苏碑刻》中关于《简王柱额》的短文中说："《南康简王神道石柱题字》就是出于无名民间书法家之手，观其书艺，非高手不能及。有人根据它和《瘗鹤铭》较接近，曾推测可能是梁代著名书法家陶弘景所书，但无确凿佐证，此结论难成定论。"在这段话中，说《简王柱额》是"出于无名民间书法家之手"，试想，梁武帝能让一个身份低微、没有名望的民间书手为爱子神道碑额题字吗？

《简王柱额》，用笔雄健浑厚，结字手法不拘一格，变化多样。大小疏密，各因其体。字体平正宽结，朴茂自然。笔画较多的字，如"開""南"等，紧中宫而阔四周；"军""簡"

等疏上而紧下；“道”的末笔捺纵笔伸展，重按出锋。对于笔画少的字如“王”“三”，写得体小紧结，而“之”字却行笔放纵，体势恣肆开张。其书风正如唐朝窦臮对陶书的评价“通明高爽，紧密自然”（《述书赋》上）。清代康有为对于《简王柱额》书法评价甚高。他说：“《南康简王》若芳圃桂树，净直有香”(《广艺舟双楫·碑评》)。“《简王》则高浑雍容”“《瘗鹤铭》如瑶岛散仙，阳阿晞发。《般若碑》与《南康简王》《始兴忠武》四碑比肩，真可为四渎通流于后世矣”(《广艺舟双楫·榜书》）。《简王柱额》书风雍容超逸，在朴真雄浑中蕴含高爽净直的气韵，以高超独特的艺术境界，在书法史的群星中闪耀。

二、梁文帝建陵神道柱额

梁文帝建陵在江苏丹阳市荆林镇三城巷。萧顺之，梁武帝萧衍之父。生前未做过皇帝，梁天监元年（502）闰四月丁酉被追尊为文皇帝。梁文帝与张皇后（亦天监元年追尊）合葬之陵墓，称为建陵。建陵神道（墓道）东向，石刻有石兽、石柱及石龟趺各一对，还有一些建筑基础等。建陵两神道柱碑额同刻有“太祖文皇帝之神道”八个大字，四行，行二字。南石柱额右起书正字；北石柱额左起书反字，称“反左书”。

关于“反左书”，梁代书法家庾元威在《论书》中说：“反左书者，大同中东宫学士孔敬通所创。余见而达之，于是座上酬答诸君无有识者，遂呼为众中清闲法。今学者稍多，解者益寡。”此说反左书创于梁大同（535—545）年间，可是反左书在梁朝刚建立时就出现在建陵神道柱额上，可证庾元威之说并不确切。这种反写的字当时有人称为“众中清闲法”，可归入书写类的杂体。汉魏以来，写杂体颇为时尚，成为士族书家的笔墨游戏。到南朝，特别是在梁代，杂体名目之多，书写之盛，出现了空前绝后的繁荣景象。杂体派生于秦汉的“八体六书”书法系统，具有复古倾向，正与梁武帝崇尚复古的书法旨趣相契合。梁武帝为父所建陵墓柱额用“反左书”，不仅反映了其时杂体书盛行的状况，而且说明梁武帝对杂体书的认同和对“反左书”的青睐。

建陵神道柱额字体融合隶、楷二法，隶、楷相兼。如“太”“祖”“道”等字的横画作蚕头燕尾状，而竖、撇、捺趋于楷法。从整体看，笔画丰腴秾丽，而内含骨力。行笔粗细轻重，变化多端。结体平正体方，不似汉隶体扁势翻。书写者似乎意在仿汉隶，以求高古。当时日常实用字体是楷书体，书写此碑时力求用隶法，却脱不开楷书的体制。六朝碑刻大字本来为数就少，此碑额作为这个时期的大字名碑，尤显珍贵。康有为说：“六朝大字犹有数碑，《太祖文皇帝石阙》《泰山经石峪》《淇园白驹谷》皆佳碑也。”他评论建陵柱额书法：“若有道之士，微妙圆通，有天下而不与，肌肤若冰雪，绰约如处子，气韵穆穆，低眉合掌，自然高绝，岂暇为金刚怒目邪”（《广艺舟双楫·榜书》）。“《太祖文皇帝神道》，若大廷褒衣，端拱而议”（《广艺舟双楫·碑评》）。此碑书法潇洒超逸，风姿绰约，透发出若仙若禅、高洁圆融的意蕴，具有独特的艺术风格与超绝的艺术魅力。

史志没有关于梁文帝建陵神道柱额书者的记载，书写者究竟是谁？根据神道柱建立的时、地等有关情况判断，我认为最有可能是陶弘景。

陶弘景与萧衍有非同寻常的密切关系。萧衍在推翻齐政权的进军行动中，陶弘景毅然相助。萧衍在灭齐后所建新朝定名时，就是采纳了陶的建议，定国号为梁。公元502年4月30日（4月8日）萧衍在南郊举行告天大典，正式即帝位，史称梁武帝。大典日期定在四月八日也是采纳了陶的建议。由此可见，梁朝建立伊始，萧衍与陶弘景关系十分密切，往来十分频繁。梁武帝追尊其父为“文皇帝”，在考虑陵墓神道碑额由谁题写时，自然会请地近丹阳的茅山的陶弘景。陶弘景在梁朝建立前早已书名显赫，梁武帝称陶弘景书法“骨体甚峭、快”。此时陶年近五十，正当书法成熟期。在天监十八年，陶弘景为自己预建的“华阳隐居幽馆”书写的墓砖铭文中，有“太上”等字是隶书笔法，与建陵神道石柱上的字体对照，形神十分相似，二者共有的“太”字，好像出于一人之手。这也为陶弘景书写此陵墓神道柱额的判断提供了一种佐证。

陶弘景及其弟子在茅山并周边书撰过很多碑铭，对后世书法的发展产生了一定的影响。梁文帝建陵神道柱额和萧绩墓神道柱额属于梁茅山道团碑铭系列，是六朝时期的著名碑刻，对探讨六朝书法和齐梁时期茅山道团地域书法流派及杂体书法，具有重要意义。

南朝梁代茅山道团书法家与《瘗鹤铭》

在东晋兴起的道教改革浪潮中，产生了一批新道经，其中杨羲、许谧、许翙在茅山合作创作的《上清经》，在道教史上影响深远。南朝齐梁道士陶弘景创建了以茅山为基地的道教上清派，成为杨、许三君上清经法最重要的传人，同时也是杨、许书法艺术的传承发扬者。他在向弟子传授上清经法的过程中，也向弟子传授书法艺术。从杨羲、许谧、许翙到陶弘景再到孙文韬等，三代书家一脉相传，形成了茅山道团书法流派。与茅山临近的镇江焦山《瘗鹤铭》，自从北宋以来，就其时代、书撰者等问题引发了历代书家学者的争议，其中十之七八认为《瘗鹤铭》的书者为陶弘景。本文就梁茅山道团书法家与《瘗鹤铭》的关系等问题试作探讨。

一、茅山梁代碑铭

茅山及周边梁代碑铭，列举其中几种如下：

《天监十五年井栏题字》

《天监十六年井栏题字》

《上清真人许长史旧馆坛碑》

《华阳隐居幽馆墓砖文》

《梁文帝建陵神道柱碑额》

《梁南康简王神道柱碑额》

《瘗鹤铭》

上述以陶弘景为领袖的茅山道团书法家书撰的碑铭，总体来说，具有共同的书风特征，略举以下三点：

（一）用笔有方有圆。其中有的用笔偏重于方笔，如《十六年井栏》；有的偏重于圆笔，如《十五年井栏》《瘗鹤铭》。这些碑铭字体的主笔画，大多尽长伸展，意势舒长，这使字的体势开张，越大越显宏伟。

（二）字体宽博平正，属“平画宽结”一路。结体之法为扩四周，紧中宫，核心紧密，中宫多留空白，使字体“疏处可使走马，密处不使透风”。如《十六年井栏》的“闌”字，《旧馆坛碑》首行中的左右结构的“陶”字，《十五年井栏》的“岁”字，《瘗鹤铭》的“岁”“固”“禽”等字，都表现了上述特点。

（三）字体大小不一，长短参差，其间差距之大，在六朝碑铭中绝无仅有。每个字的写法依据字的结构疏密、笔画多少、字态体势，随体赋形，各尽字之真态。如在《十五年井栏》中“歲”

与“十、五、口”比较，在《十六年井栏》中的“舊”与“人、十、口”比较，在《瘗鹤铭》中“势”与“此、山、之”比较，三碑铭的字体之间大小都同样十分悬殊。

上述梁茅山道团所书碑铭书法，具有鲜明的地域特色，有别于当时风行于社会的占主流的二王书风，是一种别样的书法流派，即茅山道团书法流派。这一流派影响到唐初的欧、虞书法，乃至颜真卿。现代书家沙孟海在《近三百年的书学》中评论颜真卿书法说：“就字体说，他（颜真卿）的字近《瘗鹤铭》，应为南派。”陶弘景师徒的书风即属于以《瘗鹤铭》为代表的“南派”，是有别于“二王”书风的“南派”，这一流派后被颜真卿发扬光大。

陈寅恪在《天师道与滨海地域之关系》中谈到，“应当重视道教与书法乃至整个艺术的关系”，并就道教与书法的关系作了考论（见《金明馆丛稿初编》）。茅山作为滨海地域的道教地位最高的名山，从东晋道士杨羲、许谧、许翙到南朝的陶弘景师徒，书法传承有序。他们以虔诚的态度“摹真经”，在此基础上形成了茅山道团独特的书风，形成了具有茅山地域特色的道教徒书法流派。无疑，茅山道团书法正是陈寅恪所指的应当重点研究的对象。

二、茅山道团书法

（一）杨羲及二许书法

杨羲、许谧、许翙在茅山创作《上清经》，是采取假托神灵降授的方式进行的,他们把创作出的经文认定是神灵的谕旨。出于对神灵的敬仰,对于书写的经文和画符,要求极尽精美。杨、许等三人在茅山数年创作《上清经》的过程,就是书法造诣不断升华的过程。正如任继愈先生所说:“道教和其他宗教一样,着重宣传神的启示,自称他们的典籍,为神仙颁赐,他们制造文书,以宣达神意,因而道教中颇多书法家。”[①]在南朝齐梁时期,茅山上清道团出现了多名书法家。

陶弘景在归隐茅山前后,把自己搜集的杨、许三君创制的《上清经》手书真迹等资料整理诠次,编成一部重要的道书《真诰》。陶弘景在《真诰》中对杨、许三君的书法作了详细的注释评点。如在《真诰·握真辅第一》中注文说:“右此前十条,并杨君所写录潘安仁关中记语也,用白牋纸,行书,极好,当是聊尔抄其中事。”在《真诰·翼真检第一》中对杨羲、二许的书法评论说:

又按三君手迹,杨君书最工,不今不古,能大能细。大较虽祖效郗法,笔力规矩,并于二王。而名不显者,当以地微,兼为二王所抑故也。掾书乃是学杨,而字体劲利,偏善写经画符,与杨相似,郁勃锋势,迨非人功所逮。长史章草乃能,而正书古拙,符又不巧,故不写经也。隐居昔见张道恩善别法书,叹其神识,今睹三君迹,一字一画便望影悬了。自思非智艺所及,特天假此监,令有以显悟尔。

陶弘景对于杨、许三君书法,认为杨羲书法最为精妙,字体能大能小,笔法能方能圆,淳熟自适,其造诣足可并肩二王。然而他的书名却未能显扬,究其原因,陶认为是由于身处地狭位偏，其书名被二王的盛名所掩。杨羲最早学当朝书家郗愔[②]的“经书体式”，对杨羲书法形成独特的风格起到重要的作用。许翙学杨羲的笔法，“字体劲利”，风格近似杨羲，笔力郁勃锋势。许谧的章草尚好，楷书和画符非其所长。

古人对杨羲书法评价甚高，如唐·窦臮《述书赋》（上）说：“杨真人之正行，兼淳熟而相成。方圆自我，结构遗名。妙舟楫之不系，混宠辱以若惊。”明人邹迪光《良常仙系记》则称赞杨羲“工书画，与王右军并名重海内。”《郁岗斋墨妙》第二所载《黄庭经》，即《黄庭内景经》[③]，米芾所谓的《黄素黄庭经》，唐代窦臮、元代赵孟頫、明代董其昌等皆谓《黄素黄庭经》为杨羲书。赵孟頫《题晋杨真人楷书黄素黄庭经》中诗句云“上清真人杨与许，焚香清斋接神女。手作此书留下土，千年留转子为主”（元《茅山志》卷三十一）。董其昌说《黄庭内景经》“必出杨、许诸人手，飘飘有仙气”（引自《金石萃编》）。“字如其人”，杨羲的书法风格正如人们对《黄素黄庭经》书法的评论，气息怡怿虚无，神游缥缈，飘飘有仙气。东晋书法尚韵，杨羲书法具有代表性。

（二）陶弘景书法

陶弘景书法的来源，首先是家学渊源。当时的士族大多热衷于道教，并十分注重医学、书法等方面的素养。陶弘景出身士族，祖父陶隆以“好学、读书善写”知名。父陶贞宝善隶书，以写经为业，一纸值四十钱，幼年陶弘景随父学书就是从学写经开始的。据陶弘景从子陶翊《华阳隐居先生本起录》记载：

“先生四五岁便好书，今犹有六岁时书，已方幅成就。”贾嵩《华阳陶隐居内传》载：“年十二时，于渠阁法书中见郗愔以黄素写太清诸丹法，乃忻然有志。”郗愔写经书法对杨羲和早年陶弘景都产生了很大影响。在两晋，抄写佛道经文渐成风气，写经字体逐渐形成某种特点。南朝齐书法家王僧虔在《论书》中提到“写经”这个名目。陶弘景在《与梁武帝论书启》中谈到他鉴定内府收藏的王羲之法书时说：“惟《叔夜》《威辇》二篇是经书体式，追以单郭为恨。”陶弘景所谓的“经书体式”，已经成为书写的一种独特的体式。

陶弘景成年后，除受过二王书法的一定影响之外，主要是学杨羲及许翙的手书真迹。陶弘景于南朝齐永明八年在浙东地区寻访收集杨、许《上清经》真迹期间，对于追随他的学道习书者，均热情指教。陶在《真诰·翼真检第二》中说：“至庚午岁，隐居入东阳道。诸晚学者渐效为精，山阴潘文盛、钱塘杜高士、义兴蒋弘素、句容许灵真并是能者。时人今知摹二王法书，而永不悟摹真经，经正起隐居手尔。”陶指出学书须从“摹真经”入手。可是时人学书，只知临摹二王法书，而不懂得“摹真经”的重要性，说他本人开始学书就是从摹经学起的。陶弘景在搜集和编著《真诰》过程中，在茅山修道的几十年中，始终坚持不懈地研习杨羲及许翙的写经真迹。陶弘景书法风格就是在摹写杨、许书法的基础上形成的。正如黄伯思所说“隐居书故自入流，其在华阳，得杨、许之真迹最多而学之，故萧远淡雅，若其为人”（《东观余论》）。从陶弘景到孙文韬，在诵读杨、许三君《上清经》的同时，观摩杨、许手书真迹，日日心念杨、许之风教，翰墨气息不觉流露腕下也。

陶弘景是一位在书法史上有影响的书法家，为历代书家学者所推崇。以下略举几例古人对他的评论。

据《梁书》《南史》本传，皆称陶弘景“工草隶”。陶翊《华阳隐居先生本起录》说他：“善隶书，不类常式，另作一家，骨体劲媚。”梁代袁昂说：“陶隐居书如吴兴小儿，形容虽未成长，而骨体甚骏快”（《古今书评》）。唐代李嗣真谓“隐居颖脱，得书之筋髓，如丽景霜空，鹰隼初击”（《书后品》）。张怀瓘说“其真书劲利，欧、虞往往不如”（《书断》下）。窦臮说“通明高爽，紧密自然。捭阖宋文，峻削阮研。载窥逸轨，不让真仙。犹龙髯鹤颈，奋举云天”（《述书赋》上）。清代刘熙载说“南书固自有高古严重者，如陶贞白之流便是”（《艺概·书概》）。古人评论陶弘景书法，如：“真书劲利”“骨体甚骏快”“颖脱”“高爽”“高古严重”等，略可反映陶弘景书法的风格特点。

陶弘景说自己“晚爱隶法，又羡典掌之人”（陶弘景《与梁武帝论书启》之二）。陶一生爱好广泛，到晚年却对书法特别钟爱。他作为宗教领袖，早已名满天下，朝野景仰，竟然为挚爱书法而想要做个普通人干的“典掌之人”，似乎难以理解。他早年作《寻山志》，言其理想要超脱世俗的羁绊，向大自然寻求寄托。一生推崇庄子，追求精神上的超越，进入随心所欲的精神自由境界。但是，在现实生活中，要面对各种复杂的事物、人际交往等，要达到庄子的齐物我、一死生的人生境界，是难以做到的。而雅好书法，则能由静入净，进入物我两忘的精神境界中。陶弘景到晚年，摆脱了道团的事务管理，在修道奉佛的同时，游弋于笔墨之间，精神自由也进入了新境界。

陶弘景所书碑帖，略举以下数种：

《杨琼瑶密辞》：首见《宣和书谱》卷八，标注为行书体。据黄伯思《东观余论》：“今观其为杨琼瑶作奏章稿，与前二书（指《画版帖》《旧馆坛碑》）虽真行不同，要非异事也。”黄伯思亲眼见过此帖。对杨琼瑶今不可考。此帖当为陶弘景在任齐宜都王侍读期间所作，大约在27岁时。（据卢仁龙《陶弘景书法史料钩沉》）

《画版帖》：北宋《宣和书谱》著录，行书体。《东观余论·跋陶华阳书后》：“又世有《画版帖》四十三行，与碑字笔势同。”又卷上《论书八篇》之七：“隐居书自奇，世传《画版帖》及焦山下《瘗鹤铭》，皆其遗迹也，今人罕能辨之。”所谓《画版帖》，即《书谱》中的《屈画帖》，一帖异称。宋曹勋论此帖云“清高闲澹，雅有秀韵，是知欧（阳询）、虞（世南）作略得六朝韵为深。帖语邀屈画工，故其说颇详云”(《松隐集》文，见《式古堂书画汇考》四引）。本御府收藏，宋末已入私人库藏。不知何时佚失。

《带名帖》：《宣和书谱》著录，行书体。董其昌《戏鸿堂法书》说“顾唐时止有带名六行。”谓《带名》一帖为杨羲书，《宣和书谱》所录有误。或谓此为陶氏摹本。宋黄伯思说：“但搨字要当如陶华阳摹杨、许书法乃佳耳”（《东观余论》）。这说明陶善摹杨书，后不知何时亡佚。

《华阳洞天帖》《茅山帖》《茅山仙迹》：此三帖均见《宣

和书谱》卷八，行书体。三帖不知何时亡佚，无可考。

《大洞真经隐诀》：据《云烟过眼录》云："天台谢奕修养洁斋所藏陶隐居小楷《大洞真经隐诀》后，有林希父子题。"林希是北宋人。谢即谢起翁，又藏《黄庭外景》一帖者，可谓传之有绪。《式古堂书画汇考》及《铁函斋题跋》皆据上说。有世传杨、许三十九章者，当为陶弘景所集。陶又有摹本，即世所传谢起翁所藏。

《华阳隐居真迹帖》：帖文载元《茅山志》卷二十一，题为《华阳隐居真迹帖》，文后有题记云："石刻前制隐居小像。初真迹藏建安徐闳中家，宋宣和癸卯十二月，道士芮南华摹刻传世。"《焦氏笔乘又续》袭之。此帖载明文徵明所刻《停云馆帖》卷一《晋唐小楷》中，自文氏父子摹传，渐见重于后世。明陆昭琏已有临本，见《有美堂帖》卷十二。清末沈曾植《海日楼丛札》卷八推重此帖。

《隐居手书墓甓文》：据元《茅山志》卷八："宋元祐初，中贵人罗淳一学道山中，尝意隐居之（墓）藏有丹砂异书。一日，穴墓（开），往观焉，……其圹甃甓环绕，相次成文，隐起甓上。其文曰：华阳隐居幽馆，胜力菩萨舍身。释迦佛陀弟子，太上道君之臣。修上乘之六度，□□□之三真。憩灵岳以委迹，游太空以栖神。书迹神妙，当是隐居手书。"20 世纪 80 年代，我在玉晨观旧址西的村民家发现此墓的铭文砖，除其中八条与《茅山志》所载相同以外，还有"梁天监十八年造甓十九年立虚埆""玄武延躯"等铭文砖，当为陶弘景书。

《上清真人许长史旧馆坛碑》：元《茅山志》卷二十载此

碑文。碑首行：“上清真人许长史旧馆坛碑。弟子华阳隐居丹杨陶弘景谨造”，此二十四字为陶弘景手书。碑正文是陶弘景弟子孙文韬书。此碑立于梁天监十七年。《碑阴记》刻于普通三年，至唐大历十三年刘明素重加洗刻。清翁大年有《旧馆坛碑考》详记此碑。今有天一阁拓本。原碑，据顾华玉《重修玉晨观记》称，毁于明嘉靖三年之火。

《天监十六年井栏题字》：此井栏是我于1981年在茅山陶弘景朱阳馆故址处发现。据村民说，井栏是于1958年在朱阳馆故址前二十余米处的废井中挖出。井栏石质为火山岩，外壁题刻楷书体大字铭文：“此是晋世真人许长史旧井，天监十四年更开治，十六年安阑。”从文字内容以及书法风格来看，当为陶弘景所书。现存于茅山大茅峰九霄宫。

除上述碑刻以外，还有陶弘景所撰诗文镌诸碑石者：

《吴太极左宫葛仙公之碑》：梁天监中，陶弘景应四明山馆主潘文盛请求，撰此碑文。至唐代，此碑文重刻：据陈思《宝刻丛编》卷十五：“梁陶弘景撰，陈升正书，调露二年正月重建。”

《华阳颂》：梁陶隐居撰，唐天宝九年立石，刘行矩（明素）刻石。另有《茅山长沙馆碑》、《茅山曲林馆碑》、《华阳隐居授门弟子陆敬游十赍文》（载《茅山志》卷二十一）、《太平山日门馆碑》（《陶隐居集》卷下）等。

（三）孙文韬书法

在茅山道团陶弘景的众弟子中，擅长书法成就最大者首推孙文韬。据《茅山志》卷十五记载：

孙文韬，一名韬，字文藏，会稽剡县人。入山师隐居，参授真法。及见杨、许三真手书上经，稍学摹写，遂大巧妙。后学大王书，殊有深分，当时称之。南洞《九锡文碑》《许长史旧馆坛碑》，并韬之迹也。南洞《碑阴》云：文韬心柔容毅，迹方智圆，既业不群物，故异简刊焉。

孙文韬是如何“入山师隐居”的？陶弘景于南朝齐永明八年（490）在会稽地区寻经访道期间，结识了始宁（今浙江上虞）四明山馆主潘文盛，“陶贞白见而悦之，遂与投分，共游诸处，寻求真书”（《太平御览》卷四〇九）。孙文韬与潘文盛是同乡，最早师从潘文盛学道习书。当因这时陶弘景与潘文盛结缘之机，孙文韬拜别潘，跟随陶弘景来到茅山，从此，“入山师隐居，参受真法”。陶弘景十分看重孙文韬的书法天赋，重点培养，悉心传授书法要诀。孙文韬自从来到茅山后，在掌握了陶传授的书法要诀基础上，得以摹习杨羲、许翙的手书真迹，书法“遂大巧妙”，书法造诣高歌猛进，“当时称之”。

陶弘景发挥孙文韬的书法特长，专事书碑誊写之事。据记载，当时在茅山由孙文韬书写的碑铭有：

1.《上清真人许长史旧馆坛碑》，陶弘景撰文，碑上除首行 24 字系陶弘景手书外，整篇碑文为孙文韬书。梁天监十七年立。（《茅山志》卷二十）

2.《华阳石碣颂》，梁普通三年五月刻于《旧馆坛碑》之阴，并碑阴两侧题名同孙文韬书。（《集古录目》）

3.《九锡真人三茅君碑》，梁普通三年张绎[④]立，孙文韬书。

（《集古录目》、《茅山志》卷二十）

4.《太元真人碑》，孙文韬书。（《舆地纪胜》）

5. 天监十五年井栏题字。天监十五年，茅山道团在茅山周边掘井十五口，在每口井栏上题 34 字，一共要写 510 个字。题写如此大量的字，当派孙文韬完成。

对于《旧馆坛碑》，清杨守敬评论道“南朝小楷，以陶隐居《旧馆坛》为杰作。《旧馆坛碑》唯首一行是陶隐居亲笔，然通体亦自高古绝伦”（《学书迩言》）。杨守敬谓陶弘景所书首行与孙文韬所书长篇碑文，通体“高古绝伦”，二者达到了同样的艺术高度。陶弘景仅书首行，应该说，《旧馆坛碑》的书者是孙文韬。有古人以孙文韬书《旧馆坛碑》与《瘞鹤铭》相对照，认为二者“正同”。如顾炎武《金石文字记》说：“今考此铭（瘞鹤铭）字体，与《旧馆坛碑》正同，其为隐居书无疑。”清学者林侗《来斋金石考略》谈《瘞鹤铭》：“观其笔意，与《旧馆坛》石大小不同，丰度则一也。”同样，也有古人论证茅山天监十五年井栏与《瘞鹤铭》为同一人书。清包世臣《艺舟双楫·安吴论书·后附四则》中说：“《天监井栏》（按指《十五年井栏》）在茅山，可辨者尚有数十字，字势一同《瘞鹤铭》。其字同者，则笔法、结法悉同，可证《鹤铭》为隐居书。”还有一些书家学者持此观点，如清人严观说：《十五年井栏》“其书法沉毅中含逸致之状，绝似《瘞鹤铭》。”（《江苏通志稿》金石二）当代学者祝嘉说：《十五年井栏》“字和《鹤铭》相似，好像出于一人之手。”[⑤] 古今学者通过对《十五年井栏》《旧馆坛碑》与《瘞鹤铭》书法风格的对比鉴别，得出的结论确乎可信，正如西方一位艺术史学家所说："风格是艺术史的基本概念，因为艺术史的基本问题全靠风格才得以提出。"按顾炎武等依据《旧馆坛碑》判断《瘗鹤铭》的书者，而《旧馆坛碑》的书者实为孙文韬。阮元依据天监十五年井栏题字判断《鹤铭》的书者，而天监十五年井栏的书者虽无记载，但经考当为孙文韬，前已述及。如此当可判断，《瘗鹤铭》为孙文韬书。长期以来，研究《瘗鹤铭》的学者陷入一个绕不过去的迷局不能自拔，认定《瘗鹤铭》非陶弘景莫属，绝不愿承认《鹤铭》会出自普通道士孙文韬之手。其实孙文韬的书法，"当时称之"，他是南朝梁代著名的书法家，怎么就不能写出《瘗鹤铭》大字呢?

（四）陶弘景与孙文韬书法

陶弘景与孙文韬师徒书风虽有共性，但是毕竟有某些个性差异。这种差异略同于唐张怀瓘《书断》中对二王父子书法得失的评论："若逸气纵横，则羲谢于献；若簪裾礼乐，则献不继羲。"[⑥]陶与孙大致可分别对应羲与献二人的书风特点。《许长史旧馆坛碑》，陶弘景所书首行和孙文韬书正文，因是统一为工整的小楷体，又经反复摹拓，二者书风特征区别不够明显。而以大字《茅山天监十六年井栏题字》与大字《茅山天监十五年井栏题字》《瘗鹤铭》对照，显示前者《十六年井栏》与后两者不同的书风特点。《十六年井栏》用笔以方笔为主，笔画平实浑厚，字体平整端重，一派高古正大气象，这是陶弘景书法的风格。而《十五年井栏》《瘗鹤铭》用笔以圆笔为主，藏锋圆劲，圆中寓方，人谓"隐通篆意"，遒劲中含逸致之气，点画映带显现行书意韵，这是孙文韬书法的风格特点。孙文韬学王羲之书法非常深入，善于灵活变化，如采用羲之的“一拓直下”的笔法，笔势纵引。以《鹤铭》中的“之”和《十五年井栏》中的“天”来说，末画收笔为反捺。陶弘景捺画就不是这样写，而是捺脚顿按出锋如刀切，如《十六年井栏》中的“天”“人”的捺画。陶弘景与孙文韬之间最大的不同点，简言之，陶弘景书风“高古严重”（刘熙载评陶书语），孙文韬书风“纵逸”。二人书风的这种不同，是与各自的身份经历分不开的。陶弘景作为宗教领袖，“山中宰相”，百科全书式的杰出学者，书写态度庄重严谨，因此书法风格表现为“高古严重”。孙文韬作为普通道士，本聪慧悟性高，心无旁骛地专注于翰墨书学，放胆纵笔，无所顾忌，书《瘗鹤铭》就是他放笔手书的杰作，因生逸气。

三、《瘗鹤铭》一些署名用语

瘗鹤铭，自北宋以来经历代学者整理，出现多种文本。从瘗鹤铭的内容来看，其与茅山道教上清派有非常密切的关系。兹就其中几个词语作简略解读。

上真　《镇江府治本》所载《鹤铭》中，有“出于上真”语。“上真”属于茅山上清派的神灵信仰系统。陶弘景在《真诰》等道书中频繁出现“上真”一词。在《真诰》中的《真经始末》说：“伏寻《上清真经》出世之源，始于晋哀帝兴宁二年太岁甲子，紫虚元君上真司命南岳魏夫人下降，授弟子琅邪王司徒公府舍人杨某。”上清派第一代宗师魏华存的尊号即“上真司命”。《真诰·运象篇第一》中有诗句“上真道不邪”。《真诰·运象篇第二》载：“东卿司命甚知许长史之慈肃，小有天王昨问：‘此人今何在？修何道？’东卿答曰：‘是我乡里士也，[7]内明真正，外混世业，乃良才也，今修上真道也。’”所谓“上真道”，就是《真诰》中所说的“上清道”，即茅山上清派。在《真诰》中还有如“上真元君”“上真左夫人”“上真东宫卫夫人”“东岳上真卿司命君”等。陶弘景在《真灵位业图》所列七个神灵位阶中，有许多神灵也带有“上真”名号。《瘗鹤铭》中的“出于上真”，或谓此鹤前身出自茅山上清派神仙谱系的某个神灵。

解化　“解化”为道教用语。据东晋葛洪《抱朴子》“论仙”：“按《仙经》云：上士举形升虚，谓之天仙；中士游于名山，谓之地仙；下士先死后蜕，谓之尸解仙。”在《瘗鹤铭》中说鹤解化，脱离形骸，魂魄升仙去了。陶弘景在撰著中习惯将“尸解”叫作“解化”，如在《真诰·稽神枢第四》中作的注说：“鼠子恐是鲍靓小名，鲍为南海郡，仍（乃）解化。”

真侣　《鹤铭》中“爰集真侣”，同样可证这几位署名别号者为道士。“真侣，谓道士”。[8]“真侣”特指道士，就像称出家为僧的人叫“僧侣”一样，教外普通人不可称为“真侣”或“僧侣”。

华阳真逸　陶弘景《真诰·稽神枢》中记述茅山“华阳洞天”云：“大天之内，有地中之洞天三十六所，其第八是句曲山之洞，周回一百五十里，名曰金坛华阳之天。”此处的“华阳”专指茅山。陶弘景归隐茅山伊始，即“自号华阳隐居”。[9]在茅山上清派中，

“真人”，是指修真达到特定境界，得道成仙的高道，非指普通道士。南朝齐永明年间，陶弘景师从著名道士孙游岳。孙据一次梦中神告，认定陶是高级仙真青华小童转世，这为陶认定自己将成为真人提供了依据。据上述判断，陶弘景在撰《瘗鹤铭》署名时，以“华阳真逸”作为别号是顺理成章的。

上皇山樵　《瘗鹤铭》的书者“上皇山樵”，这个别号涉及“上皇山”在何处的问题。“上皇山”在地志中没有记载。清翁方纲在《瘗鹤铭非出晚唐辩》中说：“华阳、北固之间无上皇山之名，惟会稽有之。”上皇山在会稽（今绍兴）地区何处？据绍兴市方志学者考证，上皇山是会稽山脉中的一座山，山名源自东晋帛道猷的一首诗：“连峰数十里，修林带平津。茅茨隐不见，鸡鸣知有人。闲步践其径，处处见遗薪。始知百世下，犹有上皇民。开此无事迹，以待疏俗宾。长啸自林际，归此保天真。”这是帛道猷在剡县沃洲山（今属新昌县）时，写给身在会稽若耶山的竺道壹的诗。上皇山正是地处孙文韬的家乡古剡县范围。此地除有上皇山以外，还有上皇村，到北宋被金人灭亡时，哲宗孟后在南逃浙越中去世，殡于此上皇村（见《宋史》）。孙文韬对家乡的上皇山自然是有感情的，在焦山书瘗鹤铭署名时，按照传统习惯，取用家乡“上皇山”名作为自己的别号，是合乎情理的。

夆□山征君　前人和现代学者认为“夆□山”即“绛岩山”。在茅山西面不远处的赤山，古称“绛岩山”，也是历史上的一座名山。“绛岩”一词早在东晋杨羲、许谧、许翙三君创作的《上清经》中就已出现。据《真诰·握真辅第一》载：“紫芝被绛岩，四阶植琳琼。”杨、许三君是茅山上清派的开创者，陶弘景与弟子传承杨、许三君上清经法，诵读《真诰》是他们修道的日常功课。《鹤铭》中的“绛岩山征君”，或是茅山道士在署名时，取自“紫芝被绛岩”句中的“绛岩”。

江阴真宰　据《庄子·内篇》中的《齐物论》云：“若有真宰，而特不得其眹。”又称“真宰”为“真君”。陶弘景特别推崇《庄子》，在《真诰》中一再论及《庄子》。在《真诰叙录》中说：“仙书《庄子内篇》，义穷玄任之境。”在《真诰·稽神枢第四》中一处作的注说：“世人苟知庄生如此者，其书弥足可重矣。”陶在茅山道团内，对弟子传授多种道经，《庄子》是其中之一。《鹤铭》中的“真宰”，或是茅山道士取自《庄子·齐物论》。

西北大学教授陈直先生从江阴置县的历史记载考证，认为《鹤铭》是陈朝太建六年（574）某位梁朝遗老书。然而，“江阴”未必是地名。茅山（华阳）北距长江中的焦山 50 多公里。山之北、水之南都叫“阴”。“江阴真宰”的“江阴”或取此义。

丹杨外仙尉　丹杨郡，西汉元封二年（公元前 109 年）以鄣郡改置，治所在宛陵县（今安徽宣城）。东汉建安二十五年（220），孙权移郡治于今南京城清凉山处，一直延续到隋代。从三国初到隋末的四百年间，丹杨专指南京地区（包括句容县，茅山在句容境内）。在此期间，“丹杨”和“丹阳”用字，时而写“阳”，时而写“杨”，并无定字。陶弘景在撰文著述中，凡写自己郡望时，一律写作“丹杨”，如《旧馆坛碑》首行：“弟子华阳隐居丹杨陶弘景□造”。陶弘景在天监七年出走东南时，一路上化名王整，官称外兵。清人吴东发《瘗鹤铭考》说：“又按《隐居传》：七年远游，改名王整，官称外兵，与此称外仙尉同”，认为“丹杨外仙尉”即陶弘景。其实，在茅山道团陶弘景的弟子中，潘渊文、许灵真等与陶弘景同是丹杨郡人。潘渊文办事能力强，是陶弘景特别倚重的弟子，凡重要事务多派潘去办。“仙尉”是仙府里一种职级较低的仙官，“外仙尉”或指尚在人间的预定要去仙府任职的道士。“丹杨外仙尉”有可能是潘渊文在瘗鹤时起的别号。综上所述，《鹤铭》中除“华阳真逸”以外的别号，均当为陶弘景的弟子。

四、陶弘景与鹤

在历来关于《瘗鹤铭》的研讨中，常有人提出陶弘景有没有到过华亭的问题。

北宋黄伯思《东观余论》谈论《瘗鹤铭》时说：有“一小书中载云：‘（瘗鹤铭）陶隐居书，’此或近之。”黄认同《鹤铭》陶书说，并就陶的行迹说道：“隐居天监七年东游海岳，权驻会稽、永嘉，十一年始还茅山。十四年乙未岁，其弟子周子良仙去，为之作传。即十一、十三年正在华阳矣。”据《上清真人许长史旧馆坛碑·碑阴记》载：陶弘景于天监“七年往永嘉楠江青嶂山。十年涉海诣霍山。十一年夏还木溜屿，其年十月奉敕迎还旧山。十三年正月至茅山。”⑩这次陶弘景为炼丹赴浙闽沿海，后辗转来到永嘉楠江青嶂山等地。天监十年渡海到霍山。“壬辰年（天监十一年，512年）六月，便乘海还永嘉。木溜屿乃大有古旧田塘，孤立海中，都无人居，甚可营合。八月，至木溜，见其可居，始上岸起屋。十月，司徒慧明至。于时，愿得且停木溜，与慧明商榷，往复积日，永不敢许，于是相随而还也”（《登真隐诀》）。“道中书敕相望，仍欲先生至都下。先生至晋陵，辞以疾，乃还华阳”（《内传》）。

陶弘景一行于天监十一年六月从霍山前往浙江永嘉，八月到达海岛木溜屿，十月梁武帝派的特使司徒慧明找到岛上来，要陶立即返回。陶商请在岛上延住一段时日，哪知司徒慧明一口回绝，陶弘景只得带领周子良等随同司徒慧明踏上归途。途中陶弘景转道鄮县礼阿育王塔，自誓受五戒，皈依佛门，自此他便为佛道双修的身份。一路上不断有梁武帝派出的使者催促速回。陶一行人从鄮县往北向茅山方向走，距离最近的路线是：往北到达杭州湾岸边，船渡到对岸后[11]，再往北，松江华亭便是必经之地。他们从华亭沿太湖东面往北走，一路到苏州，过无锡，抵达常州，从常州直接回到了茅山。这条路线正与《内传》“先生至晋陵（今常州），辞以疾，乃还华阳”的记载相吻合。陶弘景从鄮县出发，如果不往北过杭州湾，另一条路只能是往西，绕到绍兴一带，往湖州方向，沿太湖的西面往北，经过宜兴地区到达茅山。常州位于茅山的东面六十多公里，若走太湖西面这条路，就不可能经过晋陵（常州），这就与陶经过晋陵回茅山的历史记载不符。

综上所述，陶弘景带领周子良等人于壬辰（天监十一年）十月从木溜屿启程回茅山，途中经过鄮县，路线为：鄮县—松江华亭—苏州—无锡—常州—茅山，于天监十二年正月回到茅山，途中共走了三个月。从这一路的行程来看，陶一行人到达华亭时，仍是在壬辰年，即天监十一年内。陶弘景在途经松江华亭时，与弟子周子良等人完全有可能买鹤带回茅山（华阳）。

《瘗鹤铭》词曰："相此胎禽，浮丘著经。"指出此鹤不是凡世间普通的鹤，而是仙人浮丘《相鹤经》中所说的仙鹤。浮丘是传说中的神仙，据《历世真仙体道通鉴》本传："李浮丘伯，世号浮丘公。居嵩山修道，白日飞升。"《文选》鲍照《舞鹤赋》李善注："《相鹤经》者，出自浮丘公，公自以授王子晋。"陶弘景在对弟子讲修道成仙事时，也举浮丘仙鹤的故事。如梁简文帝萧纲《华阳先生墓志铭》[12]载："余昔在粉壤，早逢圯上之术，今篋元良，屡禀浮丘之教。"陶弘景撰《旧馆坛碑》称颂许长史故宅旧址："长史所居，尤为标胜，方将驷云虬而高骋，驱奔鹤以追风，望洪涛之浩汗，眷故都以浸远。"在陶的思想观念里，仙人驾鹤飞升，鹤亦为仙。这与《瘗鹤铭》中对仙鹤前世今生的描述是一致的。

在茅山积金岭西端有个山头，名叫丁公山，位于今元符宫的西面，崇禧宫之北。据《茅山志》卷六记载："丁公山，崇禧宫之阴。相传汉初丁令威仙举其上。不知辽东何得远来此山，岂道成分身，任意之所至也？"元《茅山志》编纂者刘大彬不知丁令威何以远道而来，仙举于丁公山。"按《洞仙传》，令威少随师学仙道，分身任意所欲。"（见《古今图书集成》神仙部）丁令威因能分身化鹤，可"任意所欲"。丁令威仙举于茅山丁公山之说，在元朝之前当由来已久。因此，陶弘景于壬辰年（天监十一年）路经松江华亭时带回一鹤，饲养地点无疑是在丁公山。丁公山附近住有华阳上、下馆众道士。天监十三年（甲午），此仙鹤"解化"，这对于陶弘景来说，无疑十分痛惜，为仙鹤撰铭是很自然的事。

据元《茅山志》卷二十六载《茅山华阳先生解化之碑》记载，北宋大观改元（1107），“其明年，（刘混康）先生乃来朝，将行之前一日，庵中平时所养鹤辄飞去。”刘混康于大观二年赴京将行前一日，庵中饲养的鹤飞走了。此庵地点在现茅山元符宫一带。这样看来，从陶弘景到刘混康，茅山道观养鹤或是一个传统。

五、陶弘景是《瘗鹤铭》撰者而非书者

《瘗鹤铭》中署名：华阳真逸撰、上皇山樵书。华阳真逸和上皇山樵是谁？这是历来争议的焦点。北宋以来，很多学者考证认为“华阳真逸”是陶弘景的别号，认定陶弘景既是《鹤铭》的撰者，却又往往把陶弘景说成书者，二者混为一谈。撰者既然是陶弘景，手书上石必定派孙文韬完成。

《梁书·陶弘景传》说陶：“性好著述，尚奇异，顾惜光景，老而弥笃。”他以渊博的学识，优美的文采，优雅高贵的气质，空净圆融的风采，得到当时朝野士人名流的无限仰慕。陶弘景自幼就写得一手好文章。他所作的美文常博得士人名流的高度赞扬。在归隐茅山后，更勤于著述，包括撰写很多碑文。如弟子王法明去世（大通三年正月），陶“隐居为制铭志，并设奠云：绂冕岂荣，随璜非宝，万里求真，缄兹内抱”（《太平御览》卷六六六）。北宋黄伯思在《东观余论》中说，《鹤铭》的文格殊类陶弘景。《瘗鹤铭》是一篇绝妙佳作，在茅山道团

惟有陶弘景才有此大手笔。《鹤铭》文章的格局宏阔，气度高远，文采斐然，并不逊于王羲之的《兰亭序》。《鹤铭》在文学上的价值，过去几乎无人关注，甚至竟有人说《鹤铭》是“无聊之作”，不亦谬乎？

《瘗鹤铭》中的鹤为什么不葬于茅山而瘗于长江中的焦山？我认为原因有二：一是道教的崇水思想。北方属水，长江中的焦山正是位处茅山的北面。把仙鹤瘗于焦山（化于朱方）水域之日，正是仙鹤升仙之时。二是将鹤瘗于长江中的焦山之下，让鹤“解化”后的魂魄顺着向东流的浩浩江水，复归于来处——华亭。

【注释】

①《中国道教史·序》，上海人民出版社，1990年版。

② 郗愔是王羲之的妻弟，史称他“心尚道法，密自遵行。善隶书（今称的楷书），与右军相埒。手自起写道经，将盈百卷。”（《太平御览》卷六百六十六）

③ 按《黄庭经》的思想，魏晋之际已渐流行。后被尊为道教上清派第一代宗师的魏夫人当时得到七言韵语的黄庭草本，进行诠次注述，成为定本《黄庭经》（后来称《黄庭内景经》），因此魏夫人成为黄庭思想流布的开创者。据陶弘景《真诰》载，杨羲、许谧、许翙三君在茅山合作创作《上清经》，杨羲自称经文是由魏夫人等仙真降授的，许谧专注诵读《黄庭内景经》（见

《真诰·握真辅），许翙曾手书《黄庭内景经》（真诰·翼真检），杨、许三君传承黄庭思想，成为道教上清派的始创者。据《郁岗斋墨妙》第二《黄庭经》，系《黄庭内景经》文，末有万历丁未延陵王肯堂跋云:“此绢本若非杨君始写之本,即是许掾书。”此即米芾在《书史》中所谓之《黄素黄庭经》，与王羲之书《黄庭外景经》刻于石上者不可混淆。著名道教学者王明先生在《黄庭经考》中引用欧阳辅云：“赵文敏所称为杨、许旧迹者，乃黄素写本，明言与石本字体绝不相类，大小亦殊，不得因绢本为杨书,遂谓石本亦杨书。更不得以杨有此书,遂谓右军无此书。”由上述可见，《黄素黄庭经》系《内景经》，王羲之所书是《外景经》。杨羲是绢本《黄庭内景经》的书者。

④ 张绎，字士和，吴郡人。“陶隐居著《法检论》，明释、老二教,绎往复讨论,甚有条理,隐居嘉焉。专心道法,居贫守约,善八体书，别制云篆，作茅山南洞碑，甚工。”（《太平御览》卷六六六引《老氏圣记》）

⑤《书学论集》中《论“南北二铭”》一文，金陵书画社。

⑥ 唐·张怀瓘《书断》（上）“行书”条

⑦ 陶弘景在这句下作的注说：“乡里者，谓句容与茅山同境耳，非言本咸阳人也。”

⑧《汉语词典》网络版。

⑨《梁书》卷五十一。

⑩ 梁天监十一年十月，陶弘景携徒弟周子良等人从浙江永嘉沿海小岛木溜屿启程返回茅山,在梁武帝催促紧急的情况下,于天监十二年正月回到茅山。据《周氏冥通记》卷一载：“（天监）

十二年秋，其（指周子良）家中表亲族来投山居。”这就说明随陶回到茅山的周子良到天监十二年秋已在茅山安住下来，证明陶弘景这年已身在茅山。《碑阴记》的序说：“此碑梁普通三年太岁壬寅金石刊，至唐大历十三年太岁戊午凡二百六十六年（应为256年），文字将湮。中山刘明素字暎微重加洗刻也。”在这次刘明素重加洗刻中，将《碑阴记》原碑中的“十二年正月”的“二”误刻成“三”字。

⑪ 陶弘景在浙东沿海选择炼丹地点的几年中，辗转陆地与海岛之间，对这一带十分熟悉。这次回茅山途中有梁武帝特使司徒慧明跟随，地方官无疑会帮助解决渡船问题。

⑫ 此墓志铭，贾嵩《内传》作昭明太子撰，误。实为梁简文帝撰。昭明太子先陶弘景五年卒。

太伯始居地勾吴在茅山试探

太伯仲雍奔荆蛮所建勾吴究竟在何处？这是吴文化研究的一个至关重要的问题。长期以来，考古界说法不一，聚讼纷纭，迄无定说。本文就这个问题试作探讨。

由于历史久远，淹没了关于勾吴的许多基本史实，加上后世的附会记述的层累，使这一问题更加扑朔迷离。20世纪30年代关于吴文化的研究大体局限于文献资料，而未能使研究深入地进行下去。令人欣喜的是，近几十年来，由于宁镇地区考古文物不断有重大发现，为吴文化的研究开辟了新的天地。

自20世纪50年代以来，考古工作者对苏南广大地区的古遗址、土墩墓进行了大量的调查和发掘，并进行了深入地研究和探讨，获得了引人瞩目的重要成果。首先，1954年在丹徒县烟墩山出土了宜侯夨簋，这是一次具有重大意义的发现。郭沫若、唐兰等人对簋内铭文作了精深研究。据唐先生考证，铭文中的宜侯夨就是《史记·吴太伯世家》记载的仲雍的四世孙周章。这些重要论证使吴文化研究产生了突破性进展。其后，南京博物院、镇江博物馆等对烟墩山所在地区的大港至谏壁沿江一带多处土墩墓进行了科学发掘，有母子墩、磨盘墩、烟墩山二号、双墩一号及青龙山、丁岗墩、上村西周铜器大墓等。后又在这一地区的背山顶发掘了一座春秋大墓，这是继发现矢簋之后的又一次重大发现。这些墓葬的规模都相当大，大多随葬成套青铜礼器、兵器及车马器。“这些情况都更进一步表明，这里是西周时期吴国统治者的墓区。”[①]这说明宁镇地区是吴文化的发源地，自然太伯始建的勾吴应在宁镇地区范围内。对此，已得到越来越多的学者的认同。

一、吴定都于宜之前有过两次迁都

《史记·吴太伯世家》集解引宋忠曰：“勾吴，太伯始所居地名。”索隐云：“此言勾吴，吴名起于太伯，明以前未有吴号，地在楚越之间，故称荆蛮。”这里指出太伯始居地勾吴即地处宁镇地区。

据《史记·吴太伯世家》：“太伯卒，无子，弟仲雍立，是为吴仲雍。”说明太伯死后，仲雍继承了君位。仲雍的行迹在一些文献中也有所记载。

《世本》记载：“吴孰哉居藩篱”“孰移丹徒”。孰哉，简称“孰”，即仲雍。以这些记载来看，藩篱即丹徒，仲雍迁都到了丹徒。

楚辞《天问》：“孰期去斯”，释意为：仲雍离开此地而迁徙他处，[②]这一条记载与上述《世本》所记相合，这就证实了一个重要的历史事实，仲雍曾迁徙都邑到丹徒，而仲雍迁徙时来自何处呢？显然是来自太伯始居地勾吴。

从丹徒烟墩山矢簋的发现及其后考古新资料的面世，证明吴国初期活动的范围在宁镇地区，其所建都邑自然也在这一范围内。这就使“孰移丹徒”等记载得到了考古学的证实。

从烟墩山矢簋铭文来看，宜侯矢的都邑名叫“宜”，故“宜”距宜侯墓当不会远。关于吴建都于宜之前都邑的变迁，有的学者“称宜为吴国历史上的第一次迁都。”③

在烟墩山出土的宜侯矢簋铭文中有一句极为重要的话：“王令宜侯矢曰：‘迁侯于宜’”李学勤先生指出：“周王命宜侯矢，迁侯于宜，说明不是初封，而是徙封，或者说迁国。将诸侯国由一地移到另一地，称迁，《春秋》经传有不少例子。”④这里所说是指宜侯矢进行的一次迁都，但并不是说吴国的第一次迁都，因为在此之前已有过仲雍的一次迁都。这就是说，已知吴国在都“宜”之前曾有过仲雍和宜侯矢所进行的两次迁都。除此之外，还另外有没有过迁都呢？那还有待新的考古资料的发现。

二、勾吴方位的探讨

自从太伯建国号勾吴，到宜侯矢始受周王封号时，吴国力量显然十分薄弱，所管辖范围也很有限，后经十九世，自“寿梦立，而吴始益大，称王。”因此，不论仲雍“移丹徒”，还是宜侯改封于宜，每一次迁都相距不可能很远。正如李学勤先生所说：“按照传统说法，申国原封也在南阳附近，徙封不过是改换了都邑。簋铭的虞侯徙封于宜，可能和申伯改封到谢一样，移动未必很远。”⑤此说极是。同样，有的研究者指出：“吴国都城曾屡有迁徙，这是事实。但由背山顶发现吴王余昧墓推断，在此以前，吴国都城的迁徙不可能超出镇江附近地区的范围。”⑥自太伯所建勾吴到宜侯矢改封于宜，其间虽有过两次或者两次以上迁都，但这几处都邑地点之间相距都不会很远。

观察宜侯矢墓所在地烟墩山的地理位置，在商周时期，这一带北濒宽阔的长江，东临大海。宜侯矢徙宜不可能来自东、北两面，更不可能来自东南方向的今苏州地区。宜侯矢迁都于宜，显然是来自宜的西面（西南）方向。《世本》所谓“孰移丹徒”，即仲雍从勾吴迁徙都邑到丹徒，必定来自宜的西部地区。

从考古资料看，在丹徒以西（西南）地区，大体是在以茅山为中心的区域内，湖熟文化遗址和土墩墓十分密集。东从茅山起，西到秦淮河上游，南从句容县南的浮山一带，北到句容县城周边，几十年来在这一区域发现的土墩墓大约三千座，特别是靠近茅山一带，土墩墓集中连片，更为密集，且比苏南其他处的土墩墓年代早。湖熟文化遗址，在20世纪50年代初，仅在茅山西面的句容县境内，发现湖熟文化遗址达五十多处。在茅山西麓附近曾发现的多处古遗址中，出土过商至西周的陶、石器等器物。从如此密集的古遗址和土墩墓来看，在商周时期，这一地区是荆蛮族人口的聚集区域。太伯仲雍奔荆蛮过长江时，在今南京以下的长江段中，其最狭窄处大概在今镇江市的西侧。⑦太伯仲雍最可能选择在这最窄处渡过长江，穿过沿江的宁镇山脉，往南行，便直接进入今茅山地区，即当时人口最密集的地区。

我们看宁镇地区的遗址和土墩墓的分布情况，一是从丹徒的谏壁、大港向东南方向，沿丹阳东至淹城，略成一线；二是在茅山以西的大片区域内，近几十年来在这一区域对土墩墓进行过大量的考古发掘，成为一个吴文化考古区系；三是由茅山北端起，经丹徒的曲阳，过丹阳城南，直到丹徒大港一带，土墩墓、古遗址也大略连成一线，其中曲阳有一古城址。这显示在宁镇地区早期吴国发展变迁的动向，由此也可观察吴国早期都邑迁徙的方向。

三、地方志的有关记载

茅山原名句曲山，山体大部分在句容县境内。据《真诰·稽神枢第一》载：句曲山“按山形宛曲，东西邅回，故曰句曲。”《茅山志》记载：句曲山“山形似‘已’字，故以‘勾曲’为号焉”。(勾通句)又说句容县之得名，因句曲山“曲而有所容，故号为句容”。句曲山“自商之末太伯来遁，遂世为高人栖隐之地”。

据《茅山志》载，太伯奔荆蛮初来之地是句曲山：“周古公志于翦商，其世子太伯不从，爰托采药来句曲山中。好厥德者从之日众，乃建国号勾吴。吴，大言也，识不忘句曲隐居，放言之初耳。”这段记载说太伯来到句曲山，得到荆蛮人拥戴，于是聚拢众部族，建国号勾吴。据《说文解字》解释“吴”字：“姓也，亦郡也。一曰：吴，大言也，从矢口。”注云：“徐锴曰：大言，故矢口以出声。《诗》曰：不吴不扬。”又《诗经·周颂·丝衣》有云“不吴不敖”。矢，从大，吴是大声说话的意思。“吴”字的本意即如此。“吴”释为“大言”，太伯声言“不忘勾曲隐居。”他以“勾曲山”的“勾”加上“吴”字，建国称号“勾吴”。由上所述，“勾吴”当为太伯渡过长江后，初来句曲山所建国的国号。

周古公亶父立志灭商，长子太伯不同意父亲的这个决定，父子之间产生了矛盾。从当时的形势来看，商朝的实力依然很强，周族还很弱。而古公亶父掌权后雄心勃勃，确定了灭商大志。由于周族的实力渐渐壮大，不能不引起商王的疑惧，以致后来就发生了文丁杀季历的事件。然而，以当时周族与商朝的实力对比，无论从疆域、人口，还是生产力发展水平，周较商还是有很大差距。在这种情况下，古公准备向商发起进攻，冒险性和危险性是显而易见的。根据山志的说法，太伯不同意攻商，不从父命，但又父命难违，于是托称采药来到荆蛮地区的勾曲山（今茅山）。

关于太伯奔荆蛮的缘由，《左传》也透露出一些信息。《左传》闵公元年，晋献公宠骊姬，危太子申生，申生出征立功还，士曰：“太子不得立矣，分之都城而位以卿，先为之极，又焉得立？不如逃之，无使罪至，为吴太伯，不亦可乎？犹有令名，与其及也……”据前人考证，疑《左传》源于《国语》。《国语·晋语》所记与上述记载基本相同：“士苏出语人曰，太子不得立矣，……与其勤而不入，不如逃之，君得其欲，太子远死，且有令名，为吴太伯，不亦可乎？”上述记载说士苏教太子申生出走避祸，指出这样做是仿效吴太伯。对于此说，《史记·吴太伯世家第一》

记载颇详："吴太伯，太伯弟仲雍，皆周太王之子，而王季历之兄也。季历贤，而有圣子昌，太王欲立季历以及昌，于是太伯、仲雍二人乃奔荆蛮，文身断发，示不可用，以避季历。季历果立，是为王季，而昌为文王。太伯之奔荆蛮，自号勾吴。荆蛮义之，从而归之千余家，立为吴太伯。"太伯为何奔荆蛮？可能在翦商问题上太伯与其父发生了矛盾，也可能在王位继承问题上父子之间发生了冲突，因而出走荆蛮，来到今茅山地区。

四、茅山积金岭西部一带自然环境

在先秦时期，句曲山就已闻名于世。据《建康实录》载："楚之金陵，今石头城是也。或云：地接华阳金坛之陵，故号金陵。"《建康实录》谓金陵之称，除了南京市区的清凉山（石头城），还有茅山也曾称金陵。早在楚吞并吴之前，句曲山就以其优美的自然景色和灵异传说招引四方名士。正如《茅山志》云："吴太伯初逃句曲山中，足知兹山为圣贤栖托，自古然也。"三代以降，历代都有名士隐逸栖居此山。据《茅山志》记载，秦始皇于公元前210年东巡，从会稽还，途经句曲山，在山北埋下白璧一双，当时执行埋璧者是在此山修炼的著名方士李明真人。西汉陕西咸阳名士茅盈三兄弟来到句曲山隐居修炼，功德卓著，影响深远，人们为了纪念他们，改称句曲山为茅山。茅山勾曲回转，山势平缓。在位于积金岭西部、华阳洞一带，特别具有适宜先民居住的得天独厚的条件。华阳洞位于茅山老虎岗的西侧，与此洞并列的还有两个洞，名玉柱洞和仙人洞。在华阳洞前古有三股泉水合流注入往西约一公里的深涧，名楚王涧，相传是因楚威王来过此处得名。楚王涧北面是积金岭西的山崖，南面是开阔的地面，与大茅峰相连。西边有一山头名望母山，旁有通道出口。这一带四面有山岭为屏障，水源丰富。既便于渔猎，附近也宜耕种。综观这一带的地形和自然条件，最符合商周时期荆蛮人选择居住地点的要求，与宁镇地区一般荆蛮人居住的台形遗址比较，此处利于居住的条件更为优越。

这座山植被丰厚，历来草木茂盛，中药草种类繁多。据记载，明代李时珍曾来茅山采集药材，在《本草纲目》中记有茅山的中药材380多种，是一座自古以来闻名的中药材宝库。《茅山志》记载太伯以采药为名来茅山也是合乎情理的。

综上所述，我认为太伯过江后，最初到达丹徒烟墩山西面的茅山地区，建国号“勾吴”。自仲雍从始居地勾吴迁徙都邑，到宜侯矢迁都到宜，其间有过两次或两次以上迁徙都邑，大致是从茅山地区逐步朝向丹徒烟墩山一带去的。

【注释】

①③ 肖梦龙：《吴国的三次迁都试探》，《吴文化研究论文集》，中山大学出版社，1988年6月。

② 商志䫞：《吴国都城的变迁及阖闾建都苏州的缘由》，《吴文化研究论文集》，中山大学出版社，1988年6月。

④⑤ 李学勤：《宜侯矢簋与吴国》，《文物》1985年7月。

⑥ 王卫平：《关于太伯仲雍南奔建国的几个问题》，《东南文化》1989年增刊。

⑦ 据魏嵩山:《古代吴立国的发源地及其疆域的变迁》(见插图)。

（本文载《镇江文博》，1993年）

颜真卿撰书《李玄静碑》

颜书《李玄静碑》，全称为：《有唐茅山玄静先生广陵李君碑铭》，碑上题为："有唐茅山玄静先生广陵李君碑铭并序。金紫光禄大夫行湖州刺史上柱国鲁郡开国公颜真卿撰并书"。文末署："大历十二年夏五月建，渤海吴崇休镌。"为了与张从申书《李玄静碑》相区别，故又称《颜书茅山玄静先生碑》，或称《颜真卿书李玄静碑》。此碑于唐大历十二年（777）五月镌立于江苏句容茅山紫阳观。

此碑四面刻，楷书大字，前后两面各十九行，两侧各四行，行三十九字，计一千七百余字。南宋绍兴七年(1137)五月十四日，碑石被大风折断，损字数十个。明嘉靖三年(1524)玉晨观遭雷火，碑石焚裂，尚未垮塌，全文仅缺首行"有唐茅山"等字一角。明末时碑石塌陷，首数行尚存，后有散落。清乾隆时期，钱大昕搜集得二十一石，计一千五百余字（含残字）。乾隆五十八年（1793），汪志伊搜得残石二十三块，尚存一千四百余字，移入句容县城学宫，筑台砌置。清咸丰（1851—1861）遭太平天国兵乱，碑石又遭破碎散乱。同治（1862—1874）时存残石十几块，仅有279字。后又遭损毁，今此碑已无片石。

《李玄静碑》拓本，现存最佳拓本为宋拓本，留有张廷济、张凤彝、吴云、何绍基、吴让之、莫友芝等人的藏跋。据上海图书馆学者著文，此碑拓本在不同历史时期的善本主要有以下几种：

（一）王楠话雨楼藏本：是断后毁前南宋拓本，共二册，存一千六百零五字。后经陈纲、陈璜、徐渭仁递藏。现为上海图书馆馆藏，定为国家一级文物。

（二）莫友芝精校本：为查士标旧藏“嘉靖断碎后最全拓本”，可称“嘉靖火后初拓本”，后经莫友芝、莫彝孙、莫绳孙、王君覆递藏。此册存一千四百余字，惜稍有涂描。清同治三年（1864）六月，莫友芝剪贴线装，分装二册。

（三）杨继振藏本：这是明末清初拓本，存一千四百余字，装裱成两大册。由杨继振（幼云）、李在铣（芝陔）、汪大燮（伯唐）递藏。张彦生《善本碑帖录》载：“又见杨幼云旧藏，归汪大燮，首行‘玄静先生’等字完好。装两巨册，为嘉靖断碎后最全拓本。”此本与宋拓本相较，缺二百余字。与莫友芝精校本互较，虽同属“嘉靖火毁后拓本”，但碑石断裂，边缘处失若干点画，与乾隆拓本校勘，则多存三百余字。

一、颜真卿与李玄静

颜真卿于景龙三年（709）生于京兆万年县（今陕西长安县）。

他自幼遵照《颜氏家训》“兼修戒行，留心诵读，以为来世津梁”的理念，怀抱济世安邦的思想，熟读经史，兼通佛道之学。开元二十二年（734），进士及第，后登科出仕。此时他即以书法“楷法遒美”先声夺人。天宝五年（746），师从大书法家张旭，书艺突飞猛进。天宝十二年（753），赴任河北道平原郡（今山东德州一带）太守，第二年安禄山反叛，黄河以北大部分地区陷落，唯颜真卿首举义旗与堂兄常山郡（今河北石家庄市一带）太守颜杲卿一起，抗击叛军，声振朝野。在被调离平原郡后的二十七年中，颜真卿辗转任职于各地。他襟怀坦荡，虚己下士，奖掖后进，广交文儒和佛道人士，在此期间书撰了很多碑铭，多有佛道内容。

有唐一代，儒释道并兴，三者互相渗透，士大夫大多兼而习之，文人儒士多有崇道礼佛者。尤其是在安史之乱以后，佛道之学更为盛行。自乾元（758—759）之后，颜真卿与僧道交往增多，热心参与佛道活动。他将道家思想与儒家的忠孝节义观念熔铸一体，既有正直、忠义、刚烈的高风亮节，又有超然物外、淡泊名利的洒脱情怀。在公务之余，他常去佛寺、道观，拜访佛道人士。他与茅山上清一代宗师李玄静结交十年，情谊深厚。乾元二年（759），颜真卿在饶州（今江西鄱阳一带）刺史任上时，特派专人去茅山，给李去静送去书信，字里行间充满敬慕之意。大历六年（771），罢抚州[①]刺史，返京，八月，经江州水路到达上元县（今南京）时，来到茅山，驻足紫阳观，睹物思人，对已仙逝两年的李玄静充满缅怀之情。当时茅山存有陶弘景及其弟子孙文韬书撰的碑铭，如《上清真人许长史旧馆坛碑》《华阳石碣颂》《九锡真人三茅君碑》等，当颜真卿看到这些名碑时，该有多么的惊喜啊！大历十一年（776），应李玄静大弟子韦景昭的请求，撰《李玄静碑》文，于第二年五月手书刊石，立于紫阳观。这年他 69 岁。

颜书《李玄静碑》详述李含光的生平事迹。李含光（682—769），茅山上清第十三代宗师，广陵江都（今扬州市）人。神龙（705—706）初以清行度为道士，居龙兴观。开元十七年（729），李含光在王屋山师从茅山上清第十二代宗师司马承祯，居住嵩阳二十余载，得到了司马承祯的真传。唐玄宗十分崇信李含光。开元中，诏请含光居住阳台观修道，岁余，李含光便称病回到了茅山。后玄宗屡召，含光称病不赴。天宝四年（745）冬，玄宗派宦官奉玺书来到茅山，召请含光赴京，入住宫廷内。玄宗“每欲谘禀，必先斋沐，他日请传道法。先生辞以足疾，不任科仪者数焉，玄宗知不可强而止。”李含光以处理茅山散落的上清经秘箓为由请求归山。天宝六年（747）秋，含光回到茅山，搜集散落的杨、许三君真迹及陶弘景手书经文，“而进上之”。天宝七年（748）春，玄宗决定受上清箓，派宦官奉玺书来到茅山，定于三月十八日玄宗“剋受（上清）经诰”。届时在大同殿举行受上清箓仪式，“遥请（含光）先生为元师，并赐衣一袭，以申师资之礼，因以‘玄静’为先生之嘉号焉，仍诏刻石于华阳洞宫以志之”。这年“夏又诏以紫阳观侧近二百户，太平、崇元两观各一百户，并蠲其官徭，以供香火。”天宝十一年（752），含光奉诏与韦景昭等在茅山紫阳观东面的郁岗峰下建斋院修道。大历四年（769）冬十一月十四日，李含光在茅山紫阳观别院仙逝，享年88岁，十二月八日葬于紫阳观前雷平山的西侧。按照李含光的遗嘱，随葬物有：松棺、竹杖、木几、水瓶、香奁、香炉。

颜真卿在碑文中对李含光评论道：

先生识思真淳，业行高古，道穷情性之本，学冠天人之际。所以优游句曲，郁为王者之师，出入明庭，特宠肩舆之贵。是知顺风而问，昔称于黄帝；望山而请，今见于玄宗矣。又博览群言，长于著撰。尝以《本草》之书，精明药物，事关性命，难用因循，著《音义》两卷。又以《老》《庄》《周易》为洁静之书，著《学记》《义略》各三篇，《内学记》二篇，以续仙家之遗事。皆名实无违，词旨赅博。初，先生幼年颇工篆籀，而隶书尤妙。客或赏之云：贤于其父，因投笔不书。玄宗诏山人王旼强，请先生楷书上经一十三纸，以补杨、许之阙。先生能于阴阳数术之道，而不以艺业为能；极于转炼服食之事，而不以寿养为极。但冥怀素朴，妙味玄津，非夫博大之至人，孰能尽于此。

颜真卿在碑文中列举了道教上清派自第九代至十三代宗师的传继关系：陶弘景—王远知—潘师正—司马承祯—李含光，共五代。他们“皆总袭妙门大正真法，所以茅山为天下道学之所宗矣”。颜真卿满含深情地谈到自己与李含光的交往，表达了对李含光的敬佩之情。李含光是茅山上清派嗣宗师中的代表性人物，致力于弘扬上清经法，撰著道书，成就卓著，推动茅山宗发扬光大。他作为唐玄宗受箓的度师，受到玄宗的尊崇，使茅山道观得到唐王朝的更多优待扶持，茅山道观经济更加充盈，香火更加旺盛。

二、颜书《李玄静碑》书法

颜真卿楷书艺术创作的历程，大概分为三个阶段。大约在50岁之前是书法创作的初期阶段，初步形成了“颜体”风格，其代表作有《千福寺多宝塔碑》等。50岁到60岁是颜真卿书法创作的中期，代表作有《郭家庙碑》《麻姑仙坛记》等。在这个时期表现了旺盛的创作热情，书法日益成熟。60岁之后，随着年岁的增长，笔力技艺愈加老劲，表现手法愈加丰富，在成熟中善加神明变化，一日有一日的进境，一碑有一碑的异彩。他书写的大量碑版和行书作品，风格多种多样，主要以雄厚、庄重、郁勃的书风成为“颜体”的突出特征，具有无与伦比的艺术震撼力。晚年创作的碑版代表作有《宋璟碑》《李玄静碑》《颜氏家庙碑》等。

颜书《李玄静碑》，作为千古名碑，受到历来书家学者的推崇和高度评价。清代梁巘《承晋斋积闻录》评论说：“颜鲁公茅山《李玄静碑》，古雅清圆，带有篆意，与《元次山碑》相似。乍看去极散极拙，多不允称，而其实古意可掬，非《画像赞》《中兴颂》所可及。”清何绍基《东洲草堂文钞》说：“颜书《玄静碑》于劲伟中出缓绰，心仪杨、许之风，不觉流露腕下也。”明代王世贞《弇州山人四部稿》说：此碑“结体与《家庙》同，遒劲郁勃，故是诚悬鼻祖。”清王澍在《虚舟题跋》中认为：此碑“跌宕莫如《宋广平》，肃恬莫如《家庙碑》。此碑风格正在《广平》《家庙》之间，信是鲁公极笔。”《宋广平碑》结体宽博，方整虚和，书风高古闲雅。《颜家庙碑》用笔凝重，巧拙相生。王澍认为《李玄静碑》书法介于《宋广平碑》与《颜家庙碑》之间，兼具二者书风的特点和艺术高度，称为颜书的“极笔”。

回看颜真卿44岁时所书《多宝塔碑》，用笔肉多于骨，正处在“颜体”形成的早期阶段。在书《多宝塔碑》25年后所书之《李玄静碑》，气骨神韵发生了非常大的飞跃。梁巘《承晋斋积闻录》说：“颜鲁公《李幺静碑》，书之变格也。”颜真卿书法晚年变格出新，大抵字体偏于朴拙，用笔偏于篆意，笔画变为瘦挺。当以《李玄静碑》为标志，晚年颜真卿的“颜体”书法进入了新的至高境界，此碑成为颜真卿楷书主要代表作之一。

三、颜真卿书法渊源

颜真卿自幼学书，来源广泛。早年母亲、舅父、伯父等长辈对他进行书法训练。后师从大书法家张旭。史称他“少勤学业，有词藻，尤工书”。[②]然而，追溯他学书的渊源，当主要得自颜真卿家族世代相传的家法。

魏晋时期书体多种多样。上世纪在南京市郊出土了多种东晋砖石墓志，其中《谢鲲墓志》为隶书体，《王兴之墓志》等字体在隶、楷之间，称为楷隶，惟《颜刘氏墓志》属于楷书体。《颜刘氏墓志》系砖刻，于1958年在南京市挹江门外老虎山南麓出土。[③]墓中除出土墓志以外，还有三足灰陶砚等。墓志文曰：

琅邪颜谦妇刘氏，年三十四，以晋永和元年七月二十日亡，九月葬。

《颜刘氏墓志》，楷书体，共二十四字。墓志中所说的颜谦是颜真卿的先祖。今南京市郊有颜氏家族西晋末南渡后的聚葬地。此墓志书写笔画横平竖直，字态平正宽结，书风质朴，与当时以王羲之为代表的占主流地位的书风迥异。

据颜氏谱牒记载，颜氏家族的一世祖颜回是春秋鲁国人，居住曲阜，孔子的著名弟子。颜回以下的颜氏家族历代研习经史及文字、训诂、音韵之学，人才辈出，多以名德、学业、著述文章名世。西晋永嘉元年（307），晋室南渡，颜回后裔、颜真卿十三世祖颜含④率家族随司马睿南迁，为过江“百族”之一，侨居上元（今南京市）长干里颜家巷。自颜含起，颜氏家族在江南共历九世，约270年，是江南士族中的大族。颜含有三个儿子，长子叫颜髦，做过黄门郎、侍中和光禄大夫。次子名颜谦，官至安成太守。⑤第三子名颜约，做过零陵太守。据南京市博物馆资深研究员李蔚然先生在《东晋颜氏家族及其墓葬简述》一文中说：《颜刘氏墓志》是颜髦手书的⑥。

颜含以下后世子孙在治经史的同时，十分注重书法传承，以擅书法名世者代不乏人。如颜含的曾孙颜腾之是当时著名的书法家，“善草隶书，有风格”。⑦曾经受到梁武帝萧衍的称赞。颜腾之曾孙颜协，博涉群书，工草隶，甚有名望，荆楚间的碑碣多为颜协所书。颜协之子颜真卿五世祖颜之推于北周建德六年（577）举家入关，后定居长安。至唐中叶，颜氏家族在京兆共历六世，约150年，成为京兆名门大族。颜之推是南北朝著名的儒学大师，“博识有才辩，工尺牍，应对闲明。”[8]之推不仅博学，而且对书法也深有研究。之推之子颜思鲁“博学善属文”。思鲁之子颜师古、颜相时、颜勤礼、颜育德皆为初唐俊彦之士。颜勤礼“工于篆籀，尤精诂训”。[9]颜勤礼之子颜真卿的祖父颜显甫“少聪颖，而善工篆隶草书，与内弟殷仲容齐名，而劲利过之。”[10]颜真卿伯父颜元孙精擅草隶，父颜惟贞“特以草隶擅长”。由上述可知，自颜髦到颜真卿，翰墨传承成为颜氏家族历经千年不衰的传统。由此追溯颜真卿书法的来源，当得自上祖颜髦传下来的家法，传承有序，脉络清楚。且以颜真卿楷书与颜髦所书《颜刘氏墓志》书法相对照，字体形神何其相似！由此可见颜真卿楷书的渊源一目了然。

四、颜真卿与陶弘景

东晋南朝至唐，书法处在以二王为代表的书风笼罩之下。《颜刘氏墓志》这一路书风虽然不占主流，但也不是孤例，如南朝陶弘景及其弟子在茅山所书碑铭，书风与《颜刘氏墓志》类同。陶弘景家族也是江南著名的士族，其上祖至祖父、父亲也都擅长“草隶”书法。东晋至南朝时期，颜、陶两大家族累代同朝为官，又同居京师（今南京），都以文学及书法传家。陶弘景与颜腾之年龄相近，都擅长“草隶”书法。因此，他们之间当在书法等方面有所交流，或互有影响。

据沙孟海在《近三百年的书学》中谈到“颜字”说：“就字体说，他（颜真卿）的字近《瘗鹤铭》，应为南派。”关于《瘗鹤铭》的书者，历经千年的争论，认为是陶弘景者十之七八。以陶弘景及弟子在茅山书撰的《旧馆坛碑》、二天监井栏题字等与颜真卿楷书对照，结体同为平划宽结，字体宽绰厚重。从东晋颜真卿的上祖所书《颜刘氏墓志》，到陶弘景及其弟子所书碑帖，再到颜真卿的楷书，三者对照起来看，显示他们是同属一路的书风，即为一个传承有序的流派。

颜真卿书法取法广泛，在形成自己风格的过程中，在主要继承先祖传下来的家法的基础上，一改以秀劲取姿、欹侧取势的圣教书风，创造出大气磅礴、雄强博大、丰伟遒劲、浑厚朴茂的“颜体”，把楷书艺术推向了新的高峰。正如苏轼所说：“颜鲁公书雄秀独出，一变古法，如杜子美诗，格力天纵，奄有汉、魏、晋、宋以来风流，后之作者殆难复措手。”⑪“颜体”书法的出现结束了“二王”书法一派独大的局面，成为与王羲之书法并列的雄峙于整个书法史的两座高峰。

【注释】

①抚州：隋时置州，治所在临川，地处今抚州市西。唐武德以后辖境相当今江西临川以南抚河流域。

②《旧唐书·颜真卿传》卷一百二十八。

③《考古》1959年六期，《南京老虎山晋墓》。

④颜含：时任琅邪王司马、司马睿幕府参军等职。

⑤安成郡：在今江西新余与萍乡一带。

⑥ 李蔚然文中道：《颜刘氏墓志》刻文称刘氏为“妇”，而不称夫人，且对颜谦直呼其名，表明志文当出自颜谦亲属之手。此时颜含（颜谦之父）已殁，能够直呼其名的人只有颜髦（颜谦之兄）一人，因此推断志文当出自颜髦手笔。

⑦《颜氏家庙碑》。颜腾之是南朝宋著名文学家颜延之之侄。

⑧《北齐书·颜之推传》

⑨《秘书省著作郎夔州都督长史上护军颜公神道碑》。

⑩《颜公大宗碑铭》

⑪《苏轼文集》卷六九《书唐氏六家书后》。

附录：有唐茅山玄静先生广陵李君碑铭并序

金紫光禄大夫行湖州刺史上柱国鲁郡开国公颜真卿撰并书。

先生姓李氏，讳含光，广陵江都人。本姓弘，以孝敬皇帝庙讳改焉。二十一代祖宏，江夏太守，避王莽徙居晋陵，遂为郡人。高祖文嶷，陈桂阳王国侍郎。曾祖荣，皇朝雷州司马。祖师龛，隐居以求其志，徙于江都。父孝威，博学好古，雅修彭聃之道，与天台司马炼师子微为方外之交，尤以笃慎著于州里，考行议谥曰正隐先生。母琅邪王氏，贤明有德行。先生孩提则有殊异，晬日独取孝经如捧读焉。羁丱好静处诵习坟典。年十八，志求道妙，遂师事同邑李先生，游艺数年。神龙初，以清行度为道士，居龙兴观，尤精老庄周易之深趣。执丧过哀，口不尝甘旨之味，食唯穬麦而已，封植膳羞，皆出其手，号毁骨立，亲族莫不伤之。开元十七年，从司马炼师于王屋山传受大法灵文金记，一览无遗，综核古今，该明奥旨。玄宗知先生偏得子微之道，乃诏先生居王屋山阳台观以继之。岁余请居茅山，纂修经法，频征皆谢病不出。天宝四载冬，乃命中官赍玺书征之。既至，延入禁中，每欲谘禀，必先斋沐。他日请传道法，先生辞以足疾不任科仪者数焉，玄宗知不可强而止。先生尝以茅山灵迹，翦焉将坠，真经秘箓亦多散落，请归修葺。乃特诏于杨许旧居紫阳以宅之，仍赐绢二百疋，法衣两副，香炉一具、御制诗及序以饯之。又禁于山侧采捕渔猎，食荤血者不得辄入，公私祈祷，咸绝牲牢。先生以六载秋到山，是岁诏书三至，渥泽频繁，辉映崖谷。初，山中有上清真人许长史、杨君、陶隐居自写经法，历代传宝。时遭丧乱，散逸无遗。先生奉诏搜求，悉备其迹而进上之。先时玄宗将求大法，请先生为师，先生竟执谦冲，疾辞而退。洎七载春，玄宗又欲受三洞真经，其年春之三月，中官赍玺书云，其月十八日剋受经诰。是日于大同殿洁修其事，遂遥请先生为元师，并赐衣一袭以申师资之礼，因以玄静为先生之嘉号焉。仍诏刻石于华阳洞宫以志之。是岁夏五月，隐居先生合丹之所，有芝草八十一茎散生于松石之间，诏俾先生与中官启告灵仙，缄封表进。夏又诏以紫阳观侧近二百户，太平、崇元两观各一百户，并蠲其官徭，以供香火。秋七月，又征先生。既至，请居道观以养疾。九载春辞归旧山。其年夏六月，前生灵芝之所又产三百余茎，煌煌秀异，人所莫睹，先生又图而奏之。是岁冬又征先生于紫庭别院馆之。十载秋，先生又恳词告老，御制序诗以饯之，十有一载，先生奉诏与门人韦景昭等于紫阳之东郁冈山别建斋院，立心诚肃。是夜仙坛林间遍生甘露，因以上闻，特诏嘉异。初，隐居先生以三洞真法传升玄先生，升玄付体玄先生，体玄付正一先生，正一付先生。自先生距于隐居，凡五叶矣。皆总袭妙门大正真法，所以茅山为天下道学之所宗矣。于戏，是非可齐也，物我均焉，生死可忘也，觉梦同焉，如此者，何域心于变化之际哉！先生以大历己酉岁冬十一月十有四日遁化于茅山紫阳之别院，春秋八十有七。其十二月八日，门人赴丧而至者凡数千人，号奉冠舄迁窆于雷平山之西陲，遗命以松棺、竹杖、木几、水瓶、香奁、香炉置于藏内。门弟子等仰奉嘉猷，克遵俭德。先生识思真淳，业行高古，道穷情性之本，学冠天人之际，所以优游句曲，郁为王者之师，出入明庭，特宠肩舆之贵。是知顺风而问，昔称于黄帝，望山而请，今见于玄宗矣。又博览群言，长于著撰。尝以本草之书，精明药物，事关性命，难用因循，著音义两卷。又以老庄周易为洁净之书，著学记、义略各三篇，内学记二篇，以续仙家之遗事。皆名实无违，词旨赅博。初，先生幼年颇工篆籀，而隶书尤妙。客或赏之云贤于其父，因投笔不书。玄宗诏山人王旼强请先生楷书上经一十三纸，以补杨许之阙。先生能于阴阳数术之道，而不以艺业为能；极于转炼服食之事，而不以寿养为极。但冥怀素朴，妙味玄津。非夫博大之至人，孰能尽于此？真卿乾元二年以升州刺史充浙江西节度，钦承至德，结慕玄微，遂专使致书于茅山，以抒诚恳。先生特令韦炼师景昭复书于真卿，恩眷绸缪，足励超然之志。然宗师可仰，望紫府而非遥，王事不遑，寄白云而攸远。洎大历六年，真卿罢刺临川，旋舟建业，将宅心小岭，长庇高踪，而转刺吴兴，事乖夙愿。徘徊郡邑，空怀尊道之心，瞻望林峦，永负借山之记。而景昭洎郭闳等，以先生茂烈芳猷，愿铭金石，乃邀道士刘明素来托斯文。真卿与先生门人中林子殷淑、遗名子韦渠牟尝接采真之游，绪闻含一之德，敢强名于巷党，曷足辨于鸿蒙。其词曰：

抱一混茫，人之纪纲，先生以之，气王神强。乃启玄旨，玄门以彰，乃为帝师，帝道惟康。甘露呈瑞，灵芝效祥，上士云感，高风载扬。鹤返仙庙，云辞帝乡，退归而老，妙识行藏。德本无累，道心有常，寔曰形解，孰云坐忘。伐石表墓，勒铭传芳，谷变陵迁，厥迹弥光。

大历十二年夏五月建渤海吴崇休镌

张从申书《李玄静碑》

唐代茅山上清第十三代宗师李含光于大历四年（769）冬十一月仙逝。随后，唐代两位大书法家分别书撰了《李玄静碑》。一是张从申书《李玄静碑》，称为张书《李玄静碑》；一是颜真卿书撰的《李玄静碑》，称为颜书《李玄静碑》。二碑均为楷书大字。张从申书“李玄静”，颜真卿写作“李玄靖”，（靖通静）二者实指一人。

张从申书《李玄静碑》首题：“唐茅山紫阳观玄静先生碑并序。秘书郎河东柳识撰。大理司直吴郡张从申书”。碑文末署：“李阳冰撰额。大历七年八月十四日建。”此碑于唐大历七年（772）八月十四日建立于江苏句容县茅山紫阳观内。碑于明嘉靖三年（1524）毁。

此碑记述李含光的身世、从道经历、道行成就等。李含光作为上清一代高道宗师，道门修养精深，造诣高超，深解“道”的义理妙谛，达到了至精至妙的境界。李含光的著作“皆精详祛惑，穷理于学，如钟蕴声”。

据清人方若著、今人王壮弘增补的《增补校碑随笔》记载此碑拓本著录情况：

《张书茅山玄静先生李含光碑》：据剪裱旧拓足本，行数不可计，字数共八百三十五字。后大字纪建立年月十字，前另有李阳冰篆额五字。篆书。有额、篆书、阴文六字。已佚。大历七年八月。碑明嘉靖三年玉晨观火与颜书一碑同毁，传世拓本甚少。同治初年杜筱舫文澜以归安吴氏本上木，旋毁。近有石影本，即上虞罗氏所藏有张廷济二跋之南汇沈氏本也。

王增补：李含光碑《张书茅山》。所见有：（一）北京故宫博物院藏王觉斯题签宋拓本。（二）北京图书馆藏归安吴云旧藏宋拓本，有张照、毛怀、何绍基、吴让之、莫友芝、许乃钊、李鸿裔等人题记。（三）张叔未旧藏本，此本缺额，拓也稍晚，有正书局有石印本。（四）瞿良士旧藏宋拓本，有龚自珍跋，商务印书馆曾以金属版影印。此外闻上海图书馆有藏本，未见。（五）一九三五年江西集古山房石印欧阳辅泰题为北宋精拓，实翻刻本。

此碑文撰者柳识（？—781），字方明。其先祖出自河东（今山西一带）柳氏，梁仆射柳惔六世孙，后籍襄州（今湖北襄阳）。据《旧唐书》列传载："浑母兄识，笃意文章，有重名于开元、天宝间，与萧颖士、元德秀、刘迅相亚。其练理创端，往往诣极，当时作者咸伏其简拔，而趣尚辨博。"《新唐书》列传以柳浑与柳识作比较，认为："浑亦善属文，但沉思不逮于识云。"与柳识同母所生的弟弟柳浑，官至宰相。柳识在盛唐时期文学界有很高的地位，与萧颖士、元德秀、刘迅齐名。他平生志趣在“笃意文章”，为文理识见解独到，文笔精炼简拔。在《李玄静碑》文中署官职为“秘书郎”，在“代宗朝官至左拾遗，性乐闲旷，退居润州茅山。朝廷以屯田郎中、集贤殿学士征，诏书三下，识终不起。建中二年卒。”[1]柳识无意于官场，倾慕隐逸，瞩望茅山。他在《李玄静碑》中称“道门华阳（茅山），亦儒门之洙泗，盖玄化振于此也。”最终退隐于茅山，找到了他精神的归宿。柳识所撰《李玄静碑》，于大历七年八月建，退隐茅山之时当早于大历七年。柳识撰《李玄静碑》比颜真卿书撰《李玄静碑》早五年，是一篇美文佳作。清人评论道：“其文简而能赅，不外叹驰景而内观驰心，不远望化金而近思化欲，妙语精微，深得老、庄秘旨。”全文可见柳识对于“道”的深刻见解和丰富的学识。此外柳识在茅山还撰有《祠宇宫碑》《茅山白鹤庙记》[2]，于建中二年（781）去世，后来中唐文学家权德舆为纪念柳识作《祭屯田柳郎中文》。[3]

书者张从申，吴郡（今苏州）人，约生于唐开元中叶，年纪与颜真卿、李阳冰接近。进士出身，历官秘书省正字（上元二年）、检校礼部员外郎、大理评事（大历五年）、试大理司直（大历七年至十三年）、长史、检校礼部郎中（建中元年）。与李阳冰有深交，所书碑大多由李阳冰篆额，时称“二绝”。至书《李玄静碑》，加上碑主称为“三绝”。从申兄从师、从约，弟从仪，皆以书法名世，时称“张氏四龙”。他们均以王羲之书法风范取胜，其中以张从申的名望最高、影响最大。张从申书迹，见于宋人著录的碑有八种，其中《吴延陵季子庙记》（大历十四年）碑今存，另有《兴福寺碑》（大历五年）和《李玄静碑》两碑，仅存拓本。在他所书碑中，以《李玄静碑》最为著名，为世人所重。唐代书家窦臮《述书赋》（下）评论说：

张氏四龙，名扬海内。中有季弟，工夫少对。右军风规，下笔斯在。（张从申长史，文场擢第。弟从师，监察御史；从仪，灼然有才。从申志业精绝，工正行书，握管用笔，其于结字紧密，近古所无。）（括号内为窦蒙注）

宋代书家朱长文《续书断》（下）评论说：

张从申，进士擢第，昆仲四人，皆称于时。从申最高优，学逸少书，结字遒密可喜，晚益自放，不务调端。当大历后，徐季海已老，独从申高步江淮间，凡其书碑，李阳冰多为题额，故得名益高。在广陵碑曰四绝，同安碑曰三绝，盖当时见称如此。

窦臮兄弟和朱长文对张从申书法都评价甚高。宋代黄伯思《东观馀论》谈张从申书法的来源说："从申书虽学右军，其原出于大令，笔意与李北海同科，名重一时，宜不虚得。"明代董其昌在《戏鸿堂法帖》中说："张从申书出于李北海、赵子固（孟坚），又以北海学子敬。"黄伯思认为从申书法原出于献之，与李邕同属一路。董其昌认为先出于李邕，由李邕上溯献之。兹以《李玄静碑》来看，从申书法合于"右军风规"，出入大令、北海之间。从申学李邕，取其神而变其形，舍欹侧而取缜密，健朗舒展，别有新意。明代学者杨士奇《东里集》评此碑说："从申书法出'二王'，而与李北海仿佛，昔人评其书独步江淮。此碑在茅山，盖唐行书之得名者。"杨士奇评此碑是唐代行楷书中的名碑，给予相当高的定位。

清学者梁巘《承晋斋积闻录》说："张从申《李玄静碑》，

笔意学《圣教序》，亦颇瘦健。”梁巘指出此碑笔法的一个突出的特点是“瘦健”，这大概是观察此碑的一个要点。其用笔劲健舒放，结字遒密奇谲，玉栗珠圆。分布不囿界格，率性自然。书风遒肃清俊，秀逸娴雅，风度翩翩，契合和发扬了王书的笔气韵致。张从申书法到晚年愈加恣肆放逸，进入了一个新境界。清何绍基以唐书家沈传师与张从申作比较说：“有唐中叶书家以沈舍人、张司直为山阴法乳，但沈以澹远胜，张以遒肃胜，为不同耳。沈书仅传《罗池庙》，原石久佚。张书有《延陵季子碑记》《兴福寺碑》及《李玄静碑》，三迹中以《玄静》为尤卓卓。鲁公烜赫照世，而《玄静》两碑，千岁下犹颜、张并峙，其品次可知矣。”④此碑是张从申碑书的代表作，与颜书《李玄静碑》并称于世，都是在书法史上闪耀千古的名碑。

【注释】

①《全唐文精华》大连出版社 1999 年版。

② 据元《茅山志》卷二十四载，《祠宇宫碑》《白鹤庙记》均为柳识撰，《白鹤庙记》系张从申书。清人杨世沅《句容金石记》卷二载《白鹤庙记》文。

③ 见《全唐文》。

④ 引自《江苏通志稿》金石四。

附录：唐茅山紫阳观玄静先生碑并序

秘书郎河东柳识撰，大理司直吴郡张从申书。道门华阳，亦儒门之洙泗，盖玄化振于此也。白日登升，有西汉茅氏兄弟；隐景遁化，有东晋许氏一门；袭明冲用，以阐道风，有梁贞白先生、唐玄静先生。开元中，玄宗礼请尊师而问理化，对曰："道德经，君王师也。昔汉文帝行其言，仁寿天下。"次问金鼎，对曰："道德，公也轻举公中，私也时现其私，圣人存教，若求生徇欲，则似系风。"上悦，因加"玄静"之称。无何，固以疾辞，东还句曲。先生讳含光，本姓弘，则天讳弘，改为李氏。考孝威，州里号贞隐先生，家本醇儒，晋陵人也。夫性与道妙，则真有运无。古之学者，离有得有，不外叹驰景而内观驰心，不远望化金而近思化欲。今之学者，多见反是。若乃行于真理，窅然观妙，先示正性，发明宗元，则玄静其人也。年十三，辞家奉道，端视清受，慈向蠢类，暗室之中，如对君亲，时人见之，情性皆敛。幼工篆隶，或称过父，一闻此议，终身不书。所撰仙学传记，阙遗备载，又论三玄异同，著真经及《本草音义》，而皆精详祛惑，穷理于学，如钟蕴声。其后师事华盖峰司马君，云篆宝书，倾囊传授，既而目之曰真玉清之客。抱虚无而行功者，与道不穷；托幽阜而灭迹者，于德亦浅。承之自远，宜且救人，于是引后学升堂禀玄训也。先生元气不散，瑶图虚映，达灵已久，晦曜为常，动非用开，静非默闭。当吹万之会，若得一之初，应迹可名，常道不可名也。群蒙求我，岂劳言说，孕育至化，虚融物心，心一变至于学，学一变至于道。同淑气自来，得之不见，所以抠衣而进，无有远迹，仰范元和，茂姿全性者，若秋芳之依层巘，夏潦之会通川也。先生忘情于身而慈于人，祯祥屡应，视同众象，士庶谘询，色授其意，常令章坛闭院，醮火择薪，精微诚敬，率皆此类。曩者天书继至，务欲尊崇，及公卿祈请，信无虚月，卒使玄门之中，转见真朴，持慈俭之宝，归羲皇之风，至矣哉，我师教也。大历四年冬十一月，顾谓入室弟子道士韦景昭、孟湛然曰：吾将顺化。神气恬然，若坐忘长往，时年八十七。灵云降室，执简如生。据真经，斯乃秉化自由，仙阶深妙者也，门人等以为醴泉之味，饮者始知，我师之道，学久方见，愿叙真宗，以示于后。忝曾游道，敢述玄风。文曰：

古有强名，元精希夷，黄帝遗之，先生得之，纵心而往，与一相随，真性所容，太无同规，日行仙路，不语到时，人言万灵，我见常姿。玄宗仰止，征就京师，紫极徒贵，白云不知，遐方后学，来往怡怡，空有多门，真精自持，委顺而去，人焉能窥，玄科秘诀，本有冥期。

李阳冰篆额大历七年八月十四日建

许真人井铭

《许真人井铭》，在元《茅山志》卷二十四标目为："《上清真人许长史丹井铭碑》，徐铉文并书。"《许真人井铭》由五代末北宋初文字学家、书法家徐铉撰文，并以小篆体书写上石，在南唐时镌立于江苏句容市茅山紫阳观。全文收入徐铉《骑省集》中。兹据拓本影印本（上海古籍出版社《许真人井铭》）照录全文如下：

许真人井铭，徐铉文并书：

长史含道，栖神九天。人非邑改，丹井存焉。射兹谷鲋[①]，冽彼寒泉[②]。分甘玉液[③]，流润芝田[④]。我来自西，寻真紫阳。若爱邵树[⑤]，如升鲁堂[⑥]。敬刊翠琰[⑦]，永识银床[⑧]。噫嗟后学，挹此馀光。

井铭文中说：许长史修道成仙后，栖居九天上清仙境。许真人故宅之地已人非物改，而许长史开掘的丹井尚存。此井如同古代用于举行射鱼礼的井，井中清冽的泉水，犹如琼浆玉液般滋润着这片许真人修道故址所在的福地。我从西北方向的京师金陵来到茅山紫阳观，寻访许真人等三君创作《上清经》的故地，心中充满崇敬之情。在这里看到乌柏树（陶弘景在《真诰》中记载此处有乌柏树），就像看到了“邵伯树”；进到这里的殿门，就像进了孔夫子的殿堂。在这用翠玉般佳石造的井栏上敬刻铭文，此井将永为后人纪念。衷心希望后学来者汲取许真人的仙气灵光，福泽绵长。

许真人名许谧（305—376），讳穆，世名谧，字思玄。东晋句容（今江苏句容市）人。因当过护军长史等官职，故世称“许长史”。道教上清派尊他为“上清真人”。据陶弘景《上清真人许长史旧馆坛碑》记载许长史故宅说：“至晋海西太和元年，句容许长史在斯营宅，厥迹犹存。宋初，长沙景王就其地之东起道士精舍。梁天监十三年，敕贸此精舍，立为朱阳馆，将远符先征，定祥火历，于馆西更筑隐居住止。”“宅南一井，即长史所穿。”东晋太和元年（366），许谧父子在今茅山北雷平山旁营宅修道，与杨羲三人在此处合作创作道教新经典——《上清经》。许长史在住宅南开掘了一口水井，在《茅山志》中称“许长史井”，即徐铉所说的“许真人井”。在《真诰·稽神枢第三》中记载此井说：“长史宅自湮毁之后，无人的知处。至宋初，长沙景王檀太妃供养道士姓陈，为立道士廨于雷平西北，即是今北廨也。后又有句容山其（民）王文清，后为此廨主，见传记。知许昔于此立宅，因博访耆宿。至大明七年，有术虚老公徐偶云，其先祖伏事许长史，相传识此宅，只在今廨前乌柏树处，应是似犹有斋堂前井存。于时草莱芜没，王（即句容人王文清）即芟除寻觅，果得砖井，土已欲满，仍掘治，更加甓累。

今有好水，水色小白，或是所云似凤门外水味也。”元《茅山志》卷八在引用陶弘景这段话后，另加了“二口共一水，冬月气分寒燠，一名阴阳井”之语。陶弘景在《真诰》里指出，许长史“宅南一井”，既未说是阴阳井，也未说是丹井。从许谧等三君在茅山创作《上清经》的经过来看，未曾在这里炼过丹。以此处地面平坦的环境，对照《丹经》的要求，显然不具备炼丹的基本条件。因此，说“许长史井”是“丹井”当为后人误传。徐铉在《茅山紫阳观碑铭并序》中描述许长史井道：“许长史炼丹之井，自洌寒泉。白雾紫烟，照暎其上。飚车鹤驭，往来其中。高真七人，四处兹地。其后贞白真人以玄德应世，肇开朱阳之馆，以玉书演秘，爰立昭真之台。”徐铉在文中把许长史井作为炼丹井极尽藻饰，可见徐铉的文学才情。

徐铉（917—992），字鼎臣，扬州广陵（今江苏扬州）人。在五代历任杨吴校书郎，南唐知制诰、翰林学士、吏部尚书、御史大夫。后随李煜入宋，授率更令。太平兴国初，迁右散骑常侍，世称徐骑省。早年与南唐韩熙载齐名，号称“韩徐”。又与弟弟徐锴齐名，人称“二徐”。徐铉曾与弟弟徐锴多次来过茅山访仙问道，书碑题刻。他为茅山撰书的碑铭，除了《许真人井铭》，还有《唐道门威仪玄博大师贞素先生王君碑》《茅山紫阳观碑铭并序》《复禁山碑》。弟弟徐锴在茅山撰《邓威仪碑》。在茅山中茅峰，“扪霞磴在碧岩下徐锴大篆石上”（元《茅山志》卷七）。徐铉来茅山住留紫阳观，在为去世的上清第十九代宗师王栖霞撰书碑铭的同时，又寻访到许长史井，撰文并篆书了《许真人井铭》，镌立于紫阳观。徐铉撰《茅山紫阳观碑铭》，文末署："时岁已未十二月一日建"。《复禁山碑》文末署："己未岁秋八月□日记"。"己未"即公元959年，是李璟在位期间。撰立《许真人井铭》当也在己未年前后，这年他42岁。

《许真人井铭》碑虽已不存，所幸尚存北宋拓传世孤本，现收藏于上海图书馆，属于国家一级文物。据上海图书馆学者仲威先生撰文[⑨]介绍，拓本的大概情况如下：

拓本计11开，册高39.3厘米，宽22.8厘米。碑文六开半，帖芯高32厘米，宽16.5厘米。此册外包盐布套，楠木面板。拓印极佳，墨气黝古，在装帧形式上还保留了宋代的装裱式样，甚为珍贵。此拓本有历来多人所作的题跋，兹将部分题识列举于下：

楠木面板上刻有清同治四年（1865）六月赵之谦的题签："茅山许真人井铭，徐鼎臣篆书。宋拓孤本，家晋斋先生（赵魏）旧藏，既归张叔未解元（张廷济），鲍少筠（鲍昌熙）得之张氏，近复归同年沈郑斋（沈树镛）。同治乙丑六月二十三日，赵之谦记。"面板上还有著名收藏家吴湖帆于民国十七年（1928）的楷书题识："粤六十四年戊辰七月归吴氏四欧堂珍藏。"在徐铉篆书井铭的74字之后，另刻有楷书两行12字："道副孙文德，焚修道士成延昭"。成延昭是茅山上清第二十代宗师，早年在紫阳观师事第十九代宗师王栖霞。册首有赵之谦和张廷济的题署，册尾有钱坫、张廷济、吴湖帆等人的题跋，另有钱泳、吴梅、叶恭绰、蒋祖诒等十余人的观款。末页左侧外沿有吴湖帆于民国十四年（1925）蝇头小楷题记："乙丑秋日，观宋拓宋装《茅山许真人井铭》，海内绝无稀有之本，可谓眼福。惟徐氏书法颓唐，钱氏勘出谬处，谓以‘二臣事宋，心速不恭’，确论也。向为余外祖川沙沈均初中翰所藏,后归余内伯潘文勤公滂喜斋。吴湖帆记。”拓本末页右侧外沿有钱坫边题：“‘西’字以汉隶作篆，‘泉’字上非‘白’下为‘水’，不知所由来。此公以二臣事宋，心迹不恭，宜校定《说文》。谬悠外氏坫并记。”钱坫指徐铉书“泉”字不合篆法，却上纲扯上徐“二臣事宋”，品节有亏。徐铉在南唐偏安朝廷任职,后随李煜入宋,归于大统,何来“心迹不恭”之说？吴湖帆对此附和说：“钱氏勘出谬处，谓以‘二臣事宋，心速不恭’，确论也。”吴将钱坫的题记中的“迹”看作“速”字，倒也贻笑大方。

此拓本历来递藏有序。清乾隆年间，《许真人井铭》由赵魏[10]收藏。清嘉庆二十三年（1818）中秋，张廷济[11]以千金购得此拓本，藏于“清仪阁”，册首题记直呼“仁和老友赵晋斋魏归来，此希见之本也，可宝，可宝！”张廷济的“清仪阁”毁于咸丰庚申（1860）之劫，碑帖善本散佚，后多为鲍昌熙（少筠）购藏。鲍氏是张廷济甥徐籀庄（同柏）之弟子，当年此《许真人井铭》拓本流入鲍家。至同治四年（1865）六月，从鲍家转归沈树镛[12]，至光绪年间又被潘祖荫滂喜斋收藏。收藏家吴湖帆之母乃沈树镛之女，吴湖帆妻子的伯父是潘祖荫。民国十七年（1928），潘家将《许真人井铭》转赠吴湖帆夫妇，存四欧堂。

秦代李斯改革文字，创制全国统一官方文字——小篆体。小篆较大篆更加秀美、整饬，形体颀长。从李斯书《泰山刻石》

来看，字体纵向取势，线条宛转流畅，纵横分布自然谐调。后来随着隶、楷书体相继通行，小篆逐渐退出历史舞台。至唐代，李阳冰小篆书法横空出世，使小篆一时复兴，此后归于沉寂。五代末、北宋初出现的小篆大家徐铉，其影响延及清代小篆书家群体。徐铉敏于文辞，精通文字学，尤擅长小篆。曾与句中正等校订东汉许慎《说文解字》，正天下字学，世称“大徐本”，是研习文字学和小篆的必读本。李斯小篆刻石久佚，后世多以徐铉摹本刊刻入石，如《峄山刻石》就是他的学生郑文宝翻刻的。徐铉又一重要贡献是刊刻丛帖。据陶宗仪《辍耕录》载：“江南李后主命徐铉以所藏古今法帖入石，名《升元帖》。”徐铉奉诏刊刻《升元帖》，开创了丛帖刊刻的先声。北宋淳化三年（992）以《升元帖》合进宋太宗命刻的《淳化阁帖》中。后丛帖普及开来，对推动书法发展起了非常重要的作用。徐铉著有《篆书千字文》《武成王庙碑》《大钲铭碑》等传世。

徐铉篆书《许真人井铭》时，他的小篆书法尚处于前期阶段，仍保持小篆传统笔法，笔笔中锋，中规合度。北宋沈括《梦溪笔谈》中谈其笔法说：“江南徐铉善小篆，映日视之，画之中心有一缕浓墨，正当其中。至于屈折处亦当中，无有偏侧处。乃笔锋直下，不倒侧，故锋常在画中，此用笔之法也。”《许真人井铭》笔画线条圆浑，如隶无垂脚，折笔处往往圆中寓方，结体平正均衡，字形趋于修长，书风质朴苍浑。宋代朱长文在《续书断》（上）评论徐铉说：“尤善篆、八分，精于字学。盖自阳冰之后，篆法中绝，而骑省于危乱之间，能存其法。归遇真主，字学复兴，其为功岂浅哉？初虽患骨力歉阳冰，然其精熟奇绝，点画皆有法。及入朝，见《峄山》摹本，自谓得师于天人之际。搜求旧迹，焚掷略尽，较其所得，可以及妙。”

徐铉小篆传承李斯、李阳冰的笔法，但他并不墨守成规，晚年创新变法，自创蝶扁体，他说：“铉尝自谓：‘吾晚年始得蝶匾之法。’凡小篆，喜瘦而长；蝶匾之法，非老笔不能也。”徐铉对自己创此蝶扁体很看重，由此可见其创新精神。现代著名书家沙孟海在《陆维钊书画集序》中说：“篆书家一直宗法李斯，崇尚长体。前代金石遗文中偶有方体扁体出现，宋元人叫作‘蝶扁’，徐铉、吾丘衍等认为‘非老笔不能到’。我曾称赞陆先生是当今的蝶扁专家，他笑而不答，我看他是当仁不让的。”浙江书法家陆维钊对“蝶扁专家”之称固然是当得起的，然溯其来源实为徐铉创制的蝶扁之法。

徐铉在文字学、篆书艺术方面，承前启后，继往开来，成就卓著。他对小篆书法的传承和发展，包括他创新的蝶扁之法，对后世产生了相当大的影响。无疑，他在书法史上应占有一席之地。

【注释】

①射兹谷鲋：射鲋，射取小鱼。谷，井口。《易·井》：“井谷射鲋，瓮敝漏。”爻辞言：“从井口以弓矢射井中之小鲋鱼，不能中鱼，反面穿其瓮，瓮以破漏矣。”“井谷射鲋”后用为典实。又按，射礼是古代五礼六艺之一，是两周时代重要的礼仪制度。

射鱼，亦称矢鱼，是射礼的一种。射鱼礼在殷商时期即已形成，且相当成熟，西周时期非常盛行，并设有射鱼之职官，至春秋时期仍存行于世。

② 洌彼寒泉：“诗·曹风·下泉”：“洌彼下泉，浸彼苞稂”。毛传：“洌，寒也。”

③ 玉液：本指琼树花蕊的汁液，泛指甘美的浆汁。《井铭》中的“玉液”喻为许真人井中的水。

④ 芝田：传说中仙人种灵芝的地方。《井铭》中的“芝田”当指许真人修道故宅所在地“伏龙之地”，道教称为第一福地。

⑤ 邵树：《史记·燕召公世家》：“召公之治西方，甚得兆民和。召公巡行乡邑，有棠树，决狱政事其下，自侯伯至庶人各得其所，无失职者。召公卒，而民人思召公之政，怀棠树不敢伐，歌咏之，作《甘棠》之诗。”张守节正义：“今之棠梨树也。”后因称棠梨树为“邵伯树”。在《井铭》中简称“邵树”。

⑥ 鲁堂：孔子之殿堂。后以称儒家的讲学处所。

⑦ 翠琰：碑石的美称。

⑧ 银床：井栏。

⑨ 仲威：《海内孤本〈许真人井铭〉》，《书法》2012年第5期。另据上海古籍出版社上海图书馆藏珍本碑帖丛刊鉴赏版第三期《许真人井铭》。

⑩ 赵魏（1746—1825），浙江仁和人，字洛生，号晋斋。清嘉庆二十五年（1820）贡生。深谙碑版之学，擅隶、楷书。著有《古今法帖汇目》《竹崦庵碑目》。

⑪ 张廷济（1768—1848），浙江嘉兴人，字叔未，嘉庆

三年（1798）乡试第一，因会试屡踬，遂绝意仕途，建清仪阁，以图书金石自娱，工书法。著有《桂馨堂集》《清仪阁题跋》等。

⑫ 沈树镛（1832—1873），上海川沙人，字均初，一字韵初，号郑斋。精鉴别，金石书画收藏甚富，是清咸丰、同治时期知名的碑帖鉴藏家。著有《汉石经室金石跋尾》《续寰宇访碑录》等。

葛府君碑额

葛府君碑，原立在茅山所在县句容老城区西北五里梅家边村西一古墓前。此处聚集多座古墓，现标识为“七星堆古墓区”。

葛府君碑于20世纪50年代由南京博物院收藏。此碑圭形，有穿，石质火山岩。整体似本地旧式钥匙，故当地村民称作“钥匙碑”。碑额刻有十二个楷书大字：“吴故衡阳郡太守葛府君之碑”。古今有诸多学者对此碑作过著录和评论。兹列举其中几条。

元代陆友仁《研北杂志》记载：“句容县西五里石门村者，有《吴故衡阳郡太守葛府君之碑》仆野中。至元三年正月，童邱戚光始属友人樊楷仲或与县之好事者观之。以其石理甚粗，文皆漫灭，可抚者只额十二字耳。”

清学者钱大昕《潜研堂金石文跋尾》记载：“碑额三行，云：《吴故衡阳郡太守葛府君之碑》。楷书，径三寸许。衡阳，孙吴所置郡，汉世称郡国守相为府君，魏、晋犹然。予收藏孙吴石刻，如《谷朗》及此碑皆以太守，故得府君之称，非若后人之泛用也。”

清学者孙星衍记载此碑云：“碑在句容城西门外五里梅家边，土人呼其地为石碑岗。碑圭首，有穿。考《吴志·三嗣主传》，太平二年以长沙西部为衡阳郡，与碑正合。《法苑珠林》称：葛祚为衡阳太守，郡境有大槎横水，能为妖怪，祚将去官，乃大具斧斤将伐去之。明日当至其夜，居民闻江中汹汹有大声非常，旦往视，槎移去数里，驻在湾中，自此无患，即此人也。碑用粗砂石，正似《天玺碑》，其不为后人见取作碑材，亦以此石经二千年始见于世，前金石诸家俱未及载。后之好古者得之，当无忘予与朱筠谷搜访之力也。楷书之见于法帖者，则有程邈最先，然不足信。其见于碑碣亦始于此，良足宝也。”

元代至清代一些学者对葛府君碑考订甚详。孙星衍在评论中特别指出发现《葛府君碑额》的重要意义：自古以来有楷书出自秦朝人程邈之说，然不足信，而《葛府君碑额》以实物证明，楷书体见于碑碣者始于东吴《葛府君碑》。

葛府君名葛祚。据《搜神记》载：“葛祚，字亢先，丹阳句容人。吴时作衡阳太守。”“自衡阳太守归，卒于家。此是表墓之碑，而仅存其额。”《弘治句容县志》卷六载：“葛祚，字亢先，句容人。吴时作衡阳太守。……衡阳人美之，为祚立碑，以颂其盛德异行。”葛祚归葬句容旧城西郊。他与同时同地的葛玄为同一家族。葛玄（164—244），字孝先，葛洪从祖，东吴著名道士。葛玄墓和葛洪墓也在句容旧城西郊。葛氏家族是于东汉初年迁来句容的士族，世居句容都乡吉阳里（旧县城郊）。葛氏家族“代载英哲，族冠吴史”，到东吴时达到鼎盛。

葛祚能当上太守，大概得自葛家作为著名士族的庇荫。

葛祚担任衡阳太守的起止时间，史志没有明确的记载。据《吴志·三嗣主传》载，衡阳郡是于吴太平二年（257）以长沙西部一带设置为郡的建制，“太平”这个年号仅存在两年。葛祚为衡阳郡首任太守，他在太守任上恪尽职守，尽心尽力地为百姓办好事善事。当知道自己即将离任时，仍然加紧组织人力，指挥村民将当地横水大槎去除，为当地百姓解除了险患，得到当地民众的称颂爱戴。这种忠于职守为民除患的担当精神，值得今人称道。

魏晋南北朝时期，作为文字书写艺技的书法呈现了前所未有的繁荣局面。肇始于汉魏之际的新书体——草、行、楷书体，到西晋时期流行起来。这个时期新书风的中心在中原的洛阳、颍川一带。公元 3 世纪，东吴书家多擅长旧体，书风大多是东汉书风的延续。同时与北方相呼应，楷、行、草书体也开始流行起来。20 世纪 90 年代在湖南出土了大量吴简，这是公元 3 世纪上半期吴国孙权时期的墨迹。这批吴简中的《朱然名刺》，已是楷书体。名刺即名帖，当如今之名片，是在士流层面流行的用物，其字体样式反映了当时的书写规范。朱然（173—249）是东吴著名将领，少年时与孙权“同学书，结恩爱”。他的名刺用楷书体书写，说明东吴上层社会已经通行楷书体。这一时期，不仅日常使用的竹简尺牍用楷书体书写，同时在碑石上也出现了楷书体，《葛府君碑额》就是实物证据。葛祚身为衡阳郡太守，属于高级别的官员，《葛府君碑额》的书者当为吴地的楷书高手，反映吴地的楷书体书法的风貌和水准。《葛府君碑额》的书写时间，根据衡阳郡设置时间推断，当晚于《朱然名刺》，而略早于凤凰元年（272）的《谷朗碑》。

《葛府君碑额》的用笔，横画的收笔处顿按下敛，竖画垂缩，撇、捺都已消除了隶书的翻挑，捺画有一波三折的笔势。结体紧结，显示欹侧的态势。如“故”字，左右揖让，右角上耸。从总体来看，已不见“蚕头燕尾”等隶书的基本特征，与后世成熟的楷书比较并无差别。前人对此碑评价甚高。如孙星衍说，此碑作为楷书体，“其见于碑碣亦始于此，良足宝也。”康有为在《广艺舟双楫》中反复论及《葛府君碑额》，兹举几例：“至吴《葛府君碑》则纯为真书矣”（《广艺舟双楫·分变》）；“南碑当溯于吴。吴碑四种：篆、分则有《封禅国山》之浑劲无伦，《天发神谶》之奇伟惊世，《谷朗》古厚，而《葛府君碑》尤为正书鼻祖。四碑皆为篆、隶、真楷之极，抑亦异矣。”（《广艺舟双楫·宝南》）；“《葛府君碑额》，高秀苍浑，殆中郎正脉，为真书第一古石”（《广艺舟双楫·体系》）。康有为将《葛府君碑额》品级列入“高品上”（《广艺舟双楫·碑品》），与《谷朗碑》并列。

刘涛著《中国书法史·魏晋南北朝卷》中，对东吴《谷朗碑》论述颇详，并且针对康有为《广艺舟双楫》中评《谷朗碑》的观点作了点评，却只字未提及《葛府君碑额》，不知何故。刘涛先生在书中论到“铭石书”说：“自春秋战国以来，‘铭石书’有一个由篆而隶，由隶而楷的演变过程。由篆而隶的转变在汉朝，由隶而楷的转变则是在南朝前期完成。西晋时，碑志仍然是隶书的领地，东晋墓志开始出现楷书。”① 按照到东晋墓志才开始出现楷书的说法，那么，对于早在东吴时期就已出现在碑石上的“纯为真书”的《葛府君碑额》，作何解释?

1965年，郭沫若发表了《从王谢墓志的出土论到〈兰亭序〉的真伪》的长文,他从两种晋人写本《三国志》残卷隶书体为依据,判断说：“在天下的书法都是隶书体的晋代，而《兰亭序帖》却是后来的楷书体，那么，《兰亭序帖》必然是伪迹。”[②]东晋书法真是隶书体的一统天下吗?在王羲之之前百年的东吴时期就已出现了楷书体碑《葛府君碑额》，至东晋出现隶意尽脱的《兰亭序帖》有何奇怪呢?在东晋时期有隶、楷等多种书体并存的情况下，公文尺牍已普遍应用楷书，今人还可看到不少出土及传世摹本的东晋楷、行书文本，如出土于新疆古楼兰一处遗址的《李柏文书》，约书于东晋咸和三年（328年），已是楷法。这年王羲之25岁。若看到所谓“隶书体段”的晋人写本，就断定晋代“天下的书法都是隶书体”，这显然不符合历史事实。

【注释】

①《中国书法史·魏晋南北朝卷》“概述”。刘涛著。2009年版

②引自《兰亭论辨》一书。

附录：诗作

我曾写过有关茅山的“诗”。兹录其中四首：

春游茅山

陈世华

空山似有声，
寻觅屏息听。
峰转幽谷里，
清泉响泠泠。

重九游茅山

陈世华

秋阳入层林，
疏漏透重阴。
访仙远尘埃，
悠悠岭上云。

夏日游茅山大茅峰九霄宫

陈世华

大茅峰殿宇，
白云渡翘檐。
忽焉日隐没，
飞雾流云暗。
濛濛浑漓漓，
淋淋溢漫漫。

风挟拔谷起，
云压气吞山。
呼啸掠殿门，
殿内道乐喧。
香烟氤氲里，
红烛熊熊燃。
道士诵经文，
茅君眯笑眼。
相和天地人，
天道法自然。

大茅峰冬日观雪

陈世华

苍莽茅峰松，
枝梢撮白绒。
丛丛含道韵，
雪霁映霞红。

主要参考书目

①〔南朝〕陶弘景：《真诰》。

②〔宋〕贾嵩：《华阳陶隐居内传》（《道藏》）。

③〔元〕刘大彬：《茅山志》。

④〔清〕曹袭先等：《乾隆句容县志》。

⑤〔清〕缪荃孙等：《江苏省通志稿》。

⑥〔清〕杨世沅：《句容金石记》。

⑦ 任继愈：《中国道教史》，上海人民出版社，1990 年版。

⑧ 卿希泰：《中国道教史》，四川人民出版社，1992 年版。

⑨ 钟国发：《陶弘景评传》，南京大学出版社，2005 年版。

⑩ 句容市文化局：《句容碑刻录》，江苏人民出版社，2017 年版。

⑪ 杨世华：《茅山道院历代碑铭录》，上海科技文献出版社，2000 年版。

⑫ 潘一德：《茅山道院简史》，上海科技文献出版社，2001 年版。

⑬ 罗勇来：《瘗鹤铭研究》，荣宝斋出版社，2017 年版。

后　记

20世纪80年代前后，我在江苏句容市文化部门从事文博工作。在此期间，得到组织上和领导的大力支持，尤其难忘文化局王振琳老局长（新四军史研究专家、作家）对我在工作上的支持和生活上的关心，一直感念在心。在这期间，我在多种刊物上发表过文章。后来在市委统战部退休后，因大女儿陈宁的建议，把其中有关茅山碑刻的小文和一些茅山碑目资料一并进行了整理。小女儿陈丰在工作繁忙的情况下，抽出时间帮助我查找资料，电脑打字，校对修改。完稿后请江苏省社会科学院哲学所原所长虞友谦先生审阅作序。后由于某些原因搁置了数年，现在这本小书得以出版。在此，对于虞先生为本书作序付出的辛劳，谨表感谢！